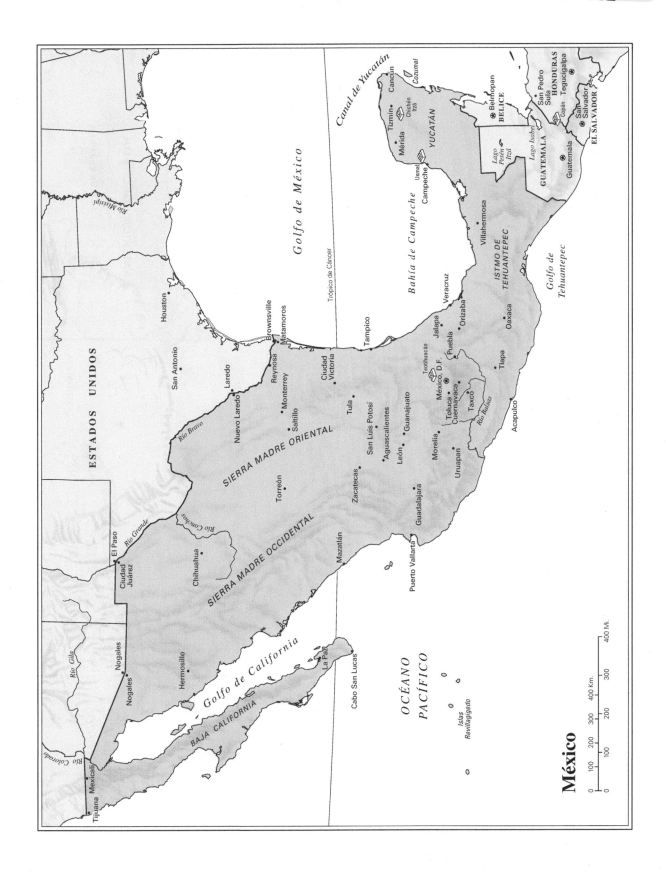

México

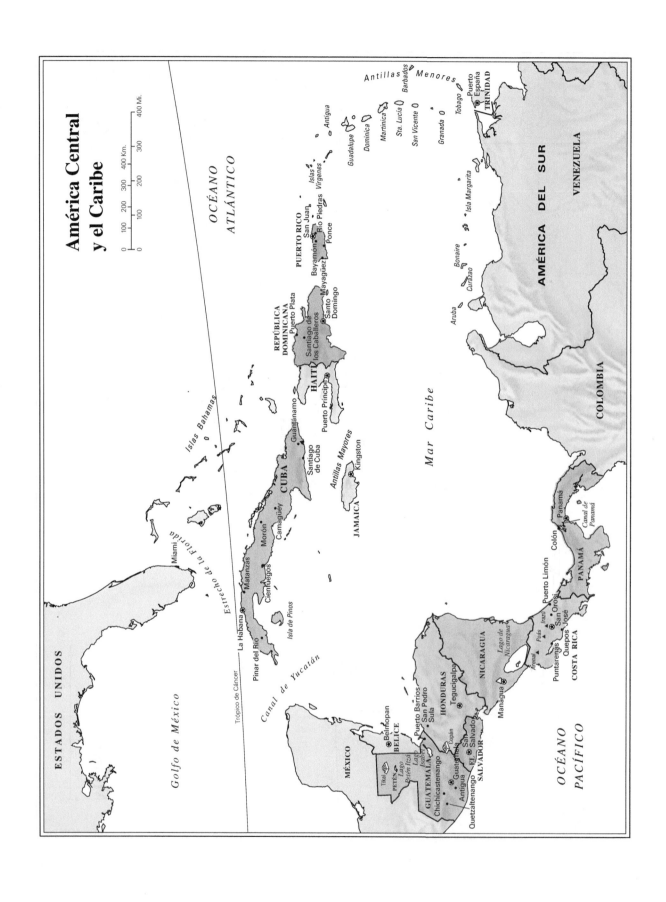

América Central
y el Caribe

ESTADOS UNIDOS

Golfo de México

Trópico de Cáncer

OCÉANO ATLÁNTICO

0   100   200   300   400 Km.
0   100   200   300   400 Mi.

Miami

Islas Bahamas

Estrecho de la Florida

Canal de Yucatán

La Habana
Pinar del Río
Matanzas
Cienfuegos
Morón
Camagüey
CUBA
Isla de Pinos
Santiago de Cuba
Guantánamo

Antillas Mayores
Kingston
JAMAICA

HAITÍ
Puerto Príncipe

REPÚBLICA DOMINICANA
Puerto Plata
Santiago de los Caballeros
Santo Domingo
Mayagüez

PUERTO RICO
San Juan
Bayamón
Río Piedras
Ponce

Islas Vírgenes

Antigua

Guadalupe
Dominica
Martinica
Sta. Lucía ◊
San Vicente ◊
Granada ◊

Antillas Menores
Barbados
Tobago
Puerto España
TRINIDAD

Mar Caribe

Isla Margarita
Bonaire
Curazao
Aruba

AMÉRICA DEL SUR

VENEZUELA

COLOMBIA

MÉXICO

Belmopán
BELICE
Tikal
PETÉN
Lago Petén Itzá
Lago Izabal
Puerto Barrios
San Pedro Sula
HONDURAS
Tegucigalpa
Copán
San Salvador
EL SALVADOR
GUATEMALA
Guatemala
Antigua
Chichicastenango
Quetzaltenango

NICARAGUA
Managua
Lago de Nicaragua

Puntarenas
San José
Quepos
COSTA RICA
San Orosí
Irazú
Poás
Arenal
Puerto Limón
Colón
Panamá
PANAMÁ
Canal de Panamá

OCÉANO PACÍFICO

THE BASIC SPANISH SERIES
BASIC SPANISH FOR GETTING ALONG

ENHANCED SECOND EDITION

ANA C. JARVIS
Chandler-Gilbert Community College

RAQUEL LEBREDO
California Baptist University

HEINLE
CENGAGE Learning·

Australia • Brazil • Japan • Korea • Mexico • Singapore • Spain • United Kingdom • United States

HEINLE
CENGAGE Learning·

**Basic Spanish for Getting Along, Enhanced
Second Edition**
Ana C. Jarvis and Raquel Lebredo

Publisher: Beth Kramer

Acquisitions Editor: Lara Semones

Assistant Editor: Joanna Alizio

Associate Media Editor: Patrick Brand

Marketing Program Manager: Courtney Wolstoncroft

Executive Brand Manager: Ben Rivera

Manufacturing Planner: Betsy Donaghey

Rights Acquisitions Specialist: Jessica Elias

Art and Design Direction, Production Management, and Composition: PreMediaGlobal

Cover Image: istock

For product information and technology assistance, contact us at **Cengage Learning Customer & Sales Support, 1-800-354-9706**

For permission to use material from this text or product, submit all requests online at **www.cengage.com/permissions**
Further permissions questions can be emailed to **permissionrequest@cengage.com**

Library of Congress Control Number: 2012949045

ISBN-13: 978-1-285-05217-5

ISBN-10: 1-285-05217-X

Heinle
20 Channel Center Street
Boston, MA 02210
USA

Cengage Learning is a leading provider of customized learning solutions with office locations around the globe, including Singapore, the United Kingdom, Australia, Mexico, Brazil, and Japan. Locate your local office at: **www.cengage.com/global**

Cengage Learning products are represented in Canada by Nelson Education, Ltd.

For your course and learning solutions, visit **www.cengage.com**

Purchase any of our products at your local college store or at our preferred online store **www.cengagebrain.com**

Printed in the United States of America
Print Number: 04   Print Year: 2020

CONTENTS

PREFACE

The Basic Spanish Series Enhanced Second Edition offers a more dynamic learning experience than ever before with advanced online tools designed to address the needs of today's students and professionals requiring a working knowledge of Spanish. This flexible, concise introduction to Spanish grammar and communication offers an extensive technology program, which now features outstanding video footage from the incomparable National Geographic collection, additional interactive grammar practice, as well as note-sharing and highlighting capabilities. This state-of-the-art technology combined with a focus on applied Spanish for every-day use gives students the advantage they need to be successful in the workplace and beyond.

Basic Spanish for Getting Along

As a key component of *The Basic Spanish Series, Basic Spanish for Getting Along* is a communication manual designed to serve those who seek basic conversational skills in Spanish. Written for use in two-semester or three-quarter courses, it presents everyday situations that students may encounter when traveling or living in Spanish-speaking countries or when dealing with Spanish-speaking people in the United States.

The Basic Spanish Series, Basic Spanish for Getting Along, Enhanced Second Edition is a communication manual designed to serve those who seek basic conversational skills in Spanish by presenting everyday situations that students may encounter when traveling or living in Spanish-speaking countries or when dealing with Spanish-speaking people in the United States. This worktext introduces essential vocabulary and provides students with opportunities to apply, in a wide variety of practical contexts, the grammatical structures presented in the corresponding lessons of the Basic Spanish core text.

When used in combination, *Basic Spanish* and *Basic Spanish for Getting Along* create a perfect introductory conversation class at the college level or in adult education classes.

Organization of the text

Basic Spanish for Getting Along contains two preliminary lessons, twenty regular lessons, and four review sections (*Repasos*).

Each lesson contains the following sections:

- The **lesson opener** consists of a cultural photo and lesson objectives divided into three categories: Structures practiced from *Basic Spanish,* Communication, and Culture.

- The *Aprenda estas palabras* section opens each regular lesson with illustrations, captioned in Spanish, depicting the thematic active vocabulary.

- A **Spanish dialogue** introduces and employs key vocabulary and grammatical structures in the context of the lesson theme. They feature country-specific contexts to promote and enhance discovery of different customs of the Spanish-speaking world. Each dialogue is divided into manageable segments and is accompanied by illustrations to help students visualize what the characters are saying, thereby encouraging them to think in Spanish rather than English. Audio recordings of the dialogues can be found on The Basic Spanish Resource Center in downloadable MP3 format. Translations of the dialogues can be found on the Instructor's side of The Basic Spanish Resource Center.

- The *¡Escuchemos!* activity, together with recordings on the In-Text Audio MP3s, encourage students to listen to the dialogue and check their comprehension with true/false questions.

- The *Vocabulario* section summarizes new, active words and expressions presented in the dialogue and categorizes them according to their parts of speech. The vocabulary highlights the most important communication tools needed in a variety of real-life situations. A special subsection of cognates heads up the vocabulary list so students can readily identify these terms. The *Vocabulario adicional* subsection supplies supplementary vocabulary related to the lesson theme.

- *Notas culturales* give students insights into important aspects of Hispanic culture, from practical information about everyday life to useful facts about history, geography, and civilization. All-new video content from National Geographic™ along with corresponding activities introduce students to the cultures and landscapes of twenty-one different Spanish-speaking countries. A corresponding set of personal questions, called *En tu mundo…,* offers students the opportunity to compare their own cultural values with what they learn in the lesson. These cultural notes are in English in the first half of the manual and in accessible Spanish in the second half.

- *Dígame…* questions check students' comprehension of the dialogue.

- The *Hablemos* section provides personalized questions spun off from the lesson theme, where students are encouraged to work in pairs, asking and answering each question presented.

- The *¿Cómo lo decimos?* activity reviews grammar and vocabulary topics that students need to know before proceeding in the lesson.

- *¿Qué pasa aquí?* questions guide students as they describe illustrations depicting situations related to the lesson theme.

- The *En estas situaciones* section develops students' communication skills through role-playing in pairs or small groups and encourages more interactive speaking practice.

- *Una encuesta* is a survey that allows students to interview each other in class to discover information about one another. This whole-class activity promotes interaction between classmates and allows students to warm up before doing the more interactive, open-ended speaking activities.

- The *¿Qué dice aquí?* realia-based activity exposes students to authentic documents such as advertisements, menus, and weather maps. Questions guide students through the documents and elicit their personal reactions.

- *Una actividad especial* transforms the classroom into a real-world setting such as a restaurant, food market, or airport. The entire class participates in open-ended role-playing that re-creates and expands on the situations introduced in the dialogue and the *En estas situaciones* section.

- The *Un paso más* section features an activity that practices the supplementary words and expressions in the *Vocabulario adicional* section.

- All lessons conclude with *Un dicho,* a Spanish saying, proverb, riddle, tongue twister, song, or cartoon related to the lesson theme.

- Pair and group icons indicate pair and group activities.

- Audio icons show what is available as downloadable In-Text Audio MP3s on The Basic Spanish Series Resource Center.

- iLrn icons indicate that there are additional resources and practice available at the *Basic Spanish for Getting Along* iLrn Learning Center.

- Web-search icons indicate activities related to the *Notas culturales*.

- Web-audio icons indicate vocabulary available in audio flashcards on The Basic Spanish Series Resource Center and in the iLrn™: Heinle Learning Center.

- Web-grammar icons indicate grammar help is available through Grammar Tutorials and Grammar videos in the iLrn™: Heinle Learning Center.

- **Five maps** of the Spanish-speaking world are included in the front and back of the text to support the focus on more country-specific contexts in all of the opening dialogues.

- For easy reference and to aid in lesson planning, the table of contents lists the **grammar structures** presented in the corresponding *Basic Spanish* text and practiced in *Basic Spanish for Getting Along,* plus the communication objective for each lesson.

- The text's grammatical sequence parallels the core text of the series, *Basic Spanish.*

Organization of the *Repasos*

After every five lessons, a review section contains the following materials:

- *Práctica de vocabulario* exercises check students' cumulative knowledge and use of active vocabulary in a variety of formats: matching, identifying related words, selecting the appropriate word to complete a sentence, and puzzles.

- A *Práctica oral* section features questions that review key vocabulary and structures presented in the preceding five lessons. To develop students' listening and oral skills, the questions are also recorded and available as downloadable MP3s on The Basic Spanish Series Resource Center.

- Also recorded and available as MP3s on The Basic Spanish Resource Center, the *Para leer y entender* reading comprehension section presents a passage that ties together the themes, vocabulary, and structures of the preceding five lessons. Follow-up questions check students' understanding.

Appendixes

The appendixes of this book include the following information:

- **Appendix A, Introduction to Spanish Sounds and the Alphabet,** presents the alphabet and briefly explains vowel sounds, consonant sounds, linking, rhythm, intonation, syllable formation, and accentuation.

- **Appendix B, Verbs,** presents charts of the three regular conjugations and of the regular **-ar, -er,** and **-ir** stem-changing verbs, as well as lists of orthographic-changing verbs and some common irregular verbs.

- **Appendix C, Más Sobre El Tema,** is a comprehensive appendix of practical vocabulary and expressions demonstrates the subtleties of words and expressions by presenting them in meaningful contexts related to the chapter theme. This valuable reference enables students to build a solid Spanish-language foundation they can immediately apply in real-world scenarios.

- **Appendix D, Weights and Measures,** features conversion formulas for temperature and metric weights and measures, as well as Spanish terms for U.S. weights and measures.

End Vocabularies

Comprehensive Spanish-English and English-Spanish vocabularies contain all words and expressions from the *Aprenda estas palabras* and *Vocabulario* sections. Each term is followed by the lesson number where the active vocabulary is introduced. All passive vocabulary items found in the *Vocabulario adicional* sections, in marginal glosses to readings, and in glosses of direction lines or exercises are also included.

New to the Enhanced Second Edition

This Enhanced Edition continues to introduce essential vocabulary and provide students with opportunities to apply, in a wide variety of practical contexts, the grammatical structures presented in the corresponding lessons of the Basic Spanish core text. The iLrn™: Heinle Learning Center provides the capability to complete worktext activities online while accessing the Basic Spanish eBook. Diagnostic tests with auto-generate study plans help you gauge your progress and focus your efforts on areas of weakness.

- Más sobre el tema: an all-new comprehensive appendix of practical vocabulary and expressions demonstrates the subtleties of words and expressions by presenting them in meaningful contexts related to the chapter theme. This valuable reference enables students to build a solid Spanish-language foundation they can immediately apply in real-world scenarios.

- The newly enhanced Second Edition of the Basic Spanish Series fully integrates the most advanced version of iLrn™: Heinle Learning Center yet. The upgraded eBook features note-sharing capabilities, highlighting, and direct video links. iLrn™: Heinle Learning Center provides the capability to complete worktext activities online while accessing the Basic Spanish eBook. Diagnostic tests with auto-generate study plans help students gauge their progress and focus their studies on areas of weakness.

- New Más práctica grammar activities provide plenty of extra practice outside of class, freeing up precious class time for more high-level discussion.

- All-new video content from National Geographic™ along with corresponding activities introduce students to the cultures and landscapes of twenty-one different Spanish-speaking countries.

Assets

Available on The Basic Spanish Resource Center

For Students

- The **in-text audio** is available in downloadable MP3 format.

- **Grammar videos and tutorials** offer additional clarification and practice of the trickier concepts of Spanish grammar.

- **Web-search activities** encourage students to learn more about the target country and coordinate with the culture notes in each chapter of *Basic Spanish for Getting Along*.

- Short **podcasts,** downloadable to a computer or MP3 device, review Spanish grammar and pronunciation for studying on-the-go.

- **Text glossaries** provide support for learning and practicing vocabulary.

- The downloadable **audio *Basic Spanish for Getting Along Phrasebook*** provides vocabulary and phrases for real-life situations.

- The **Resource Center** includes additional quizzes, web-search activities, related links, downloadable In-Text Audio MP3s, audio-enabled flashcards, and Spanish pronunciation help.

For Instructors

- Instructors have access to **all Resource Center content,** including resources for students. Instructor-specific content is password-protected and is not available to students.

- For instructors transitioning to *The Basic Spanish Series* from a different text, a **sample syllabus** offers suggestions for dividing the material evenly through the course of a typical semester.

- A series of **PowerPoint presentations** include explanations of Spanish grammar and correlate to each chapter of *Basic Spanish*. An additional set of PowerPoints review Spanish vocabulary from *Basic Spanish for Getting Along*.

- **Audioscripts** for dialogues and audio activities in *Basic Spanish for Getting Along* are available for download.

- **Answer keys** are provided for exercises in *Basic Spanish for Getting Along,* as well as the self-directed tests in each worktext.

- **Situation cards** and the corresponding guide provide ideas for oral assessment and in-class role-play.

ACKNOWLEDGMENTS

We wish to thank our colleagues who have used previous editions of *Basic Spanish for Getting Along* for their many constructive comments and suggestions:

Robert L. Adler, *University of North Alabama*
Sissy Alloway, *Morehead State University*
Asuncion Amedo, *Dickinson College*
Liz Barcena, *Florida National College*
Valeria Barragon, *Coastline Community College*
Pierina Beckman, *University of North Texas*
Lori Bernard, *State University of New York, College at Geneseo*
Sally R. Brecher, *Buena Vista University*
Antonio Carrillo, *Northern Arizona University*
Maria Jesus Centeno, *University of Alabama at Birmingham*
Kirby Chadwick, *Scottsdale Community College*
Olivia Elias, *Guilford College*
Amos Etukudoh, *Johnson C. Smith University*
Bruce Fox, *Wayne State University*
Amalia Garson, *Northern Arizona University—Yuma campus*
Angelo Glaviano, *Middlesex Community College*
Deborah Hubbard, *Brown Mackie College*
Kathleen M Jiménez, *Miami-Dade Community College*
Suzanne Morrison-Williams, *Art Institute of Fort Lauderdale*
Kati Pletsch de García, *Mount Ida College*
Tracey Robinson, *Devry University*
Dianna Rodríguez-Lozano, *Mount Saint Mary's College*
Claudia Sokol, *Northeastern University*

Carmen Sotomayor, *University of North Carolina at Greensboro*
Sara Ulloa, *Utah Valley University*
Bárbara Villalonga, *San José State University*
David Walczak, *Art Institute of Fort Lauderdale*
Nicole Wilson, *Advanced Career Training*
David Young, *Missouri Western State College*

We also extend our sincere appreciation to the World Languages team at Heinle, Cengage Learning: Publisher, Beth Kramer; Executive Editor, Lara Semones; Assistant Editor, Joanna Alizio, Associate Media Editor, Patrick Brand, and Senior Media Editor, Morgen Gallo; Senior Art Director, Linda Jurras; Marketing Program Manager, Courtney Wolstoncroft; and Project Manager, Arul Joseph Raj.

Ana C. Jarvis
Raquel Lebredo

© Andres Rodriguez / Fotolia

CONVERSACIONES BREVES

 iLrn

OBJECTIVES

Structures

- Greetings and farewells
- Cardinal numbers 0–39
- The alphabet
- Days of the week
- Months of the year
- Colors

Communication

- Greetings and farewells
- Polite expressions
- Days of the week
- Months of the year

Culture

- How to address and greet people
- Names and surnames

🔊 Conversaciones breves

A. —Hola, ¿qué tal, José María?
—Bien, ¿y tú? ¿Qué hay de nuevo?
—No mucho.
—Chau. Nos vemos el lunes.
—Sí. ¡Adiós!

B. —Buenas tardes, doctora Ramírez. Con permiso.
—Buenas tardes. Pase. Tome asiento, por favor.
—Gracias.
—¿Cómo se llama usted?
—Me llamo María Isabel Paz Medina.

C. —Buenos días, señorita Vega. ¿Cómo está usted?
—Muy bien, gracias, señor Pérez. ¿Y usted?
—Bien, gracias.
—Hasta mañana.
—Hasta mañana, señorita.

D. —Profesora Ortiz: el señor Méndez.
—Mucho gusto.
—El gusto es mío.
—Tomen asiento, por favor.
—Gracias.

E. —¿Qué fecha es hoy?
—Hoy es el cuatro de enero.
—¿Hoy es martes?
—No, señora. Hoy es lunes.

F. —Muchas gracias, María Inés.
—De nada, Jorge. Hasta luego.
—Hasta la vista. Saludos a Claudia.

🌐 VOCABULARIO (*Vocabulary*)
Audio

Saludos (*Greetings*)

Buenas tardes.[1] *Good afternoon.*
Buenos días. *Good morning.*
¿Cómo está usted?[2] *How are you? (formal)*
Hola. *Hello.*
Muy bien. ¿Y usted? *Very well. And you?*
¿Qué hay de nuevo? *What's new?*
¿Qué tal? *How is it going?*

Despedidas (*Farewells*)

Adiós. *Good-bye.*
Chau. *Bye.*
Hasta la vista. *I'll see you around. (Until we meet again.)*
Hasta luego. *I'll see you later.*
Hasta mañana. *I'll see you tomorrow.*
Nos vemos. *See you.*

Títulos (*Titles*)

doctor(a) (Dr. / Dra.) *doctor (m., f.)*
profesor(a) *professor, teacher (m., f.)*
señor (Sr.) *Mr., sir, gentleman*
señora (Sra.) *Mrs., madam, lady*
señorita (Srta.) *Miss, young lady*

Expresiones de cortesía (*Polite expressions*)

Con permiso. *Excuse me.*
De nada. *You're welcome.*
El gusto es mío. *The pleasure is mine.*
Gracias. *Thanks.*
Muchas gracias. *Thank you very much.*
Mucho gusto. *It's a pleasure (to meet you).*
por favor *please*

---

[1]**Buenas noches:** *Good evening*
[2]**¿Cómo estás?** is used when addressing a friend or a very young person.

Otras palabras y expresiones
(*Other words and expressions*)

bien *well, fine*
¿Cómo se llama usted?[1] *What's your name?*
conversaciones breves *brief conversations*
hoy *today*
lunes *Monday*
martes *Tuesday*
Me llamo... *My name is . . .*

mucho *much, a lot*
muy *very*
no *no, not*
Pase. *Come in.*
¿Qué fecha es hoy? *What's the date today?*
Saludos a... *Say hello to . . .*
Tome(n) asiento.[2] *Have a seat.*
y *and*

Notas Culturales

■ Notice the difference between dialogue A and dialogue C, on page 2: In dialogue A, José María and his friend, who are both young, call each other **tú**. Their relationship is informal. In dialogue C, Mr. Pérez greets Miss Vega and calls her **usted**. Their relationship is amicable, but formal.

■ **Hola** is used to greet relatives, friends, and acquaintances; it is not used when addressing strangers.

■ In most Spanish-speaking countries, lawyers and members of many other professions who hold the equivalent of a Ph.D. are addressed as **doctor** or **doctora.**

■ In Spain and Latin America, the week starts on Monday (**lunes**), as you can see in the calendar in Figure E, on page 3.

■ Many people in Spanish-speaking countries use two last names: the father's (first) and the mother's maiden name (second). Notice the name **María Isabel Paz Medina.**

■ When saying hello or good-bye, and when being introduced, Hispanic men and women almost always shake hands. When greeting each other, girls and women often place their cheeks together, kissing not each other's cheek, but the air. In Spain, this kissing is done on both cheeks. Men who are close friends sometimes embrace and pat each other on the back.

■ **María** is a very popular name in Spain and Latin America. It is frequently used in conjunction with other names: **María Inés, Ana María, María Isabel,** etc. It is also used as a middle name for men, for example, **José María, Luis María,** etc.

---

[1]When addressing a very young person or a child, **¿Cómo te llamas?** is used.
[2]When talking to one person, **"Tome asiento"** is used. When talking to two or more people, **"Tomen asiento"** is used.

ACTIVIDADES

👥 Hablemos (*Let's talk*) With a partner, take turns responding to the following greetings and questions.

1. Buenos días (Buenas tardes, Buenas noches, señor [señora, señorita]).

2. Hola, ¿qué tal?

3. ¿Cómo está usted?

4. Mucho gusto, señor (señora, señorita).

5. ¿Qué fecha es hoy?

6. ¿Qué día es hoy?

7. ¿Qué hay de nuevo?

8. Hasta la vista.

9. Muchas gracias.

10. ¿Cómo se llama usted?

👥 En estas situaciones (*In these situations*) With 2 or more classmates, act out the following situations in Spanish.

1. You encounter your professor in the morning and want to know how he/she is.

2. You greet Mrs. Peña in the evening. You ask her to come in and have a seat.

3. You see your professors in the afternoon.

4. You greet your friend Carlos and ask what's new with him.

5. You are leaving a friend whom you are going to see again that same day.

6. You tell someone to say hello to your best friend.

7. You thank María Inés for a favor, and tell her you'll see her tomorrow.

8. You ask a little girl what her name is.

9. You want to talk to your professor who is in his office.

10. You want to know today's date.

UN POEMA PARA MEMORIZAR (*A POEM TO MEMORIZE*)

Treinta días trae° noviembre	*brings*
con abril, junio y septiembre.	
De veintiocho sólo° hay uno,	*only*
y los demás° de treinta y uno.	**los demás** *the others*

Royalty-Free / Masterfile

EN EL CLUB

OBJECTIVES

Structures

- Gender and number
- The definite and indefinite articles
- Subject pronouns
- The present indicative of **ser**
- Uses of **hay**
- Cardinal numbers 40–299

Communication

- Answering the telephone
- Inquiring about origin
- Discussing quantities

Culture

- Different ways to answer the telephone according to countries
- How to address adults with respect

🔊 En el club

Por teléfono

A. Recepcionista —Club Náutico, buenos
días.
Un señor —Buenos días. ¿Está la se-
ñorita Ana Reyes?
Recepcionista —¿De parte de quién?
Un señor —De Mario Vargas.
Recepcionista —Un momento, por favor.

B. Recepcionista —Bueno.
Una señora —¿Está el señor Calderón?
Recepcionista —No, no está. Lo siento.
¿Algún mensaje?
Una señora —No, gracias. Llamo más
tarde.

En la cafetería

C. La Sra. Paz —¿De dónde eres tú, Maribel?
Maribel —Yo soy de Quito, doña Ana.
¿De dónde son ustedes?
La Sra. Paz —Nosotros somos de Bogotá.

D. Empleado —¿Cuántas mesas hay aquí?
Empleada —Hay veinte mesas.
Empleado —¿Cuántas sillas hay?
Empleada —Hay ochenta sillas.

🌐 VOCABULARIO
Audio

Cognados (*Cognates*)[1]

la cafetería
el club
el (la) recepcionista[2]
el teléfono

Nombres (*Nouns*)

el club náutico *marina club, yacht club*
el (la) empleado(a) *employee*
el mensaje *message*
la mesa *table*
la silla *chair*

Verbo (*Verb*)

ser *to be*

**Otras palabras y expresiones
(*Other words and expressions*)**

algún mensaje *any message*
aquí *here*
Bueno *Hello*
¿cuántos(as)? *how many?*
de *from*
de dónde *where from*
¿De parte de quién? *Who's speaking (calling)?*
¿Está... + name? *Is . . . (name) there?*
hay *there is, there are*
Lo siento. *I'm sorry.*
Llamo más tarde. *I'll call later.*
No está. *He (She) is not here.*
por teléfono *on the telephone*
un momento *one moment*

Search

Notas Culturales

■ In Spanish-speaking countries, people use different expressions when answering the telephone. The following are the most commonly used:

In Mexico: "Bueno"

In Spain: "Diga", "Dígame", "¿Sí?"

In Cuba and other Caribbean countries: "Oigo"

In Argentina: "¿Sí?", "Hable", "Hola"

■ **Don** (for men) and **doña** (for women) are titles of respect used with a first name when addressing an older person: **don Antonio; doña Marta.**

---

[1]Cognates are words that resemble one another and have similar meanings in Spanish and English. Note that English cognates often have different spellings and always have different pronunciations than their Spanish counterparts.
[2]In nouns ending in **-ista,** only the article will change to indicate gender: **el recepcionista** (*m.*); **la recepcionista** (*f.*).

ACTIVIDADES

👥 Más personal... (*More personal . . .*) With a partner, re-read the dialogues. This time, insert your names instead of the names used in the dialogues, and make other changes.

👥 Hablemos With a partner, take turns responding to the following questions.

1. ¿De dónde eres tú?

2. ¿De dónde es el profesor (la profesora)?

3. ¿Cuántos estudiantes hay aquí hoy?

4. ¿Cuántos empleados hay en la oficina (*office*)?

5. ¿Hay un teléfono aquí?

6. ¿Hoy es lunes?

👥 En estas situaciones With a partner, act out the following situations in Spanish.

1. You are on the telephone. You ask whether Mr. Campos is there.

2. You are answering the telephone. Someone wants to speak with Miss Valdivia. Ask who is speaking and tell the person to wait a moment.

3. Someone wants to speak with your mother. Tell the person she is not home and ask if there's any message.

4. The person you are calling is not home. Say that you will call later.

5. Someone is checking your answering machine. Ask how many messages there are.

6. Someone asks you where you are from. Reply.

7. You want to know where your new classmate is from.

8. You just did an inventory of the college cafeteria. Report that there are fifty-six tables and two hundred and seventy chairs.

UN DICHO PARA MEMORIZAR (*A SAYING TO MEMORIZE*)

Querer es poder.   *Where there is a will, there is a way.*

Peter Adams / The Image Bank / Getty Images

EN EL RESTAURANTE DON PEPE, EN MADRID

OBJECTIVES

Structures
- The present indicative of regular -ar verbs
- Interrogative and negative sentences
- Forms and position of adjectives
- Telling time
- Cardinal numbers 300–1,000

Communication
- How to order a meal

- Asking for the check and discussing method of payment

Culture: España
- Eating habits in Spanish-speaking countries
- Methods of payment

Aprenda estas palabras (*Learn these words*)

1. la camarera (mesera¹)
2. el menú
3. la mesa
4. la copa de vino
5. una botella de vino
6. un vaso de agua
7. un helado²
8. la crema
9. el azúcar
10. una taza de café
11. el pollo
12. el tenedor
13. la cuchara
14. el cuchillo

15. la tarjeta de crédito
16. el mozo (camarero, mesero¹)
17. la cuenta
18. el plato
19. la ensalada

---

¹Mexico and Puerto Rico.
²Also called **una nieve** in Mexico and **un mantecado** in Puerto Rico.

En el restaurante Don Pepe, en Madrid

En el restaurante, Ana, una turista de California, habla con el mozo.

Ana	—Deseo una ensalada mixta, sopa de verduras y bistec con papas fritas.
Mozo	—¿Qué desea tomar? ¿Vino blanco...? ¿Vino tinto...? ¿Agua mineral...?
Ana	—No, deseo un vaso de agua con hielo.
Mozo	—¿Y de postre? ¿Fruta con queso? ¿Helado?
Ana	—Helado de vainilla.
Mozo	—¿Desea una taza de café?
Ana	—No, un vaso de té frío.
Mozo	—No hay té frío, señorita. ¿Desea té caliente?
Ana	—No, tráigame un cortado, por favor.

Más tarde:

Ana	—¡Camarero! La cuenta, por favor.
Mozo	—Sí, señorita.
Ana	—¿Aceptan ustedes cheques de viajero?
Mozo	—No, no aceptamos cheques de viajero, pero aceptamos tarjetas de crédito.
Ana	—Bien, ¿qué hora es, por favor?
Mozo	—Son las dos y cuarto.
Ana	—Gracias.

Ana paga la cuenta y deja una propina. A las tres y media regresa a la pensión.

🔊 **¡Escuchemos!** While listening to the dialogue, circle **V (verdadero)** if the statement is true and **F (falso)** if it is false.

1. Ana habla con el mozo.   V   F

2. Ana desea bistec con papas fritas.   V   F

3. Ana toma vino.   V   F

4. Ana no toma agua.   V   F

5. Ana no desea postre.   V   F

6. Ana desea tomar té frío.   V   F

7. Ana no paga la cuenta.   V   F

8. El restaurante no acepta tarjetas de crédito.   V   F

9. Ana deja una propina.   V   F

10. Ana regresa a la pensión a las dos y cuarto.   V   F

🌐 **VOCABULARIO**
Audio

Cognados
el cheque
la fruta
el minuto
el restaurante
el té
el (la) turista

Nombres
el agua mineral *mineral water*
el bistec *steak*
el cheque de viajero *traveler's check*
el helado de chocolate *chocolate ice cream*
el helado de vainilla *vanilla ice cream*
el hielo *ice*
la papa, la patata (*Spain*) *potato*

las papas fritas *French fries*
la pensión *boarding house*
la propina *tip*
el queso *cheese*
la sopa *soup*
la sopa de verduras *vegetable soup*
el té frío (helado) *iced tea*
las verduras, los vegetales *vegetables*

Verbos
aceptar *to accept*
dejar *to leave (behind)*
desear *to wish, to want*
pagar *to pay*
regresar *to return*
tomar *to drink*

Nombre _____ Sección _____ Fecha _____

Adjetivos

blanco(a) *white*
caliente *hot*
frío(a) *cold*
frito(a) *fried*
mixto(a) *tossed (ref. to salad), mixed*
tinto *red (ref. to wine)*

Otras palabras y expresiones

con *with*
de *of*
de postre *for dessert*
más tarde *later*
o *or*
pero *but*
¿qué? *what?*
sí *yes*
tráigame *bring me*

VOCABULARIO ADICIONAL (*Additional vocabulary*)
Audio

Frutas (*Fruits*)

la banana, el plátano *banana, plantain*
el durazno, el melocotón *peach*
las fresas *strawberries*
la manzana *apple*
el melón *melon*
la naranja, la china (*Puerto Rico*) *orange*
la pera *pear*
la piña *pineapple*
la sandía, el melón de agua (*Cuba*)
    watermelon
el tomate *tomato*
la toronja, el pomelo (*Spain*) *grapefruit*
las uvas *grapes*

Jugos (*Juices*)[1]

jugo de {
durazno, melocotón
fresa
manzana
melón
naranja
pera
piña
tomate
toronja
uva
}

Notas Culturales

■ In Spanish-speaking countries, coffee is generally served very strong (what we call *espresso*), and is prepared in individual two- or three-ounce servings. At breakfast, hot milk is added to create *café con leche*. Coffee is never drunk during other meals, but is served after dessert. Coffee with a splash of milk is called *un cortado*. Wine is often drunk with meals.

■ In Spain, people often have fruit and cheese for dessert.

_____

[1]**zumos,** in Spain

© 2014 Heinle, Cengage Learning

LECCIÓN 1: EN EL RESTAURANTE DON PEPE, EN MADRID   **15**

> - Except in some resort areas, traveler's checks generally are not accepted as cash at restaurants and shops in the Hispanic world, as they are in the United States. They must be cashed at banks, currency exchanges, or hotels. Credit cards are widely used, especially in urban areas, but personal checks are not.
>
> - In many Spanish-speaking countries, gratuities are included in the price of the meal.
>
> - In Spanish-speaking countries, restaurants generally have waiters, not waitresses.

En tu mundo... (*In your world . . .*)

1. Generalmente, ¿qué toman los norteamericanos con las comidas (*meals*)?

2. En este país, ¿aceptan los restaurantes cheques de viajero? ¿Aceptan cheques personales?

3. Generalmente, ¿la propina está incluida (*is included*) en el precio?

Actividades

En el restaurante With a partner, pretend that you are at a restaurant and take turns ordering food, dessert, and drinks.

Dígame... (*Tell me . . .*) Answer the following questions, basing your answers on the dialogue.

1. ¿Qué desea Ana?

   _____

2. ¿Desea tomar vino? ¿Qué desea tomar?

   _____

3. De postre, ¿Ana desea fruta con queso? ¿Qué desea?

   _____

4. En el restaurante, ¿hay té frío o té caliente? ¿Qué toma Ana?

   _____

5. ¿Aceptan cheques de viajero en el restaurante Don Pepe? ¿Qué aceptan?

   _____

6. ¿Qué paga Ana? ¿Qué deja?

   _____

7. ¿Qué hora es?

_____

8. ¿A qué hora regresa a la pensión?

_____

👥 Hablemos   Imagine that you are at a restaurant with a classmate. Ask him or her the following questions. When you have finished, switch roles.

1. ¿Deseas una copa de vino o un vaso de agua con hielo? ¿Tomas agua mineral a veces (*sometimes*)?

_____

2. ¿Deseas sopa o ensalada mixta?

_____

3. ¿Deseas bistec con papas fritas o sopa de verduras?

_____

4. ¿Qué deseas de postre: helado de vainilla o fruta con queso?

_____

5. ¿Qué deseas tomar, café o té?

_____

6. ¿Tomas té frío o té caliente?

_____

7. ¿Deseas crema y azúcar con el café?

_____

8. ¿Pagamos con cheque o con tarjeta de crédito?

_____

9. ¿Dejamos propina? ¿Cuánto (*How much*)?

_____

10. ¿Qué hora es?

_____

¿Cómo lo decimos? *(How do we say it?)* Complete the following, using the Spanish equivalent of the words in parentheses.

1. ¿_____ una taza de té caliente, Anita? *(Do you want to drink)*

2. Nosotros deseamos _____ y _____. *(French fries / white wine)*

3. Eva desea _____ y _____. *(mixed salad / iced tea)*

4. _____ la cuenta y _____ la propina. *(We pay / they leave)*

5. _____ cheques de viajero. *(They don't accept)*

6. Yo necesito *(need)* _____ dólares y ella necesita *(needs)* _____ dólares.
   (five hundred / one thousand)

7. _____ de la tarde. *(It's two-thirty)*

8. Nosotros _____ a la pensión _____. *(don't return / in the afternoon)*

¿Qué pasa aquí? *(What's happening here?)* With a partner, decide what the people are saying according to what you see in the pictures.

3.

4.

5.

Una encuesta
Survey your classmates and your instructor to find someone who fits each of the following descriptions and write the person's name in the space provided. Remember to use the **tú** form when speaking with your classmates and the **Ud.** form when speaking to your instructor. Then, in groups of three, discuss the result of the survey.

ESTA PERSONA...

1. ☐ es camarero(a). _____
2. ☐ trabaja en un restaurante. _____
3. ☐ toma agua mineral. _____
4. ☐ desea una taza de café. _____
5. ☐ toma café con crema y azúcar. _____
6. ☐ desea jugo de naranja. _____
7. ☐ toma jugo de tomate. _____
8. ☐ toma jugo de uvas. _____
9. ☐ desea una botella de vino. _____
10. ☐ paga con tarjeta de crédito. _____
11. ☐ deja buenas propinas. _____
12. ☐ regresa a la universidad mañana. _____

En estas situaciones
With 2 or more classmates, act out the following situations in Spanish.

1. You are at a restaurant. You are very hungry and tell the waiter to bring you soup, salad, a main course, wine, dessert, and coffee. When it's time to pay the bill, you discover that you don't have any cash in your wallet.

2. Two friends have dropped by unexpectedly. The only drinks you have on hand to offer are mineral water and iced tea.

3. You and a friend have just finished dinner at a restaurant. You volunteer to pay the bill and suggest that your friend leave the tip.

4. You ask someone whether he/she wants to drink red or white wine.

5. You ask a friend what time he/she returns home (**a casa**).

6. Someone asks you the time. You say it's thirteen (minutes) after six.

Nombre _____ Sección _____ Fecha _____

👥👥👥 Una actividad especial *(A special activity)* Organize the class so that three or four students play the roles of waiters and waitresses (the number will depend on class size). Divide the rest of the students into groups of two or three. The class should be set up to resemble a restaurant. The waiters and waitresses should pass out the menus, take the customers' orders, and shout them to the instructor. The customers will then ask for the bill and discuss how to pay it. Copies of this menu from *Restaurante Don Pepe* should be made in advance.

RESTAURANTE
Don Pepe

PARA COMER[1]
Ensalada de lechuga[2] y tomate	eu[3] 3.50
Sopa (de verduras o de pollo[4])	eu 3.50
Bistec	eu 12.00
Langosta[5]	eu 15.00
Bistec con langosta	eu 19.50
Arroz con pollo[6]	eu 9.50
Hamburguesa	eu 5.00

POSTRES
Flan con crema	eu 2.50
Helado (de chocolate o de vainilla)	eu 2.00
Flan con helado	eu 3.50
Fruta	eu 3.00
Fruta con queso	eu 4.50

PARA TOMAR
Agua mineral	eu 2.00
Limonada	eu 2.50
Vino tinto	eu 3.50
Vino blanco	eu 3.00
Cerveza	eu 2.50
Café	eu 2.00
Té	eu 2.00
Refrescos[7]: Coca-Cola o Fanta de naranja	eu 2.00

(Top) Jorge Cubells Biela © 2009 Shutterstock;
(Bottom) Pawel Strykowski © 2009 Shutterstock;
(Right) REDAV © 2009 Shutterstock

© Cengage Learning

[1]**comer** *to eat*
[2]**lechuga** *lettuce*
[3]*All prices are in euros.*
[4]**pollo** *chicken*
[5]**langosta** *lobster*
[6]**arroz con pollo** *chicken and rice*
[7]**refrescos** *soft drinks*

© 2014 Heinle, Cengage Learning

LECCIÓN 1: EN EL RESTAURANTE DON PEPE, EN MADRID   21

Un paso más *(One step farther)*

A Review the **Vocabulario adicional** in this **lección,** and give the ingredients and amounts needed for a fruit salad, based on the following pictures.

> MODELO   Para la ensalada de frutas necesitamos tres bananas (plátanos).

 _____

 _____

 _____

 _____

 _____

 _____

 _____

 _____

 _____

_____

 _____

B Use the appropriate forms of **desear** to do the following.

1. Say what kind of juice everyone wants: You and a friend want orange juice, another friend wants tomato juice, and two others want grapefruit juice.

 2. Ask a classmate (using the **tú** form) if he or she wants grape juice or strawberry juice and ask your instructor (using the **Ud.** form) if he or she wants a certain kind of juice.

Un trabalenguas (*A tongue twister*)

Tres tristes° tigres   *sad*

© Grant Rooney / Alamy

¡FELIZ ANIVERSARIO!

OBJECTIVES

Structures

- Agreement of articles, nouns, and adjectives
- The present indicative of regular **-er** and **-ir** verbs
- Possession with **de**
- Possessive adjectives
- The personal **a**

Communication

- More restaurants and eating out

Culture: México

- Celebrations
- Mealtime customs
- Godparents

🌐 Aprenda estas palabras

1. el brindis

¡Salud! ¡Salud!

2. el vermut

3. el ron

4. el pastel

5. la torta

6. la langosta

7. el camarón[1]

8. el pescado

MARISCOS (shellfish)

9. el cangrejo

10. el pato

11. el cordero

baaa

_____

[1]**La gamba,** in Spain.

¡Feliz aniversario!

Para celebrar su aniversario de bodas, Raúl lleva a su esposa, Nora, a cenar a un restaurante muy elegante en la Zona Rosa en la Ciudad de México.

Mozo	—Por aquí, por favor. Aquí está el menú. ¿Desean tomar algo?
Raúl	—Sí, tráiganos un vermut, por favor.
Mozo	—Muy bien, señor. En seguida regreso.
Raúl	—¿Qué deseas comer, mi amor? El pescado y los mariscos son la especialidad de la casa.
Nora	—No me gusta el pescado. (*Lee el menú.*) Cordero asado con papas al horno... o con puré de papas.
Raúl	—(*Lee también.*) Chuletas de cerdo con papas fritas y vegetales con salsa de queso.

Raúl y Nora deciden pedir las chuletas de cerdo con papas fritas y media botella de vino tinto.

Nora —(*Lee la lista de postres.*) Pastel de coco... torta al ron... pudín... ¿Qué te gusta?
Raúl —Me gusta el pastel de coco. Es muy sabroso.

El mozo regresa, anota el pedido y después trae la comida y abre la botella de vino.

Raúl —(*A Nora*) ¡Un brindis! ¡Salud, dinero y amor!
Nora —¡Y feliz aniversario!

Cuando terminan de cenar conversan un rato y beben café. Después deciden ir a la casa de la madrina de Nora porque hoy es el día de su santo.

¡Escuchemos! While listening to the dialogue, circle **V (verdadero)** if the statement is true and **F (falso)** if it is false.

1. Raúl y Nora celebran su aniversario.	V	F
2. Raúl y Nora cenan en su casa.	V	F
3. Raúl y Nora toman vermut.	V	F
4. Nora desea comer pescado.	V	F
5. Raúl y su esposa comen chuletas de cerdo con papas fritas.	V	F
6. Raúl y Nora toman vino blanco.	V	F
7. Raúl abre la botella de vino.	V	F
8. Nora y Raúl beben té.	V	F
9. Nora y Raúl deciden ir a la casa de la madrina de Nora.	V	F
10. La madrina de Nora celebra el día de su santo.	V	F

🌐 VOCABULARIO
Audio

Cognados

el coco
elegante
la especialidad
la lista
el pudín, el budín

Nombres

el amor *love*
el aniversario de bodas *wedding
   anniversary*
la casa *house*
la ciudad *city*
la comida *food*
la chuleta de cerdo *pork chop*
el día *day*
el dinero *money*
la esposa, la mujer *wife*
el esposo, el marido *husband*
la madrina *godmother*[1]
los mariscos *shellfish*
la papa al horno *baked potato*
el pedido *order*
el puré de papas *mashed potatoes*
la salsa *sauce*
la salud *health*
el (la) santo(a) *saint*
la torta al ron *rum cake*

Verbos

abrir *to open*
anotar *to write something down*
beber *to drink*
brindar *to toast*
celebrar *to celebrate*

cenar *to have dinner (supper)*
comer *to eat*
conversar *to talk, to chat*
decidir *to decide*
ir[2] *to go*
leer *to read*
llevar *to take (someone or something some place)*
pedir (e:i) *to order, to ask for*
terminar *to finish*
traer[3] *to bring*

Adjetivos

asado(a) *roasted*
feliz *happy*
medio(a) *half*
sabroso(a), rico(a) *tasty*

Otras palabras y expresiones

Aquí está el menú. *Here is the menu.*
cuando *when*
después (de) *later, after*
en seguida *right away*
En seguida regreso. *I'll be right back.*
media botella *half a bottle*
mi amor *darling, my love*
(no) me gusta *I (don't) like*
(no) te gusta *you (don't) like*
para *in order to*
por aquí *this way*
porque *because*
también *too, also*
tomar algo[4] *to have something to drink*
tráiganos *bring us*
un rato *a while*

---

[1]**padrino** *godfather*
[2]**Ir** is an irregular verb. It is presented in Lesson 3.
[3]Irregular first person: **yo traigo**
[4]**comer algo:** *to have something to eat*

⊕ VOCABULARIO ADICIONAL

RESTAURANTE MIRAMAR
※
Especialidad en carnes y mariscos

Sopas

Sopa de pollo	$ 20,00[1]	Sopa de fideos (*noodles*)	$ 20,00
Sopa de arroz (*rice*)	$ 20,00	Sopa de cebollas (*onion*)	$ 25,00

Ensaladas

De tomate	$ 30,00	Mixta	$ 35,00
De lechuga (*lettuce*)	$ 30,00	De papas	$ 30,00

Todos los platos de la lista se sirven [2] con entremeses, la sopa del día y ensalada.

Pescados y mariscos

Bacalao (*Cod*)	$ 40,00	Trucha (*Trout*)	$ 45,00
Langosta	$150,00	Camarones	$ 90,00
Salmón	$ 50,00	Cangrejo	$ 95,00

Carne (Meat)

Albóndigas (*Meatballs*)	$ 70,00	Chuletas de cerdo	$ 65,00
Bistec (filete)	$ 80,00	Pato asado	$ 75,00
Cordero asado	$ 75,00	Pavo relleno (*stuffed turkey*)	$ 70,00
Guisado (guiso) (*stew*)	$ 70,00	Pollo frito (*fried chicken*)	$ 70,00

Postres

Arroz con leche (*rice pudding*)	$ 15,00	Flan con crema (*caramel custard*)	$ 20,00
Pudín	$ 20,00	Helado	$ 15,00
Torta de chocolate	$ 25,00	Frutas	$ 15,00
Pastel de coco	$ 20,00		
Torta al ron	$ 25,00		

Bebidas (Drinks)

Cerveza (*Beer*)	$ 25,00	Café	$ 20,00
Champán	$ 60,00	Té	$ 20,00
Vino blanco	$ 35,00	Agua mineral	$ 20,00
Vino tinto	$ 35,00	Jugo de frutas	$ 20,00

© Cengage Learning

[1] All prices are in Mexican pesos. Notice the use of a comma, rather than a decimal point.
[2] *se sirven:* are served

Para hablar de la comida (*To talk about food*)

la comida
{
mexicana
italiana
china (*Chinese*)
francesa (*French*)
alemana (*German*)
japonesa (*Japanese*)
}

el bistec
{
medio crudo *rare*
término medio *medium rare*
bien cocido *well done*
}

Notas Culturales

■ In most Spanish-speaking countries, restaurants do not start serving dinner before 9:00 P.M.

■ In Spain and Latin America, most people are reluctant to leave the table right after they finish eating. They prefer to remain seated and chat, discuss events, exchange ideas, tell jokes, and just enjoy each other's company. This lingering at the table after lunch or dinner is called **hacer la sobremesa.**

■ When a child is baptized, the parents invite two friends or relatives to participate in the baptism ceremony. They are the child's godfather (**padrino**) and godmother (**madrina**).

■ In Spain and Latin America people generally celebrate their birthday and also the day of their patron saint. For example, if a boy is born in June and his name is Miguel, he celebrates his birthday in June and the day of his "santo" on September 29, the day of Saint Michael.

EN TU MUNDO...

1. Generalmente, ¿a qué hora comienzan (*begin*) los restaurantes a servir la cena (*dinner*) en este país?

2. En este país, generalmente, ¿hacen la sobremesa las familias?

3. ¿Celebran el día de su santo muchos norteamericanos?

ACTIVIDADES

 **En el restaurante** With a partner, take turns asking each other whether you like certain foods.

Dígame... Answer the following questions, basing your answers on the dialogue.

1. ¿Adónde lleva Raúl a su esposa a cenar? ¿Para qué? (*What for?*)

_____

2. ¿Cuál es la especialidad de la casa?

_____

3. ¿Qué lee Nora? ¿Desea ella comer pescado?

_____

4. ¿Qué deciden pedir Nora y Raúl?

_____

5. ¿Qué postre es muy sabroso?

_____

6. ¿Qué trae el mozo? ¿Qué abre?

_____

7. ¿Conversan Nora y Raúl cuando terminan de comer?

_____

8. ¿Qué beben Nora y Raúl después de cenar?

_____

9. ¿Por qué deciden ellos ir a la casa de la madrina de Nora?

_____

 ## Hablemos
Imagine that you are at a restaurant with a classmate. Ask him or her the following questions. When you have finished, switch roles.

1. ¿Te gusta la comida mexicana? ¿italiana? ¿china?

2. La especialidad de la casa es pescado. ¿Te gusta?

3. ¿Qué mariscos comes? ¿Qué pescados comes?

4. En el menú hay papas fritas, papas al horno y puré de papas. ¿Qué deseas pedir?

5. ¿Deseas sopa de arroz, sopa de fideos o sopa de cebollas?

6. ¿Deseas comer albóndigas, guisado o pollo frito?

7. ¿Bebes vino blanco, vino tinto o refrescos?

8. ¿Deseas pedir una copa de vino o media botella de vino?

9. ¿Qué más (*What else*) deseas beber? ¿Bebes café con las comidas? ¿Bebes jugos de frutas?

10. Hay pastel de coco, pudín y torta al ron. ¿Qué deseas comer de postre?

11. ¿Tú celebras el día de tu santo?

12. ¿Cuándo es el aniversario de bodas de tus padres (*parents*)?

¿Cómo lo decimos? Give the Spanish equivalent of the words in parentheses.

1. _____ chuletas de cerdo y _____ pescado. (*We eat / they eat*)

2. En seguida regreso con _____. (*his order*)

3. ¿Qué _____, señores? ¿Ron o vermut? (*do you drink*)

4. _____ la comida y _____ dos botellas de vino. (*They bring / open*)

5. _____ es muy _____. (*The sauce / tasty*)

6. _____ cena en el restaurante Miramar. (*Olga's godmother*)

7. ¿Tú llevas _____ y _____ a la fiesta (*party*)? (*Carmen / Marta*)

8. Ellos conversan con _____. (*our professor's wife*)

9. ¿Ud. trae _____ a la universidad, señor Vega? (*your wife*)

10. Yo regreso a _____ a las ocho de la noche. (*my house*)

👥 **¿Qué pasa aquí?** With a partner, answer the following questions according to what you see in the pictures.

A.

1. ¿Cuál es la especialidad de la casa según (*according to*) el mesero?
2. ¿Juan desea comer langosta?
3. ¿Qué desea comer Yolanda?
4. ¿Qué desea beber Yolanda?

B.

1. ¿Qué lee Mario?
2. ¿Qué decide pedir Mario de postre?
3. ¿Sara desea pedir helado?

C.

1. ¿Qué anota el mozo?
2. ¿Qué desea comer Rosa?
3. ¿Ana desea comer pato o camarones?

D.

1. ¿Cuántos dólares desea Lola que le dejen de propina?
2. ¿Deja mucho dinero Jorge?

🚹🚹🚹 **Una encuesta** Survey your classmates and your instructor to find someone who fits each of the following descriptions and write the person's name in the space provided. Remember to use the **tú** form when speaking with your classmates and the **Ud.** form when speaking to your instructor. Then, in groups of three, discuss the result of the survey.

ESTA PERSONA...

1. ☐ come camarones. _____
2. ☐ come langosta. _____
3. ☐ come chuletas de cerdo. _____
4. ☐ come pollo frito. _____
5. ☐ come albóndigas. _____
6. ☐ come mucha comida mexicana. _____
7. ☐ come pastel de fresas. _____
8. ☐ come torta de chocolate. _____
9. ☐ bebe cerveza. _____
10. ☐ bebe vino tinto. _____
11. ☐ lee un rato después de comer. _____
12. ☐ celebra su aniversario de bodas en un restaurante. _____
13. ☐ brinda con champán. _____
14. ☐ come mucha comida china. _____

🚹🚹🚹 **En estas situaciones** With 2 or more classmates, act out the following situations in Spanish.

1. You are hosting an anniversary party for your parents. You offer a guest two different desserts, asking if he or she likes each one of them. After offering a selection of beverages, you propose a toast and wish your parents a happy anniversary.

2. You are a waiter/waitress. Tell customers to follow you and give them a menu. Tell the customers you'll be right back.

3. You are dining at a restaurant. When the waiter/waitress comes to your table, order a meat or fish dish, a baked potato or French fries, and vegetables.

¿Qué dice aquí? You and a classmate have decided to go out to dinner tonight. Read the following ad and, with a partner, take turns answering the following questions.

Ramon grosso dolarea © 2009 Shutterstock

Don José

Restaurante Típico

TENEMOS LA MÁS DELICIOSA COMIDA TÍPICA E INTERNACIONAL

Servimos
18 platos de mariscos y pescados
13 platos de carnes y de aves
6 platos variados para vegetarianos
Postres deliciosos para todos.

MÚSICA EN VIVO DESDE LAS 6 DE LA TARDE

Estamos ubicados en lo mejor de la Zona Rosa.
Amplio parqueo exclusivo para nuestros clientes

Para reservaciones llamar al teléfono 342-6518, después de las 11 de la mañana

© Cengage Learning

1. ¿Cuál es el nombre (*name*) del restaurante?
2. ¿Qué tipo (*type*) de comida sirven (*serve*) en el restaurante?
3. ¿Podemos comer mariscos en el restaurante? ¿Qué más (*What else*) podemos comer?
4. En el restaurante, ¿sirven platos para personas que no comen carne?
5. ¿Cómo son los postres?
6. ¿Qué hay en el restaurante desde (*since*) las 6 de la tarde?
7. ¿Dónde está ubicado (*located*) el restaurante?
8. ¿A qué teléfono y a qué hora debo llamar (*call*) para hacer reservaciones?

© 2014 Heinle, Cengage Learning

👥👥👥 **Una actividad especial** The class will be divided into seven groups. Each group will prepare a lunch and dinner menu (including dessert and drinks) for a different day of the week. A member of each group will read the menus aloud. Vote on which group has created the healthiest menu (**el menú más sano**), the least healthy menu (**el menú menos sano**), and the most original menu (**el menú más original**).

Un paso más Review the **Vocabulario adicional** in the menu from Restaurante Miramar on page 30 in this **lección,** and match the questions in column A with the corresponding answers in column B.

A   **B**

1. ¿Deseas comer ravioles?   _____   **a.** No, de papas.

2. ¿Cómo te gusta el bistec?   _____   **b.** Sí, me gusta la comida mexicana.

3. ¿Deseas una ensalada mixta?   _____   **c.** No, él no come carne.

4. ¿Comes bacalao?   _____   **d.** Sí, de cerdo.

5. ¿Tú comes tacos?   _____   **e.** Sí, especialmente el chou-mein.

6. ¿Te gusta el bistec casi crudo?   _____   **f.** No, no me gusta el pescado.

7. ¿Él desea albóndigas?   _____   **g.** No, término medio.

8. ¿Deseas pedir *sauerkraut?*   _____   **h.** No, no me gusta la comida italiana.

9. ¿Desean Uds. chuletas?   _____   **i.** No, como guiso.

10. ¿Comen trucha Uds.?   _____   **j.** No, no me gusta la comida alemana.

11. ¿Te gusta la comida china?   _____   **k.** Bien cocido.

12. ¿Ud. come pavo relleno?   _____   **l.** No, comemos atún.

Un proverbio para memorizar

No sólo de pan vive el hombre.   *Man does not live by bread alone.*

© Ariel Skelley / Corbis

NAVIDAD EN GUATEMALA

iLrn

OBJECTIVES

Structures

- The irregular verbs **ir, dar,** and **estar**
- **Ir a** + infinitive
- Uses of the verbs **ser** and **estar**
- Contractions

Communication

- How to describe people and circumstances
- Exchanges at a party
- How to discuss plans

Culture: Guatemala

- Family ties
- Celebrations
- Salsa

🌐 Aprenda estas palabras

1. LA FAMILIA
2. la madre (mamá)
3. el padre (papá)
4. la hija
5. los padres
6. el hijo[1]
7. el novio
8. la novia
9. rubia
10. morena

11. alto y delgado
12. bajo y gordo
13. la Navidad
14. bailar
15. cansado
16. una copa de champán

---

[1]**Los hijos,** meaning *children,* can refer to either sons or sons and daughters.

🔊 Navidad en Guatemala

El profesor Gómez y su esposa dan una fiesta de Navidad en su casa. Él invita a muchos de sus estudiantes a la fiesta. Allí los muchachos y las chicas bailan y conversan.

Sandra y Julio están ahora en la sala. Ella es bonita, de estatura mediana y muy inteligente. Él es alto, moreno y guapo. Los dos son muy simpáticos.

Julio   Sandra

Julio	—¿De dónde eres tú, Sandra? ¿De los Estados Unidos?
Sandra	—Sí, yo soy norteamericana, pero mi familia es de aquí.
Julio	—¿Tú vives aquí ahora?
Sandra	—No, yo asisto a la Universidad de California, pero siempre paso la Navidad con mi familia.
Julio	—Y Luis... ¿es tu novio?
Sandra	—No, es el novio de mi hermana.
Julio	—Oye, tocan una salsa. ¿Bailamos?
Sandra	—Ahora no... estoy un poco cansada.
Julio	—¿Tú vas a la fiesta de Marta mañana?
Sandra	—Sí, voy con mis primos. ¿Con quién vas tú?
Julio	—Yo voy solo. ¿Deseas tomar algo? ¿Una cerveza?
Sandra	—No, una copa de champán, por favor.

Julio trae el champán.

Sandra	—Julio, ¿tú vas a asistir a la conferencia del Dr. Salgado el viernes?
Julio	—No, las conferencias de él son muy aburridas. Yo voy a ir al cine con un amigo.
Sandra	—¿Qué película van a ver?
Julio	—Una película americana.
Sandra	—Entonces, voy con ustedes.

🔊 **¡Escuchemos!** While listening to the dialogue, circle **V (verdadero)** if the statement is true and **F (falso)** if it is false.

1. El profesor Gómez y su esposa invitan a muchos muchachos a su fiesta. V F

2. Sandra es una chica muy alta. V F

3. Sandra es estudiante. V F

4. El 25 de diciembre, Sandra está con su familia. V F

5. Sandra es la novia de Luis. V F

6. Sandra no desea bailar porque está cansada. V F

7. Marta da una fiesta mañana. V F

8. Julio no va a la fiesta. V F

9. Julio va a dar una conferencia. V F

10. Julio va a ir al cine solo. V F

🌐 VOCABULARIO
Audio

Cognados

inteligente
invitación
norteamericano(a), americano(a)
la universidad

Nombres

el (la) amigo(a) *friend*
la cerveza *beer*
la chica, la muchacha *girl, young woman*
el chico, el muchacho *boy, young man*
el cine *movie theatre*
la conferencia *lecture*
los Estados Unidos *United States*
el (la) estudiante *student*
la fiesta *party*
la hermana *sister*
el hermano *brother*

la película *movie, film*
el ponche *punch*
el (la) primo(a) *cousin*
la sala *living room*

Verbos

asistir *to attend*
dar (yo doy) *to give*
estar (yo estoy) *to be*
pasar *to spend (time)*
pasar (por) *to pick up, to go get*
tocar *to play (i.e., music)*
ver (yo veo) *to see*

Adjetivos

aburrido(a) *boring*
bonito(a) *pretty*

guapo(a) *handsome*
muchos(as) *many*
simpático(a) *nice, charming*
todos(as) *all*

Otras palabras y expresiones

ahora *now*
allí *there*
¿Bailamos? *Shall we dance?*
de estatura mediana *of medium height*
entonces *then, in that case*

los (las) dos *both*
mañana *tomorrow*
más tarde *later*
mi mejor amigo(a) *my best friend*
¡oye! *listen!*
¿por qué?[1] *why?*
¿quién? *who?, whom?*
quizá(s) *perhaps*
siempre *always*
solo(a) *by oneself, alone*
un poco *a little*

🌐 VOCABULARIO ADICIONAL
Audio

Otros miembros de la familia
(Other members of the family)

la abuela *grandmother*
el abuelo *grandfather*
la nieta *granddaughter*
el nieto *grandson*
la sobrina *niece*
el sobrino *nephew*
la tía *aunt*
el tío *uncle*

Parientes políticos (In-laws)

la cuñada *sister-in-law*
el cuñado *brother-in-law*

la nuera *daughter-in-law*
la suegra *mother-in-law*
el suegro *father-in-law*
el yerno *son-in-law*

Otros parientes (Other relatives)

la hermanastra *stepsister*
el hermanastro *stepbrother*
la hijastra *stepdaughter*
el hijastro *stepson*
la madrastra *stepmother*
el padrastro *stepfather*

Search

iLrn

Notas Culturales

■ In Spain and Latin America, people generally celebrate Christmas Eve (*la Nochebuena*) with a late dinner. Catholics go to midnight mass (**misa del gallo**). Most children do not believe in Santa Claus, but rather in the Three Wise Men (**los Tres Reyes Magos**), who come on the night of January 5, bringing presents. Instead of hanging up a stocking, children leave their shoes on the windowsill to be filled with presents.

■ In Spanish-speaking countries, children, teenagers, and their parents do many things together, including going to parties. This practice generally is more common than it is in the United States.

[1]**porque** *because*

> ■ **Familia** generally means extended family, and includes not only the nuclear family but also all relatives. Family ties are very strong in the Hispanic world.
>
> ■ The word **salsa,** meaning "sauce" refers to the Caribbean music with influence from jazz. It is based on Afro-Cuban music but was developed by Puerto Rican musicians in New York. It is very popular around the world.

EN TU MUNDO...

1. Generalmente, ¿los norteamericanos celebran la Nochebuena o la Navidad?

2. Los adolescentes norteamericanos, ¿van a fiestas con sus padres?

3. ¿Qué tipo de música bailan los muchachos en este país (*this country*)?

ACTIVIDADES

Dígame... Answer the following questions, basing your answers on the dialogue.

1. ¿Quiénes dan una fiesta en su casa? ¿A quiénes invitan?

   _____

2. ¿Dónde están Julio y Sandra? ¿Ellos bailan o conversan?

   _____

3. ¿Cómo es Julio?[1] ¿Cómo es Sandra?

   _____

4. ¿Sandra es de Guatemala o de los Estados Unidos?

   _____

5. ¿De dónde es la familia de Sandra? ¿Ella vive con ellos?

   _____

6. ¿Luis es el novio de Sandra?

   _____

7. ¿Con quién va Sandra a la fiesta de Marta? ¿Con quién va Julio?

   _____

---

[1] *What is Julio like?*

8. ¿Sandra desea tomar cerveza? ¿Qué desea tomar?

_____

9. ¿Por qué no va a asistir Julio a la conferencia del Dr. Salgado? ¿Adónde va a ir?

_____

10. ¿Con quién va Julio?

_____

Hablemos Interview a classmate, using the following questions. When you have finished, switch roles.

1. ¿De dónde eres tú? ¿De dónde son tus padres?

2. ¿Tu mamá es rubia o morena? ¿Es alta, baja o de estatura mediana?

3. ¿Tu papá es gordo o delgado?

4. ¿Dónde viven tus padres? ¿Tú vives con ellos?

5. ¿Tú das muchas fiestas en tu casa? ¿Das fiestas de Navidad?

6. ¿Vas a una fiesta mañana? ¿Aceptas muchas invitaciones?

7. Generalmente (*Generally*), ¿vas solo(a) a las fiestas? ¿Y al cine?

8. En una fiesta, ¿tú bailas o conversas? ¿Bailas bien?

9. ¿Tú bebes cerveza, champán o refresco? ¿Bebes ponche?

10. ¿Tú vas a estar en tu casa mañana?

11. ¿Tú asistes a muchas conferencias? ¿Son aburridas?

12. ¿Estás cansado(a) ahora?

¿Cómo lo decimos? Complete the following, using the Spanish equivalent of the words in parentheses.

1. ¿Cómo _____ ustedes? ¿Bien? (*are*)

2. Mis amigos _____ a la fiesta porque _____. (*aren't going / they are tired*)

3. Nosotros _____ fiestas los sábados. (*give*)

4. Las fiestas _____ en el club. (*are*)

5. Mis primos _____ los viernes. (*go to the movies*)

6. Los estudiantes _____ en Guatemala.   (*are going to live*)

7. _____ de Colombia, pero ahora _____ en Venezuela.   (*Mr. Vega's niece is / she is*)

8. Ana _____ rubia, de estatura mediana. _____ profesora.   (*is / She is a*)

9. ¿Dónde _____ sus nietos, Sr. Molina? ¿En la sala?   (*are*)

10. ¿_____? ¿Guapo?   (*What is your brother like*)

¿Qué pasa aquí? With a partner, answer the following questions according to what you see in the picture.

1. ¿Quién da una fiesta?

2. ¿Es una fiesta de Navidad o de aniversario?

3. ¿Con quién conversan Paco y Ana?

4. ¿Es gorda Elena?

5. ¿Es alto Julio?

6. ¿De dónde es Dora?

7. ¿Está Pedro en la sala?

8. ¿Está Raquel en la fiesta?

9. ¿Con quién baila Rita?

10. ¿Qué toma Dora?

11. ¿Es bonita Estela?

12. ¿Quién toma champán?

13. ¿Es delgado Alberto?

14. ¿Mario es rubio o moreno?

Una encuesta Survey your classmates and your instructor to find someone who fits each of the following descriptions and write the person's name in the space provided. Remember to use the **tú** form when speaking to your classmates and the **Ud.** form when speaking to your instructor. Then, in groups of three, discuss the result of the survey.

ESTA PERSONA...

1. ☐ da muchas fiestas en su casa. _____

2. ☐ baila muy bien. _____

3. ☐ siempre pasa la Navidad con su familia. _____

4. ☐ va a ir a una fiesta el sábado. _____

5. ☐ bebe champán. _____

6. ☐ va al cine con sus amigos. _____

7. ☐ ve películas extranjeras (*foreign*). _____

8. ☐ va a asistir a una conferencia. _____

9. ☐ toca el piano. _____

10. ☐ es el nieto (la nieta) favorito(a) de su abuela. _____

11. ☐ es el sobrino (la sobrina) favorito(a) de su tía. _____

12. ☐ está un poco cansada. _____

13. ☐ va a estar en la universidad más tarde. _____

14. ☐ bebe ponche en las fiestas. _____

👤👤👤 En estas situaciones With 2 or more classmates, act out the following situations in Spanish.

1. Someone asks you to describe your best friend.

2. Someone asks you to dance at a party, but you're very tired. Say "Maybe later."

3. You are having a party. Ask a friend if he/she wants to drink beer, wine, champagne, or a soft drink. Your friend wants to know where your brother is, and whether he's going to the party by himself or with his wife. Your brother is at your father's house.

4. Someone invites you to attend a lecture. You say that you don't go to lectures because they are always boring.

5. Your friends are going to the movies. Ask them what movie they're going to see.

6. You tell a new acquaintance where and with whom you spend Christmas.

👤👤 Una actividad especial It's show-and-tell time! Bring pictures of your family and friends and pair up with a classmate to talk about them. Find out at least three things about your partner's family and friends and be ready to report your findings to the rest of the class.

👤👤 Un paso más With a partner, review the Vocabulario adicional in this lección and complete the following exchanges.

1. —¿Susana es tu _____?

   —Sí, es la hermana de mi papá. Yo soy su _____ favorita.

2. —¿Carlos es tu esposo?

   —No, es mi _____. Es el esposo de mi hermana.

3. —¿Con quién vas a la fiesta?

   —Con mis _____, las hijas de mi tío Rafael.

4. —¿Elba es tu mamá, Rosita?

   —No, es mi _____. Es la esposa de mi papá. Yo soy su _____.

5. —¿De dónde son la esposa de tu hijo y el esposo de tu hija?

   —Mi _____ es de Chile y mi _____ es de Venezuela.

6. —¿Tu suegro va a llevar a tu hijo a México?

   —Sí, porque (because) él es su _____ favorito.

7. —¿El Sr. Valenzuela es tu _____?

   —Sí, es el papá de mi mamá.

8. —¿Sergio y César son tus hermanos?

   —No, son mis _____; son los hijos de mi padrastro.

Una canción para cantar (*A song to sing*)

(To the tune of *Row, row, row your boat*)

Voy, voy, voy, feliz;°	*happy*
río abajo,° voy.	**río abajo** *down the river*
En mi barquito de vela,° señora,	**barquito de vela** *little sailboat*
¡qué contento° estoy!	**qué contento** *how happy*

La fiesta es especialmente para él.

© Andre Nantel 2009 / Shutterstock

EN EL HOTEL

OBJECTIVES

Structures

- The irregular verbs **tener** and **venir**
- Expressions with **tener**
- Comparative forms
- Irregular comparative forms

Communication

- Discussing accommodations and prices at a hotel
- Getting additional information

Culture: Honduras y El Salvador

- Types of hotels in Latin America
- The naming of children

Nombre _____   Sección _____ Fecha _____

🌐 Aprenda estas palabras

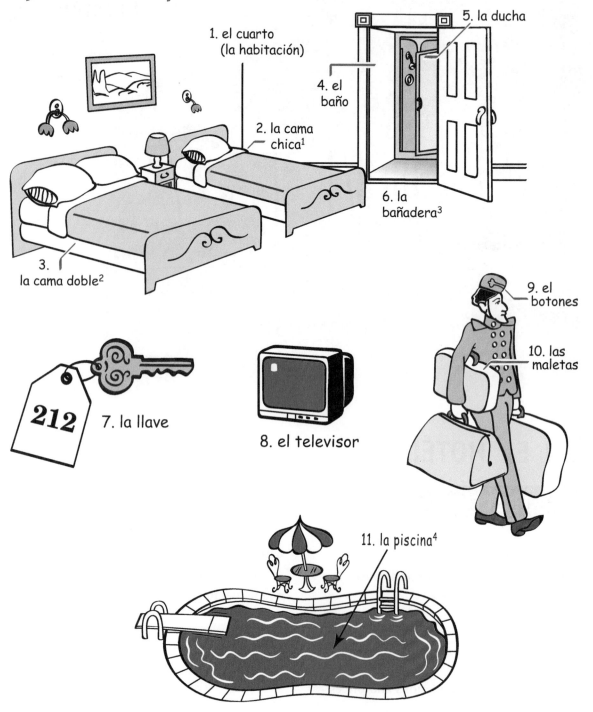

1. el cuarto (la habitación)
2. la cama chica¹
3. la cama doble²
4. el baño
5. la ducha
6. la bañadera³
7. la llave
8. el televisor
9. el botones
10. las maletas
11. la piscina⁴

¹also called **cama de una plaza** ²also called **cama matrimonial, cama de dos plazas** ³also called **bañera** ⁴also called **alberca** (*Mexico*) and **pileta de natación** (*South America*)

🔊 En el hotel

El Sr. Carlos Vega, de El Salvador, está en Tegucigalpa, Honduras en un viaje de negocios. Su esposa y su hijo, un niño de siete años, están con él. Ahora están en el hotel y, el Sr. Vega habla con el gerente.

Gerente	—¿En qué puedo servirle?
Sr. Vega	—Necesito una habitación para tres personas.
Gerente	—¿Desea una cama doble y una cama chica?
Sr. Vega	—Sí. El cuarto tiene baño privado, ¿no?
Gerente	—Sí, y también tiene televisor, teléfono y aire acondicionado.
Sr. Vega	—¿Cuánto cobran por noche?
Gerente	—Cien dólares. ¿Por cuántas noches necesitan el cuarto?
Sr. Vega	—Por tres noches.
Gerente	—¿Cómo desea pagar?
Sr. Vega	—Con tarjeta de crédito.
Gerente	—Muy bien. Aquí tiene la llave.

Sr. Vega	—Gracias. ¡Ah! Aquí vienen mi esposa y mi hijo.
Sra. Vega	—Carlos, tenemos que ir a comer porque Carlitos tiene mucha hambre.
Sr. Vega	—¡Carlitos! ¡Acabas de comer!
Carlitos	—¡Tengo hambre y tengo sed! ¡Y tengo calor! ¿Dónde está la piscina?
Sr. Vega	—Tienes que esperar. (*Al gerente.*) ¿Es bueno el restaurante que queda en la esquina?
Gerente	—Sí, es uno de los mejores restaurantes de la ciudad. No es barato, pero no es tan caro como otros.
Sr. Vega	—Bien. ¿A qué hora debemos desocupar el cuarto?
Gerente	—Al mediodía. (*Llama al botones.*) ¡Jorge! Tienes que llevar las maletas de los señores al cuarto 125.

El botones lleva las maletas al cuarto mientras Carlitos corre a la piscina.

¡Escuchemos! While listening to the dialogue, circle **V (verdadero)** if the statement is true and **F (falso)** if it is false.

1. El hijo del Sr. Vega tiene siete años.

2. La familia Vega necesita dos camas dobles.

3. El Sr. Vega paga con tarjeta de crédito.

4. La Sra. Vega tiene mucha hambre.

5. Carlitos acaba de comer.

6. Carlitos tiene hambre y sed.

7. El restaurante queda en la esquina.

8. El restaurante es muy caro.

9. La familia Vega tiene que desocupar el cuarto al mediodía.

10. El botones lleva las maletas de la familia Vega al cuarto.

V	F
V	F
V	F
V	F
V	F
V	F
V	F
V	F
V	F
V	F

VOCABULARIO
Audio

Cognados

el dólar
el hotel
la Internet
la persona
privado(a)
servicio de Internet *Internet service*

Nombres

el aire acondicionado *air conditioning*
el año *year*

la cama *bed*
la esquina *corner*
el (la) gerente(a) *manager*
el mediodía *noon*
el (la) niño(a) *boy, (girl) child*
la noche *night*
el viaje *trip*
el viaje de negocios *business trip*

Verbos

cobrar *to charge*
correr *to run*
deber *must, should*
desocupar *to vacate*
esperar *to wait for*
hablar *to talk, to speak*
llamar *to call*
llevar *to carry*
necesitar *to need*
quedar *to be located*
tener[1] *to have*
venir[2] *to come*

Adjetivos

barato(a) *inexpensive*
bueno(a) *good*
caro(a) *expensive*
chico(a) *small*
mejor *better, the best*
otro(a) *other, another*

Otras palabras y expresiones

¿A qué hora? *At what time?*
acabar de + infinitivo *to have just (done something)*
Aquí tiene... *Here's . . .*
¿cuánto(a)? *how much?*
dame *give me*
¿dónde? *where?*
¿En qué puedo servirle? *May I help you? (How can I serve you?)*
mientras *while*
para *for*
por *for*
por noche *per night*
tan... como *as . . . as*
tener calor *to be hot*
tener mucha hambre *to be very hungry*
tener que + infinitivo *to have to (do something)*
tener sed *to be thirsty*
tener sueño *to be sleepy*

🌐 VOCABULARIO ADICIONAL
Audio

Otros muebles (*Other pieces of furniture*)

la butaca *armchair*
la cómoda *chest of drawers*
el escritorio *desk*
la mesa de centro *coffee table*
la mesita de noche *nightstand*
la reclinadora *recliner*
la silla *chair*
el sofá *sofa, couch*
el tocador *dresser*

Otros cuartos (*Other rooms*)

la cocina *kitchen*
el comedor *dining room*
el dormitorio, la recámara (*Méx.*) *bedroom*
la sala de estar, el salón de estar *den, family room*

Más sobre hoteles (*More about hotels*)

confirmar (cancelar) una reservación *to confirm (to cancel) a reservation*
hacer una reservación *to make a reservation*
el servicio de habitación, el servicio de cuarto *room service*

---

[1]Irregular first person: **yo tengo**
[2]Irregular first person: **yo vengo**

Search

Notas Culturales

■ Most budget through middle-range hotels throughout Latin America and Spain require guests to leave their room key at the front desk on leaving the hotel for the day. In fact, this is the norm almost anywhere in the world.

■ Many hotels in Latin America quote prices in American dollars.

■ Hotels in a range of categories, including many owned by North American chains, exist in all Latin American cities and can usually be reserved through a travel agency or on the Internet. In choosing a hotel, remember that room prices quoted usually don't include taxes, which are very high in some countries.

■ In Spain and Latin America, it is common practice to name the oldest son after the father. In these cases the diminutive is used: Carlos - **Carlitos;** Luis - **Luisito.**

EN TU MUNDO...

1. En los Estados Unidos, ¿es necesario dejar (*leave*) la llave en el registro del hotel cada vez (*each time*) que salimos (*we leave*)?

2. Generalmente, ¿los precios de los hoteles tienen los impuestos (*taxes*) incluidos (*included*)?

3. Aquí, ¿cuáles son algunos diminutivos populares para los nombres de los niños?

ACTIVIDADES

Dígame... Answer the following questions, basing your answers on the dialogue.

1. ¿En qué ciudad está el Sr. Vega? ¿Por qué está allí?

_____

2. ¿Dónde está el Sr. Vega ahora? ¿Con quién habla?

_____

3. ¿Cuánto cobran por noche en el hotel? ¿Por cuántas noches necesita el cuarto el Sr. Vega?

_____

4. ¿Tiene el cuarto baño privado? ¿Qué más (*What else*) tiene?

_____

5. ¿Cómo desea pagar el Sr. Vega?

_____

6. ¿Qué problemas tiene Carlitos?

_____

7. ¿Es barato el restaurante que queda en la esquina? ¿Es bueno?

_____

8. ¿A qué hora debe desocupar el cuarto la familia Vega?

_____

9. ¿A qué cuarto tiene que llevar las maletas el botones?

_____

10. ¿Quién corre a la piscina?

_____

Hablemos Interview a classmate, using the following questions. When you have finished, switch roles.

1. ¿Tienes televisor en tu habitación?

2. ¿Tienes una cama doble o una cama chica? ¿Qué otros muebles tienes?

3. ¿Tu baño tiene ducha o bañadera?

4. ¿Tu casa (apartamento) tiene piscina? ¿Tiene aire acondicionado?

5. ¿Tienes la llave de tu casa? ¿Qué otras personas tienen la llave?

6. ¿Qué días vienes a la universidad? ¿Con quién vienes?

7. ¿Eres más (*more*) alto(a) o más bajo(a) que tu mamá?

8. ¿Quién es el (la) más (*the most*) inteligente de tu familia?

9. ¿Cuál (*Which*) es el mejor hotel de la ciudad donde vives? ¿Es muy caro?

10. En un hotel, ¿quién lleva tus maletas al cuarto?

11. ¿Qué comes cuando tienes hambre? ¿Qué bebes cuando tienes sed? ¿Tienes sueño?

12. ¿Adónde (*Where*) tienes que ir mañana?

¿Cómo lo decimos?
Complete the following sentences, using the Spanish equivalent of the words in parentheses.

1. Ellos _____ una cama doble y yo _____ una cama chica. (*have / have*)

2. ¿Tú _____ la llave del cuarto? (*have*)

3. El hotel México es _____ la ciudad. (*the best in*)

4. Mi cuarto es _____ el cuarto de Uds. (*much smaller than*)

5. ¿El cuarto _____ aire acondicionado? Nosotros _____. (*has / are very hot*)

6. Ana _____, pero _____. (*isn't hungry / is very thirsty*)

7. El restaurante Miramar no es _____ el restaurante que queda en la esquina. (*as good as*)

8. Yo no necesito _____ tú, Anita. (*as much money as*)

9. Yo _____ los sábados y el gerente _____ los domingos. (*come / comes*)

10. Elsa es _____ yo. Yo soy _____ la familia. (*much older than / the youngest in*)

¿Qué pasa aquí? With a partner, take turns answering the questions according to what you see in the picture.

1. ¿En qué hotel está la familia Soto?

2. ¿Con quién habla el Sr. Soto?

3. ¿Con quién habla la Sra. Soto?

4. ¿Cómo se llama la hija del Sr. Soto?

5. ¿Qué número tiene la habitación de la familia Soto?

6. ¿Tiene aire acondicionado la habitación de la familia Soto? ¿Televisor?

7. ¿Cuántas maletas tienen los Soto?

8. ¿Quién lleva las maletas al cuarto?

9. ¿Cuánto cobran por una persona en el hotel Caracas?

10. ¿Cuánto cobran por dos personas?

11. ¿Cuánto necesita pagar el Sr. Soto?

12. ¿Es caro el hotel Caracas?

Una encuesta
Survey your classmates and your instructor to find someone who fits each of the following descriptions and write the person's name in the space provided. Remember to use the **tú** form when speaking to your classmates and the **Ud.** form when speaking to your instructor. Then, in groups of three, discuss the result of the survey.

ESTA PERSONA...

1. ☐ tiene una cama doble en su dormitorio. _____

2. ☐ tiene un televisor grande en su dormitorio. _____

3. ☐ tiene una cómoda en su dormitorio. _____

4. ☐ tiene dos mesitas de noche en su dormitorio. _____

5. ☐ tiene una reclinadora en su sala de estar. _____

6. ☐ tiene ducha y bañadera en su baño. _____

7. ☐ tiene piscina en su casa o apartamento. _____

8. ☐ corre por la mañana. _____

9. ☐ tiene que trabajar mañana. _____

10. ☐ siempre lleva dos maletas cuando viaja. _____

11.	☐	viene a la universidad los sábados.
12.	☐	tiene sed.
13.	☐	tiene hambre.
14.	☐	tiene sueño.

En estas situaciones With 2 or more classmates, act out the following situations in Spanish.

1. You are at a hotel in Tegucigalpa. The manager asks if he (she) can help you. You want a room for three people with a private bathroom, a double bed, and a single bed. Discuss with the manager the price of the room. Ask whether the hotel has Internet service.

2. You don't like your room. You want a better one, so you call the hotel manager.

3. You just met a man from El Salvador; ask whether he is here on a business trip.

4. You tell someone that you need to have something to drink because you are very hot and thirsty.

¿Qué dice aquí? You and a partner want to make hotel reservations for a trip to Tegucigalpa that you are planning. Read the following ad to find the information you need about the hotel, and answer the questions.

© Christopher Corgiat / Fotolia

Hotel Honduras INTERNACIONAL

Avenida Robles, 554
Tegucigalpa
(504) 932-3312

☑ Habitaciones dobles y sencillas con baño privado, aire acondicionado y televisor
☑ Restaurante con comida internacional
☑ Servicio de habitación las 24 horas del día

☑ Música en vivo de jueves a domingo, de 7 a 10 de la noche
☑ Piscina, gimnasio y cancha de tenis
☑ Amplio estacionamiento

Se aceptan tarjetas de crédito y cheques de viajero
Situado a 15 minutos del aeropuerto

© Cengage Learning

1. ¿Cómo se llama el hotel?

2. ¿Cuál es la dirección del hotel?

3. ¿Las habitaciones tienen baño privado? ¿Qué más (*What else*) tienen?

4. ¿Qué tipo (*type*) de comida sirven (*serve*) en el hotel?

5. ¿Podemos (*Can*) comer en la habitación? ¿Por qué?

6. ¿Qué tienen en el hotel de jueves a domingo? ¿A qué hora?

7. ¿El hotel tiene piscina? ¿Qué más tiene?

8. ¿Podemos estacionar (*park*) en el hotel? ¿Por qué?

9. Para pagar, ¿qué aceptan en el hotel?

10. ¿El hotel está situado (*located*) cerca (*near*) del aeropuerto?

Una actividad especial
Two or more hotels can be set up in different corners of the classroom. Two or more students are hotel clerks. The rest of the students play the roles of customers. Some suggestions: a couple and their child, two women traveling together, two men on business, a couple on their honeymoon, etc. Students should ask about prices and accommodations, and also try to find out about restaurants. Students should "shop around" before deciding where to stay.

Un paso más

A Review the **Vocabulario adicional** in this **lección** and identify the furniture Alicia has in her house.

1. En su dormitorio, Alicia tiene una _____ chica, un _____, una _____ y dos _____ de noche.

2. En el comedor, Alicia tiene una _____ y ocho _____.

3. En la sala, Alicia tiene dos _____ y una mesa de _____.

4. En el salón de estar, Alicia tiene un _____, dos _____ y un _____.

B Complete the following sentences.

1. No voy a El Salvador. Tengo que _____ la reservación en el hotel.

2. ¿Tienen Uds. _____ de habitación?

3. Deseo _____ una reservación para el quince de mayo en el hotel Azteca.

4. Mis padres van a Honduras el sábado. Tienen que _____ la reservación en el hotel.

LETRA DE UNA CANCIÓN INFANTIL
(WORDS TO A CHILDREN'S SONG)

Los pollitos° dicen
pío,° pío, pío,
cuando tienen hambre,
cuando tienen frío.
Pío, pío, pío,
pío, pío, pío.

los pollitos *baby chicks*
pío *chirp*

... ¡Y también tiene piscina!

© Oswaldo Rivas / Reuters / Landov

DE VACACIONES EN MANAGUA

iLrn

OBJECTIVES

Structures

- Stem-changing verbs (e:ie)
- Some uses of the definite article
- The present progressive
- Ordinal numbers

Communication

- How to discuss prices and accommodations at a boarding house
- Errands and excursions while traveling

Culture: Nicaragua

- Meals
- Boarding houses in the Hispanic world

63

Nombre _____ Sección _____ Fecha _____

Aprenda estas palabras

1. el desayuno

2. el almuerzo

3. la cena

4. el periódico (diario)

5. la revista

6. la frazada (cobija, manta)

la almohada 7.

8. la toalla

9. el jabón

10. el equipaje

11. la calefacción

12. la semana

64 **BASIC SPANISH FOR GETTING ALONG**

© 2014 Heinle, Cengage Learning

🔊 De vacaciones en Managua

Ana y Eva, dos chicas mexicanas, están de vacaciones en Managua, la capital de Nicaragua. Ahora están en una pensión del centro. Están hablando con el dueño de la pensión.

Ana	—¿Cuánto cobran por un cuarto para dos personas?
El dueño	—Con comida, el precio es de 3,300 córdobas[1] por semana.
Eva	—¿Eso incluye el desayuno, el almuerzo y la cena?
El dueño	—Sí, señorita. ¿Cuánto tiempo piensan estar aquí?
Eva	—Pensamos estar una semana en Managua.
Ana	—Yo siempre tengo frío por la noche. ¿Tienen calefacción los cuartos?
El dueño	—No, pero hay mantas en todas las habitaciones.
Eva	—¿Tenemos que pagar por adelantado?
El dueño	—Sí, señorita. ¿Llevo el equipaje a la habitación?
Ana	—Sí, por favor.

En la habitación, que está en el segundo piso, las dos chicas están conversando.

---

[1]Nicaraguan currency: current rate of exchange: $1.00 = 20 córdobas (*subject to change*)

© 2014 Heinle, Cengage Learning

Eva	—¿A qué hora empiezan a servir la cena?
Ana	—A las nueve. ¿Por qué? ¿Tienes hambre?
Eva	—No, pero quiero ir a la tienda porque necesito comprar jabón y una toalla.
Ana	—Vamos. Yo quiero periódicos y revistas. ¿A qué hora cierran la tienda?
Eva	—A las diez. Oye, ¿adónde vamos de excursión el lunes?
Ana	—Vamos a ir al Palacio Nacional y al Teatro Rubén Darío.
Eva	—Bueno, y si tenemos tiempo vamos a ir a ver el lago Nicaragua la semana próxima, ¿verdad?
Ana	—Sí, yo quiero ir. Eva ¿dónde está la llave del cuarto?
Eva	—¿No está en tu bolso? ¡Ay, mujer! ¡Tú siempre pierdes las benditas llaves!
Ana	—¡Aquí están! Vamos.

◀)) **¡Escuchemos!** While listening to the dialogue, circle **V (verdadero)** if the statement is true and **F (falso)** if it is false.

1. Ana y Eva están en un hotel.   V   F

2. El precio de la pensión no incluye el almuerzo.   V   F

3. Eva y Ana piensan estar en Managua por siete días.   V   F

4. Los cuartos de la pensión no tienen calefacción.   V   F

5. Hay frazadas en las habitaciones.   V   F

6. Eva y Ana no tienen que pagar.   V   F

7. Empiezan a servir la cena a las cuatro de la tarde.   V   F

8. Ana no lee revistas.   V   F

9. Ana y Eva piensan ir de excursión.   V   F

10. Las chicas quieren ver el lago Nicaragua.   V   F

🌐 VOCABULARIO
Audio

Cognados

la capital
la forma
las vacaciones[1]

Nombres

el bolso *handbag, purse*
el centro *downtown, downtown area*
el cheque personal *personal check*
la comida *food, meal*
el efectivo *cash*
el (la) dueño(a) *owner, proprietor*
el lago *lake*
el piso *floor*
el precio *price*
el teatro *theatre*
el tiempo *time*
la tienda *store*

Verbos

cerrar (e:ie) *to close*
comprar *to buy*
empezar (e:ie), comenzar (e:ie) *to start, to begin*
exagerar *to exaggerate*
firmar *to sign*

incluir[2] *to include*
llenar *to fill*
pensar (e:ie) *to plan, to intend, to think*
perder (e:ie) *to lose*
querer (e:ie) *to want, to wish*
servir (e:i) *to serve*

Adjetivos

bendito(a) *darn, blessed*
próximo(a) *next*
segundo(a) *second*
todos(as) *all, every*

Otras palabras y expresiones

¿adónde? *where (to)?*
bueno... *well . . .*
¿cuánto tiempo? *how long?*
de vacaciones *on vacation*
¿Eso incluye...? *Does that include . . . ?*
ir de excursión *to go on a tour (excursion)*
por adelantado *in advance*
si *if, whether*
sólo, solamente *only*
Vamos. *Let's go.*
¿Verdad? *Right?*

🌐 VOCABULARIO ADICIONAL
Audio

Para el desayuno

el café con leche *coffee with milk*
el cereal *cereal*
el chorizo, la salchicha *sausage*
el huevo *egg*
el jamón *ham*
la leche *milk*

la mantequilla *butter*
la margarina *margarine*
la mermelada *marmalade, jam*
el pan *bread*
el pan tostado *toast*
el panqueque *pancake*
el tocino *bacon*

[1]**Vacaciones** is always plural in Spanish.
[2]Present indicative: **incluyo, incluyes, incluye, incluimos, incluís, incluyen**

© 2014 Heinle, Cengage Learning

Para el almuerzo y la cena

los espaguetis, los tallarines *spaghetti, noodles*
la hamburguesa *hamburger*
las papitas *potato chips*
el perro caliente *hot dog*

el sándwich[1] de
  atún *tuna sandwich*
  pavo *turkey sandwich*
  jamón y queso *ham and cheese sandwich*
  pollo *chicken sandwich*

la sopa de
  arvejas, guisantes *pea soup*
  lentejas *lentil soup*

Search

Notas Culturales

■ Breakfast in Spanish-speaking countries generally consists of coffee with milk, and bread and butter. Lunch is the most important meal of the day, and dinner is eaten quite late by American standards, sometimes as late as 10:00 P.M.

■ In many Spanish-speaking countries, people have an afternoon snack (**la merienda**) at around 4 P.M. The snack generally consists of tea or coffee with milk and pastries or sandwiches.

■ **Pensiones** are an economical alternative to hotels in the Hispanic world. They are used both for short-term stays by travelers and as residences by students and others, particularly in cities where housing is expensive. The price of accommodation often includes meals. Many **pensiones** are no-frills establishments, and basic amenities such as soap and towels may not be provided.

EN TU MUNDO...

1. Generalmente, ¿qué comen y qué beben los norteamericanos en el desayuno?

2. ¿A qué hora cenan los norteamericanos generalmente?

3. La mayoría de los norteamericanos, ¿prefieren los hoteles o los establecimientos llamados (*called*) "*bed and breakfast*"?

_____
[1]**el bocadillo,** *in Spain*

Nombre _____ Sección _____ Fecha _____

ACTIVIDADES

Dígame... Answer the following questions, basing your answers on the dialogue.

1. ¿Dónde están Ana y Eva de vacaciones?

_____

2. ¿Están en una pensión o en un hotel? ¿Con quién están hablando?

_____

3. ¿Cuánto cobran por un cuarto para dos personas, y qué incluye el precio?

_____

4. ¿Cuánto tiempo piensan estar Ana y Eva en Managua?

_____

5. ¿Tienen calefacción los cuartos? ¿Qué hay en todas las habitaciones?

_____

6. ¿Cómo tienen que pagar?

_____

7. ¿Quién lleva el equipaje de las chicas a la habitación?

_____

8. ¿A qué hora empiezan a servir la cena? ¿Eva tiene hambre?

_____

9. ¿Por qué quiere ir Eva a la tienda? ¿Qué va a comprar Ana?

_____

10. ¿A qué hora cierran la tienda?

_____

11. ¿Adónde van a ir de excursión el lunes? ¿Adónde quieren ir la semana próxima?

_____

12. ¿Quién pierde siempre las llaves?

_____

13. ¿Qué necesita comprar Eva?

_____

👥 **Hablemos** Interview a classmate, using the following questions. When you have finished, switch roles.

1. ¿Adónde piensas ir de vacaciones? ¿Con quién vas?

2. ¿Cuánto tiempo vas a estar allí?

3. ¿Cuántas maletas vas a llevar?

4. ¿A qué hora van a servir el desayuno en tu casa mañana?

5. ¿Tienes que ir a la tienda el próximo sábado? ¿Qué necesitas comprar?

6. ¿A qué hora cierran las tiendas?

7. ¿A qué hora empiezan tus clases?

8. ¿Qué días de la semana tienes clases?

9. ¿La universidad está en el centro?

10. ¿Qué periódico lees tú? ¿Lees revistas en español?

11. ¿Quieres ir al teatro el sábado? ¿Adónde quieres ir el domingo?

12. ¿Tú siempre pierdes tus llaves?

¿Cómo lo decimos? Give the Spanish equivalent of the words in parentheses.

1. Nosotros vamos al hotel _____. Yo _____ por adelantado.   (*next week / plan to pay*)

2. ¿Ustedes _____ un cuarto en el _____ piso, en el _____ piso o en el _____ piso?   (*prefer / first / third / tenth*)

3. El dueño de la pensión _____ con Eva. Él _____ que el precio no incluye las comidas.   (*is speaking / is saying*)

4. Ellos _____ dos frazadas y dos almohadas y yo _____ dos toallas.   (*want / want*)

5. ¿Tú _____ un periódico o sólo una revista?   (*want to buy*)

6. ¿A qué hora _____ la cena?   (*do they start to serve*)

7. Ellos _____ el restaurante _____.   (*close / on Sundays*)

8. _____ es a las siete y _____ es al mediodía.   (*Breakfast / lunch*)

9. El camarero _____ el café.   (*is serving*)

10. Marisol y Luisa _____. Ellas _____ de excursión.   (*are sleeping / don't want to go*)

11. Ana _____ y _____ la forma.   (*is filling / is signing*)

¿Qué pasa aquí? Answer the following questions according to what you see in the pictures.

A.

1. ¿En que pensión está la familia Ortiz?
2. ¿Cuántas personas hay en la familia?
3. ¿Cuántos años tiene Paco?
4. ¿Cuánto tiempo va a estar la familia Ortiz en la pensión?

B.

1. ¿Qué número de cuarto tiene la familia Ortiz?
2. ¿En qué piso está la habitación?
3. ¿Cuántas camas hay en el cuarto? (¿Cuántas almohadas?) (¿Hay frazadas en las camas?)
4. ¿Tiene baño privado el cuarto?
5. ¿Tiene ducha el baño?
6. ¿Hay toallas en el baño?
7. ¿El equipaje está en el cuarto?

C.

1. ¿A qué tienda van el Sr. Ortiz y su hijo?
2. ¿Qué quiere comprar el Sr. Ortiz?
3. ¿Qué quiere leer Paco?

D.

1. ¿Qué hora es?
2. ¿A qué hora empiezan a servir el desayuno en la pensión?
3. ¿Qué beben los señores (*Mr. and Mrs.*) Ortiz?
4. ¿Paco bebe café?

Una encuesta Survey your classmates and your instructor to find someone who fits each of the following descriptions and write the person's name in the space provided. Remember to use the **tú** form when speaking to your classmates and the **Ud.** form when speaking to your instructor. Then, in groups of three, discuss the result of the survey.

ESTA PERSONA...

1. ☐ tiene hambre. _____

2. ☐ come comida italiana. _____

3. ☐ come tocino con huevos. _____

4. ☐ come sándwiches de atún. _____

5. ☐ piensa ir al cine la semana próxima. _____

6. ☐ quiere ir a la tienda el sábado. _____

7. ☐ piensa ir de excursión con sus amigos. _____

8. ☐ va de vacaciones en el verano. _____

9. ☐ lee el periódico los domingos. _____

10. ☐ necesita comprar jabón. _____

11. ☐ tiene dos frazadas en su cama. _____

12. ☐ a veces (*sometimes*) pierde las llaves. _____

13. ☐ siempre paga en efectivo. _____

14. ☐ no tiene almohadas en su cama. _____

15. ☐ siempre exagera. _____

En estas situaciones With 2 or more classmates, act out the following situations in Spanish.

1. You want a room at a boarding house. You need the following information.
   a. how much they charge for a room for two people
   b. whether the price includes meals
   c. whether the room has a private bathroom and heat
   d. if you have to pay in advance
   e. whether they have a room on the first floor
   f. at what time they start serving breakfast

2. You go to see the owner of the **pensión** because you are cold and there are no blankets in your room.

3. You tell some friends that you want to go to the store because you need soap and towels. You also tell them that the store closes at six.

4. You accuse your friend of always losing her "darn purse."

5. You ask a couple of friends if they want to go to the lake next week.

¿Qué dice aquí? Friends of yours are planning to travel to Managua and are asking you about places to stay. Answer their questions with a partner, using the information found in the ad on page 74.

1. ¿Cuál es el nombre *(name)* del hotel? ¿En qué ciudad está?

2. ¿Cómo son los servicios del hotel?

3. ¿El precio del hotel incluye todas las comidas?

4. ¿Qué comida incluye?

5. ¿Debo pagar extra por el uso de la televisión?

6. Si llevo a mis hijos de nueve y siete años, ¿cuánto debo pagar extra por ellos?

7. ¿Qué puedo *(can)* usar en el hotel?

8. ¿Tiene el hotel conexión a Internet? ¿Dónde?

9. ¿Qué descuento *(discount)* especial ofrece *(offers)* el hotel?

10. ¿A qué número debo llamar para hacer reservaciones?

¡IMAGÍNESE EN MANAGUA, NICARAGUA!

HOTEL RIVIERA
En el mismo centro de Managua

¡No pierda esta magnífica oportunidad!

Disfrute de los excelentes servicios y de la tradicional hospitalidad que nuestro hotel tiene para Ud.

El paquete para turistas incluye:

- Preciosa habitación de lujo con TV digital gratuita, vía satélite
- Desayuno americano
- Estancia gratuita para niños menores de 12 años en la habitación de los padres
- Uso de las canchas de tenis
- Cóctel de bienvenida
- Conexión a Internet en las habitaciones
- 20% de descuento en todas las excursiones

Reservaciones:
Teléfono 65-2934
¡LO ESPERAMOS!

© Cengage Learning

Una actividad especial

Students are staying at the La Siesta Hotel in a small town in Central America. Five or six of the students will be hotel employees. The "guests" and the employees will discuss accommodations, prices, meals, length of stay, etc. The guests will also request towels, pillows, blankets, and other things they need.

Un paso más

The following people are going to be guests at your house for one day. Say what you are going to serve them for each meal. Include the **Vocabulario adicional** for this **lección**, and vocabulary from previous lessons.

1. Mr. Rojas: He likes pancakes, hot dogs, and Italian food. He loves soup.

   desayuno: _____

   _____

   almuerzo: _____

   _____

   cena: _____

   _____

2. Miss Vera: She likes sausages, eggs, spaghetti, and pea soup. She also likes fruit.

   desayuno: _____

   _____

   almuerzo: _____

   _____

   cena: _____

   _____

3. Mrs. Rivera: She likes to eat healthy food.

   desayuno: _____

   _____

   almuerzo: _____

   _____

   cena: _____

   _____

Un proverbio

Más vale tarde que nunca.   *Better late than never.*

¿De vacaciones... ?

 **REPASO**

LECCIONES 1-5

Práctica de vocabulario (*Vocabulary practice*)

A Circle the word or phrase that does not belong in each group.

1. tenedor, cuchara, helado
2. camarero, cuchillo, mesero
3. propina, papa, bistec
4. verduras, vegetales, agua mineral
5. queso, comida, casa
6. comer, cenar, anotar
7. amigo, padre, cine
8. cine, película, madrina
9. sala, primo, hermano

10. marido, estudiante, esposo
11. todos, muchos, guapos
12. ahora, aquí, allí
13. está, queda, tiene
14. próximo, compra, precio
15. alto, de estatura mediana, aburrido
16. bailar, celebrar, pasar
17. cheque personal, efectivo, ponche
18. celebrar, brindar, exagerar

B Match the questions in column **A** with the corresponding answers in column **B**.

 A

1. ¿Qué desea de postre?
2. ¿Quién paga la cuenta?
3. ¿Desea tomar algo?
4. ¿A qué hora abren?
5. ¿Qué anota?
6. ¿Deseas torta al ron?
7. ¿Es bonita?
8. ¿Dónde está Carlos?
9. ¿De dónde eres?
10. ¿Cuánto cobran?
11. ¿Dónde está la pensión?
12. ¿Adónde piensan ir?
13. ¿Es el dueño?
14. ¿Ellas trabajan?
15. ¿Vamos?

B

_____ **a.** El pedido.
_____ **b.** Aquí, con nosotros.
_____ **c.** A México.
_____ **d.** Cien dólares por noche.
_____ **e.** No, están de vacaciones.
_____ **f.** Raquel.
_____ **g.** No, el gerente.
_____ **h.** Al mediodía.
_____ **i.** Tres.
_____ **j.** No, no me gusta.
_____ **k.** En el centro.
_____ **l.** No, acabo de comer.
_____ **m.** Sí, y muy inteligente.
_____ **n.** De Buenos Aires.
_____ **o.** Sí, dame vermut, por favor.

A

16. ¿Tienes hambre? _____ **p.** Bueno.

17. ¿Cuántas personas hay en el cuarto? _____ **q.** Helado.

18. ¿Quieres agua? _____ **r.** Una salsa.

19. ¿Qué están tocando? _____ **s.** Sí, y muy simpáticos.

20. ¿Son guapos? _____ **t.** Sí, con hielo, por favor.

B

C Circle the word or phrase that best completes each sentence.

1. Deseo (un lago, una taza) de café.

2. Deseo café con crema y (cuenta, azúcar).

3. ¿Deseas (agua, helado) de vainilla?

4. Necesito cheques de (verduras, viajero).

5. Comen (botella, pastel) de coco.

6. Vamos a comer (pedidos, chuletas) de cerdo.

7. Van a un restaurante para (traer, cenar).

8. Comen cordero (guapo, asado).

9. Voy a comer papas fritas o papas (sabrosas, al horno).

10. (En seguida, Un rato) regreso.

11. No es alto; es (gordo, bajo).

12. No baila porque (es delgada, está cansada).

13. El esposo de mi hija es mi (cuñado, yerno).

14. El hijo de mi hermano es mi (sobrino, nieto).

15. Hay una frazada y una (semana, almohada) en la cama.

16. La casa tiene (teatro, calefacción) y aire acondicionado.

17. ¿Qué (incluye, quiere) el precio?

18. No voy porque no tengo (tiempo, comida).

19. ¿A qué hora (empiezan, compran) a servir la comida?

20. ¿Debemos pagar por (rico, adelantado)?

21. Siempre (pierdes, cierras) la bendita llave.

22. Ana y Diego (corren, conversan) mientras (*while*) bailan.

23. Necesito una manta porque tengo (calor, frío).

24. Quizás voy a (asistir, esperar) a la conferencia mañana.

25. Voy a tomar agua porque tengo (hambre, sed).

26. Hoy es nuestro aniversario de (bodas, santo).

27. ¿Qué día es hoy, (febrero, martes)?

28. Es (una capital, un viaje) de negocios.

29. ¿Es caro o (feliz, barato)?

30. ¿No está? (Entonces, Siempre) llamo más tarde.

31. (Pasamos, Exageramos) por ti a las diez.

32. Tiene que firmar (la forma, el servicio de Internet).

33. Tengo (sueño, sólo) diez dólares.

34. Elsa es mi mejor (amiga, copa).

D Write the words in Spanish in the blanks provided. What phrase is formed vertically?

1. hot   — — — — — — — — —
2. let's go   — — — — —
3. also, too   — — — — — —
4. many   — — — — — —
5. all, every (*pl.*)   — — — — —
6. price   — — — — — —
7. meal   — — — — —
8. to sign   — — — — — —
9. next   — — — — — —
10. we see   — — — — — —
11. what   — — —
12. wife   — — — — —
13. potato   — — — — —
14. tomorrow   — — — — — —
15. bathroom   — — — —
16. now   — — — — —
17. lunch   — — — — — — —

E Crucigrama. Use the clues provided below to complete the crossword puzzle on page 81.

HORIZONTAL

4.

6.

7.

8.

11.

13.

14.

15.

18.

20.

22.

23.

24.

25.

26.

VERTICAL

1.

2.

3.

5.

9.

10.

12.

16.

17.

19.

20.

21.

Práctica oral (*Oral practice*)

The speaker will ask you some questions. Answer each question, using the cue provided. The speaker will verify your response. Repeat the correct answer.

1. ¿Tú eres estudiante? (sí)
2. ¿Dónde estás ahora? (en la universidad)
3. ¿De dónde eres? (de California)
4. ¿De dónde son tus padres? (de México)
5. ¿Dónde vive tu familia? (aquí)
6. ¿Tus abuelos viven aquí también? (no)
7. ¿Tienes hermanos? (sí, un hermano y una hermana)
8. ¿Tu hermana tiene novio? (sí)
9. ¿El novio de tu hermana es guapo? (sí, y muy inteligente)
10. ¿Tienes muchos primos? (sí)
11. ¿Adónde vas tú los sábados? (a casa de mis amigos)
12. ¿Tienes hambre? (no)
13. ¿Qué quieres comer? (bistec y ensalada)
14. ¿Qué quieres beber? (un vaso de agua mineral)
15. ¿Te gusta el pescado? (no)
16. ¿Te gusta la langosta? (sí)
17. ¿Deseas comer chuletas de cordero o chuletas de cerdo? (chuletas de cerdo)
18. ¿Qué quieres de postre? (helado de vainilla)
19. ¿Es sabroso el pastel de coco? (sí, muy sabroso)
20. ¿Qué quiere de postre tu hermano? (fruta)
21. Después del postre, ¿bebes té o café? (café)
22. ¿A qué hora cenan Uds. en su casa? (a las seis)
23. ¿A qué hora regresas tú a tu casa? (a las cuatro)

24. ¿Tú lees un rato después de cenar? (sí)
25. ¿Lees periódicos o revistas? (revistas)
26. ¿Tú das muchas fiestas en tu casa? (sí)
27. ¿A quiénes invitas? (a mis amigos)
28. ¿Tus amigos son norteamericanos? (sí)
29. ¿Te gusta conversar o bailar? (conversar)
30. ¿Tú bailas bien? (sí, muy bien)
31. ¿Cuántos televisores tienes en tu casa? (tres)
32. ¿Cuántas camas hay en tu cuarto? (una)
33. ¿Cuántos baños tiene tu casa? (dos)
34. ¿Los baños tienen ducha o bañadera? (ducha y bañadera)

35. ¿Tu casa tiene piscina? (no)
36. ¿Cuántas tarjetas de crédito tienes tú? (tres)
37. En un buen hotel, ¿cuánto cobran por noche? (cien dólares)
38. Si vas a un hotel, ¿a qué hora tienes que desocupar el cuarto? (al mediodía)
39. ¿Hay un restaurante en la esquina de tu casa? (no)
40. ¿Qué necesitas comprar en la tienda? (una toalla)

Para leer y entender (*To read and understand*)

Listen to the reading, paying special attention to pronunciation and intonation. Make sure you understand and remember as much as you can.

Alicia Pérez de Alba vive en Los Ángeles, California, con su esposo Miguel y sus dos hijos, Ángel y Ana María.

Alicia es de Cuba y no habla muy bien el inglés. El resto de su familia vive en Miami.

Miguel es de San Bernardino y sus padres viven allí. Él trabaja[1] como profesor de español en la escuela secundaria.

Ángel y su hermana van a la escuela primaria. El niño as alto y delgado y la niña es muy bonita. Él tiene once años y ella tiene nueve.

La casa de los Alba no es muy grande; tiene tres dormitorios y dos baños. No tiene aire acondicionado, pero tiene calefacción.

Los sábados, los Alba generalmente van a un restaurante italiano que queda en la esquina de su casa. No es un restaurante caro, pero es muy bueno y los raviolis, los espaguetis y la lasaña son deliciosos.

Los domingos por la mañana, Alicia y Miguel leen el periódico y los niños estudian. Por la tarde van a visitar a los padres de Miguel.

Now answer the following questions.

1. ¿Con quién vive Alicia?

2. ¿Los Alba viven en una ciudad grande?

3. ¿Quién es Miguel?

4. Uno de los Alba es de La Habana; ¿cuál?

5. ¿Los padres de Alicia viven en California?

6. ¿Qué habla mejor Alicia, el español o el inglés?

7. ¿Dónde trabaja el esposo de Alicia?

8. ¿Miguel enseña verbos o álgebra en su clase?

9. ¿Quién es el hermano de Ana María?

10. ¿Los niños van a la escuela secundaria?

11. ¿Ángel es bajo y gordo?

12. ¿Cuántos años tiene Ana María?

_____

[1]*works*

13. ¿Cuántos dormitorios y cuántos baños tiene la casa de los Alba?

14. ¿Qué tiene y qué no tiene la casa?

15. ¿Dónde queda el restaurante italiano?

16. ¿Necesitan mucho dinero para ir al restaurante?

17. ¿Alicia y Miguel trabajan los domingos?

18. ¿Quiénes leen el periódico y quiénes estudian los domingos?

19. ¿A qué ciudad van los Alba los domingos por la tarde?

20. ¿A quiénes visitan?

© Kevin Schafer / Corbis

LECCIÓN 6

EN UNA PENSIÓN EN SAN JOSÉ

OBJECTIVES

Structures
- Stem-changing verbs (o:ue)
- Affirmative and negative expressions
- Pronouns as object of a preposition
- Direct object pronouns

Communication
- Commenting on accommodations at a boarding house
- Making plans

Culture: Costa Rica and Panamá
- Living arrangements for students
- Pharmacies in the Hispanic world

off

85

Nombre _____ Sección _____ Fecha _____

🌐 Aprenda estas palabras

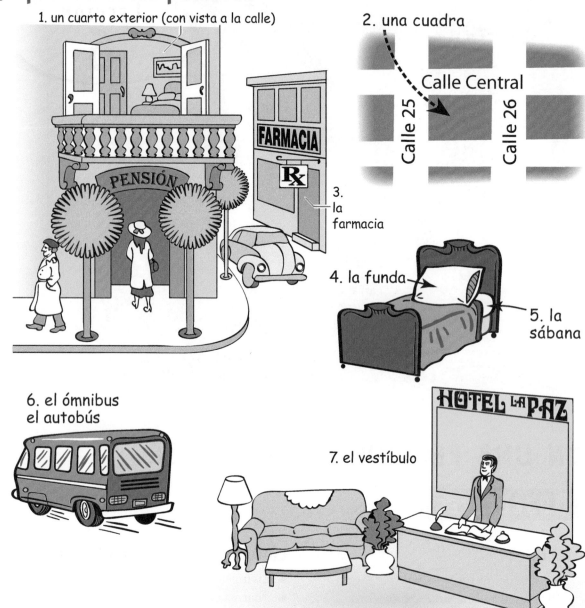

1. un cuarto exterior (con vista a la calle)

2. una cuadra

Calle Central
Calle 25
Calle 26

3. la farmacia

FARMACIA

PENSIÓN

4. la funda

5. la sábana

6. el ómnibus
el autobús

7. el vestíbulo

HOTEL LA PAZ

8. todos los días

LUNES	MARTES	MIÉRCOLES	JUEVES	VIERNES	SÁBADO	DOMINGO
11	12	13	14	15	16	17

En una pensión en San José

Delia y David son dos estudiantes de Panamá que acaban de llegar a San José para estudiar en la universidad. Ahora están conversando en el vestíbulo de la pensión donde viven mientras esperan el autobús para ir de excursión al Parque Braulio Carrillo.

Delia	—David, ¿qué tal es tu habitación? ¿Es cómoda?
David	—No es mala, pero es interior y yo prefiero las habitaciones exteriores.
Delia	—Un problema es que no cambian las sábanas y las fundas todos los días...
David	—No, no las cambian diariamente y la almohada y el colchón son muy incómodos.
Delia	—Y el televisor del comedor no funciona nunca.
David	—Es verdad... pero la comida es excelente.
Delia	—Ya lo creo. Es casi tan buena como la de Panamá. Oye, ¿a qué hora cierran el Museo del Oro?
David	—Probablemente lo cierran a las siete, pero no estoy seguro.
Delia	—Entonces podemos ir hoy porque volvemos de la excursión a las cuatro.
David	—Delia, ¿Armando va a llamarte esta noche?
Delia	—Sí, me va a llamar a eso de las nueve. Mañana almuerzo con él.
David	—Oye, ¿tú tienes una lista de lugares de interés? Yo no tengo ninguna.
Delia	—Yo tengo una, pero no recuerdo dónde la tengo.
David	—Hay tantos lugares que tenemos que visitar... el volcán Arenal; el lugar donde hay tantas mariposas...
Delia	—Sí. ¡Ah!, necesito comprar aspirinas. ¿Hay una farmacia cerca de aquí?
David	—Hay una a tres cuadras de la pensión. Si quieres, voy contigo.
Delia	—¡Ay, caramba! No podemos ir ahora porque ya viene el autobús a buscarnos.
David	—Vamos; el Parque Braulio Carrillo nos espera.

🔊 **¡Escuchemos!** While listening to the dialogue, circle **V (verdadero)** if the statement is true and **F (falso)** if it is false.

1. Delia y David van a estudiar en la universidad.   V   F

2. Delia y David piensan ir de excursión.   V   F

3. Delia no puede ver televisión en el comedor de la pensión.   V   F

4. La comida de la pensión no es muy buena.   V   F

5. Delia y David vuelven de la excursión a la una de la tarde.   V   F

6. Delia va a almorzar con Armando mañana.   V   F

7. David tiene muchas listas de lugares de interés en San José.   V   F

8. Delia necesita comprar revistas.   V   F

9. Hay una farmacia cerca de la pensión.   V   F

10. Delia y David van al Parque Braulio Carrillo en taxi.   V   F

🌐 VOCABULARIO
Audio

Cognados

la aspirina
excelente
exterior
interior
la Internet
el museo
el parque
probablemente
el problema
el volcán

Nombres

el colchón *mattress*
el lugar *place*
el lugar de interés *place of interest*
la mariposa *butterfly*

el correo electrónico *e-mail*
el oro *gold*

Verbos

almorzar (o:ue) *to have lunch*
buscar *to pick up, to get*
cambiar *to change*
estudiar *to study*
funcionar *to work, to function*
llegar *to arrive*
mandar *to send*
poder (o:ue) *to be able*
preferir (e:ie) *to prefer*
recordar (o:ue) *to remember*
usar *to use*
visitar *to visit*
volver (o:ue) *to return, to come (go) back*

Adjetivos

alguno(a) *any, some*
cómodo(a) *comfortable*
incómodo(a) *uncomfortable*
malo(a) *bad*
ninguno(a) *none, not any*
seguro(a) *sure*
tantos(as) *so many*

Otras palabras y expresiones

a... cuadras de *. . . blocks from*
a eso de *at about*

¡caramba! *gee!*
casi *almost*
cerca (de) *near, close*
contigo *with you (fam.)*
diariamente *daily*
es verdad *it's true*
esta noche *tonight*
nunca *never*
que *that*
¿Qué tal es... ? *What is . . . like?*
ya *already, now*
¡Ya lo creo! *I'll say!*

Audio VOCABULARIO ADICIONAL

En una excursión

el castillo *castle*
la catedral *cathedral*
el guía *guide*
el jardín botánico *botanical garden*
el monasterio *monastery*
el monumento *monument*
el palacio *palace*

Lugares de diversión (*Places of entertainment*)

el club nocturno *nightclub*
la discoteca *discotheque, disco*
el estadio *stadium*
el hipódromo *racetrack*
el parque de diversiones *amusement park*
el zoológico *zoo*

Search

Notas Culturales

- Very few universities in Latin American countries have dormitories. Students who don't live with their families stay at boarding houses that provide room and board.

- In most Hispanic countries, pharmacies sell mainly medicine. In some countries it is possible to buy certain medicines without a prescription. Many pharmacists are trained to give shots.

- In Spain and in Latin American countries there is always a pharmacy, in each neighborhood, that stays open at night. Since they take turns staying open they are called *farmacias de turno*.

En Tu Mundo...

1. La mayoría de los estudiantes universitarios, ¿prefiere vivir en su casa o en la universidad?

2. ¿Hay en tu ciudad farmacias de turno?

3. En este país, ¿es posible comprar antibióticos sin receta (*prescription*) médica?

Actividades

Dígame... Answer the following questions, basing your answers on the dialogue.

1. ¿Quiénes son Delia y David? ¿Adónde acaban de llegar?

_____

2. ¿Qué están haciendo (*doing*) Delia y David en el vestíbulo de la pensión? ¿Adónde van a ir de excursión?

_____

3. ¿Adónde van a ir de excursión?

_____

4. ¿Es interior o exterior la habitación de David? ¿Es cómoda?

_____

5. ¿Qué problemas menciona David?

_____

6. ¿Cómo es la comida en la pensión? ¿Es tan buena como la de Panamá?

_____

7. ¿A qué hora vuelven Delia y David de la excursión?

_____

8. ¿A qué hora va a llamar Armando a Delia?

_____

9. ¿Con quién almuerza Delia mañana?

_____

10. ¿Qué no recuerda Delia?

_____

11. ¿Qué lugares quiere visitar David?

_____

12. ¿Qué necesita comprar Delia? ¿Dónde hay una farmacia?

_____

13. ¿Por qué no pueden ir Delia y David a la farmacia?

_____

Hablemos Interview a classmate, using the following questions. When you have finished, switch roles.

1. ¿Qué ciudades (*cities*) de los Estados Unidos te gusta visitar?

2. ¿Hay muchos lugares de interés en la ciudad donde tú vives? ¿Cuáles?

3. ¿Te gusta visitar los museos? ¿Prefieres los museos de arte o los museos de ciencias?

4. ¿Adónde quieres ir de excursión? ¿Por qué?

5. Cuando estás en un hotel, ¿prefieres una habitación interior o exterior?

6. ¿A qué hora almuerzas tú todos los días? ¿Dónde? ¿Con quién?

7. ¿Es buena o mala la comida de la cafetería?

8. ¿Hay una farmacia cerca de tu casa? ¿A cuántas cuadras?

9. ¿Funciona bien tu televisor?

10. ¿Es cómodo o incómodo tu colchón? ¿Cuántas almohadas tienes en tu cama?

11. ¿Cambias las sábanas y las fundas de tu cama diariamente?

12. ¿Dónde vas a estar esta noche a eso de las diez?

¿Cómo lo decimos? Complete the following sentences, using the Spanish equivalent of the words in parentheses.

1. El colchón _____ trescientos dólares y las sábanas _____ treinta dólares. (*costs / cost*)

2. ¿Las fundas son _____ o _____ , Paquito? (*for you / for me*)

3. ¿Y las sábanas? ¿Es verdad que ellos _____ todos los días? (*change them*)

4. Nosotros _____ esta noche. Pensamos ir a una discoteca _____ al estadio. (*don't need anything / or*)

5. _____ lugar de interés cerca de aquí. (*There isn't any*)

6. Ana _____ a la catedral hoy. Ella _____ con sus padres. (*can't take us / is having lunch*)

7. ¿Tú tienes el número de teléfono del museo? Yo _____. (*don't remember it*)

8. ¿El guía _____ al castillo _____ , Anita? (*can go / with you*)

9. ¿Ustedes _____ al club nocturno _____? (*return / with me*)

10. Yo prefiero _____ al parque de diversiones, Carlitos. (*to take you*)

👥 **¿Qué pasa aquí?** With a partner, answer the following questions according to what you see in the picture.

A.

B.

1. ¿Dónde están Estela y Carmen?
2. ¿Adónde va a ir Estela de excursión?
3. ¿A qué hora viene el ómnibus?
4. ¿Qué hace Estela mientras espera?
5. ¿Adónde quiere ir Carmen?

1. ¿Tiene Mario una habitación interior?
2. ¿Qué tal es la habitación?
3. ¿Funciona la calefacción del cuarto?
4. ¿Qué hay en la cama de Mario?
5. Mario tiene una idea. ¿Qué va a pedir?

C.

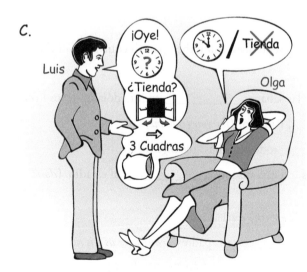

1. ¿Qué quiere saber (*to know*) Luis?
2. ¿Qué dice Olga?
3. ¿A cuántas cuadras está la tienda?
4. ¿Qué quiere comprar Luis en la tienda?
5. ¿Por qué no quiere Olga ir a la tienda?

Una encuesta Survey your classmates and your instructor to find someone who fits each of the following descriptions and write the person's name in the space provided. Remember to use the **tú** form when speaking to your classmates and the **Ud.** form when speaking to your instructor. Then, in groups of three, discuss the result of the survey.

ESTA PERSONA...

1. ☐ almuerza en la cafetería de la universidad. _____

2. ☐ puede venir a la universidad el sábado. _____

3. ☐ vuelve a su casa muy tarde. _____

4. ☐ vive cerca de una farmacia. _____

5. ☐ llega a la universidad a las ocho. _____

6. ☐ estudia diariamente. _____

7. ☐ va al jardín botánico a veces. _____

8. ☐ va al estadio a veces. _____

9. ☐ visita muchos museos. _____

10. ☐ cierra su cuarto por la noche. _____

11. ☐ tiene un colchón muy cómodo. _____

12. ☐ necesita comprar sábanas y fundas. _____

13. ☐ usa mucho la Internet. _____

14. ☐ manda correos electrónicos todos los días. _____

15. ☐ vive a muchas cuadras de la universidad. _____

En estas situaciones With 2 or more classmates, act out the following situations in Spanish.

1. You are not very happy about the quality of the hotel where you are staying: the room is uncomfortable for a number of reasons, and the service is not what it should be. You decide to call the manager and complain.

2. You and a friend are visiting a Hispanic city and want to visit as many places of interest as possible. Your friend needs to buy aspirin, though, and wants to go to a pharmacy first. There is a pharmacy four blocks from your hotel.

3. You and some friends are discussing the quality of the food at the hotel where you are staying. You think it's good, but your friends do not.

4. You and your friend are going on an excursion by bus. Ask him/her what time and where the bus is going to pick you up.

¿Qué dice aquí? You and a partner are working the front desk at the Hotel Edén. Take turns answering the following questions phoned in by prospective customers, basing your answers on the ad below.

1. ¿Qué precio tienen las habitaciones para dos personas?

2. ¿Las habitaciones son interiores?

3. ¿Cuánto debemos pagar por estacionar (*to park*) el auto en el hotel?

4. ¿El hotel tiene piscina?

5. Si llegamos (*we arrive*) el viernes, ¿cuándo debemos desocupar la habitación?

6. En diciembre, ¿las habitaciones cuestan 130 dólares?

7. Si vienen nuestros dos hijos, ¿debemos pagar más?

VENGA A DISFRUTAR DE LA PLAYA

3 Días/2 Noches

$130.00*(por habitación máximo 4 personas)

**Fin de semana
(Viernes a domingo)
en el fabuloso
Hotel Edén**

Edén

Incluye:
- Habitación de lujo con vista al mar o a la bahía
- Estacionamiento gratuito (un auto por habitación)
- Sillas reclinables en la piscina
- Toallas de playa para su uso diario
- Nevera compacta
- Salida tarde el domingo (basada en la ocupación)
- Impuestos de habitación
  *Especial de julio y agosto solamente.
  Esta tarifa está también disponible entre semana.*

Para reservaciones: **531-0000**

Christopher Elwell © 2009 Shutterstock

© Cengage Learning

Una actividad especial In small groups, students will play the roles of guests at boarding houses. Three to four "guests" will get together and write a list of complaints about the accommodations.

Un paso más Review the **Vocabulario adicional** in this **lección,** and complete the following sentences with the appropriate word.

1. Mañana voy a ir al _____ Botánico.

2. Hay muchos animales de África en el _____.

3. Disneylandia es mi _____ favorito.

4. Los monjes (*monks*) viven en el _____.

5. El _____ nos va a llevar a visitar la Catedral.

6. Si quieres bailar, podemos ir a una _____ o a un club _____.

7. El _____ a Lincoln está en Washington.

8. Vamos al _____ a ver una carrera de caballos (*horse race*).

9. El Madison Square Garden es un _____ muy famoso.

CANTE ESTA CANCIÓN

(To the tune of "Frère Jacques")

Buenos días, buenos días,
¿Duerme Ud.? ¿Duerme Ud.?
Suena la campana,° suena la campana.   **Suena la campana** *The bell is ringing*
Din, din, don. Din, din, don.

© John Neubauer / Photo Edit Inc.

¡Buen viaje!

OBJECTIVES

Structures

- Stem-changing verbs (e:i)
- Irregular first-person forms
- **Saber** contrasted with **conocer**
- Indirect object pronouns

Communication

- How to make travel arrangements and get information about traveling

Culture: Puerto Rico

- Traveling to Cuba

LECCIÓN

7

🌐 Aprenda estas palabras

1. EL AEROPUERTO
2. el avión
3. el bolso de mano (maletín)
4. la puerta de salida
5. el cigarrillo
6. NO FUMAR
7. el pasaje (billete)
8. los pasajeros
9. subir al avión, abordar el avión

SALIDA Nº 6

AEROMÉXICO
NOMBRE 200543D40GG0003
B5 AS .... $2,000.
Primera Clase

AEROMÉXICO
NOMBRE 3505606GGD92205
M17 AS .... $1,500.
Clase Turista

10. el pasaporte
11. la ventanilla
12. el asiento

PASAPORTE
MÉXICO

13. de ida
14. de ida y vuelta

15.

21 MAYO	22 MAYO	23 MAYO
hoy	mañana	pasado mañana

◀)) ¡Buen viaje!

La señora Alicia Paz, una profesora cubana que vive en Puerto Rico, va a una agencia de viajes en San Juan porque quiere ir a Cuba el mes próximo. Ahora compra un pasaje y le pide información a la agente.

Sra. Paz	—Quiero un pasaje de ida y vuelta a La Habana.
Agente	—¿Primera clase o clase turista?
Sra Paz	—Clase turista. ¿Cuándo hay vuelos?
Agente	—Los martes, jueves y sábados a las nueve de la mañana.
Sra. Paz	—¿Los pasajes son más baratos los fines de semana?
Agente	—Generalmente son más económicos entre semana.
Sra. Paz	—Yo puedo viajar el 23, que es martes. ¿Cuándo hago la reservación?
Agente	—¿Dice que quiere viajar el día 23? Debe reservarlo hoy mismo.
Sra. Paz	—¿Cuánto cuesta un billete de clase turista?
Agente	—Tiene que comprar un paquete que incluye el pasaje, el hotel y las excursiones, y cuesta ochocientos dólares por una semana.
Sra. Paz	—¿Sabe usted si hay excursiones a la playa de Varadero?
Agente	—No lo sé, pero puedo averiguarlo.
Sra. Paz	—¿Necesito algún documento para viajar a Cuba? ¿Pasaporte... visa...?
Agente	—Si usted es ciudadana americana, solamente necesita la visa.
Sra. Paz	—¿Cuándo tengo que confirmar la reservación? ¿Pasado mañana?
Agente	—No, puede confirmarla el día 20.

La agente le da a la Sra. Paz unos folletos que tienen información sobre los lugares de interés que puede visitar en Cuba.

En el aeropuerto, la Sra. Paz habla con un empleado de la aerolínea.

Sra. Paz —Quiero un asiento para el vuelo 406 a La Habana.
Empleado —¿Quiere un asiento de pasillo o un asiento de ventanilla?
Sra. Paz —Un asiento de pasillo. ¡Ah! ¿Cuántos bolsos de mano puedo llevar conmigo?
Empleado —Uno. Aquí tiene los comprobantes para su equipaje.

En la puerta de salida:

"Última llamada. Pasajeros para el vuelo 406 a La Habana, favor de ir a la puerta de salida número seis para abordar el avión."

¡Escuchemos! While listening to the dialogue, circle **V (verdadero)** if the statement is true and **F (falso)** if it is false.

1. Alicia Paz es estudiante.	V	F
2. La Sra. Paz viaja en primera clase.	V	F
3. Los sábados no hay vuelos a Cuba.	V	F
4. La agente dice que la Sra. Paz debe reservar el pasaje hoy.	V	F
5. El paquete incluye el pasaje, el hotel y las excursiones.	V	F
6. Los pasajes son más baratos entre semana.	V	F
7. La Sra. Paz prefiere un asiento de ventanilla.	V	F
8. La Sra. Paz puede llevar dos bolsos de mano con ella.	V	F
9. El vuelo a La Habana es el 406.	V	F
10. La Sra. Paz va a abordar el avión en la puerta de salida número seis.	V	F

🌐 VOCABULARIO
Audio

Cognados

la aerolínea
el (la) agente
el documento
la información
la visa, el visado (*España*)

Nombres

la agencia de viajes *travel agency*
el asiento de pasillo (de ventanilla) *aisle (window) seat*
el billete *ticket*
el comprobante *claim check, claim ticket*
el folleto *brochure*
la llamada *call*
el mes *month*
la playa *beach*
el (la) viajero(a) *traveler*
el vuelo *flight*

Verbos

averiguar *to find out*
costar (o:ue) *to cost*
decir[1] (e:i) *to say, to tell*

reservar *to reserve*
saber *to know (a fact)*
viajar *to travel*

Adjetivos

algún, alguno(a) *any, some*
menos *less*
último(a) *last*
unos(as) *some*

Otras palabras y expresiones

¡Buen viaje! *Have a nice trip!*
la clase turista *tourist class*
conmigo *with me*
¿cuándo? *when?*
entre semana *during the week*
favor de (+ infinitivo) *please (do something)*
generalmente *generally*
hoy mismo *today, this very day*
pagar exceso de equipaje *to pay excess baggage fee*
pasado mañana *the day after tomorrow*
primera clase *first class*
sobre *about*

🌐 VOCABULARIO ADICIONAL
Audio

Otras palabras relacionadas con los viajes

¿A cómo está el cambio de moneda? *What's the rate of exchange?*
la aduana *customs*
el (la) auxiliar de vuelo *flight attendant*
hacer escala *to make a stopover*

hacer un crucero *to take a cruise*
la llegada *arrival*
la sala de equipaje *baggage claim area*
la salida *departure*
la tarjeta de embarque (embarco) *boarding pass*
el vuelo directo *direct flight*

---

[1]Irregular first person: **yo digo**

Search

iLrn

Notas Culturales

New rules for travel to Cuba:

- According to the new U.S. guidelines, Cuban Americans can go to Cuba every 12 months. The new rules permit trips not just to visit close family members, such as parents and siblings, but also to visit extended family, such as great aunts and second cousins.

- Nevertheless, Cuban Americans, journalists, and researchers need to clear their visas through the Cuban Interests Section in Washington, D.C.

- The American government does not specifically prohibit other Americans from visiting Cuba, but prohibits them from spending money there.

En tu mundo...

1. ¿Qué países (*countries*) visitan muchos norteamericanos cuando están de vacaciones?

2. ¿Visitan muchos extranjeros (*foreigners*) este país?

3. ¿Necesitan los norteamericanos visa para viajar a México, por ejemplo?

Actividades

Dígame... Answer the following questions, basing your answers on the dialogue.

1. ¿Por qué va la Sra. Paz a la agencia de viajes? ¿Qué compra allí?

   _____

2. ¿Qué le pide la Sra. Paz a la agente?

   _____

3. ¿Cuándo quiere viajar la Sra. Paz? ¿Quiere viajar en primera clase o en clase turista?

   _____

4. ¿La Sra. Paz quiere un pasaje de ida o de ida y vuelta?

   _____

5. ¿Qué días hay vuelos para La Habana? ¿A qué hora?

   _____

6. ¿Cuándo puede viajar la Sra. Paz? ¿Tiene que confirmar la reservación pasado mañana?

   _____

7. ¿Sabe la agente si hay excursiones a la playa de Varadero? ¿Qué va a hacer?

   _____

8. ¿Qué incluye el paquete que va a comprar la Sra. Paz? ¿Cuánto cuesta?

_____

9. ¿Qué le da la agente a la Sra. Paz? ¿Sobre qué son los folletos?

_____

10. ¿Cuándo son más baratos los pasajes?

_____

11. ¿Con quién habla la Sra. Paz en el aeropuerto?

_____

12. ¿La Sra. Paz quiere un asiento de ventanilla o de pasillo?

_____

13. ¿Cuántos bolsos de mano puede llevar la Sra. Paz? ¿Qué le da el empleado?

_____

Hablemos
Interview a classmate, using the following questions. When you have finished, switch roles.

1. ¿Adónde te gusta viajar? ¿Viajas en avión?
2. ¿En qué aerolínea prefieres viajar?
3. ¿Compras billetes de primera clase o de clase turista? ¿Por qué?
4. ¿Prefieres un asiento de ventanilla o un asiento de pasillo?
5. ¿Compras tus pasajes en una agencia de viajes, en el aeropuerto o por la Internet?
6. ¿Tú sabes cuánto cuesta un pasaje a Puerto Rico?
7. ¿Qué documentos necesitas para viajar a Puerto Rico?
8. ¿Llevas mucho equipaje cuando viajas?
9. ¿Puedes viajar hoy mismo? ¿Por qué o por qué no?
10. ¿En qué mes viajas tú generalmente?

¿Cómo lo decimos?
Give the Spanish equivalent of the words in parentheses.

1. El agente de viajes _____ que ellos pueden viajar pasado mañana. (*is going to tell them*)
2. Yo _____ cuánto cuestan los pasajes de ida y vuelta. (*don't know*)
3. Yo nunca _____ para comprar los billetes. (*ask my father for money*)

4. Si mi vuelo sale a las ocho, yo _____ a las seis. (*leave my house*)

5. Yo _____ en el verano. Generalmente, viajo. (*don't do anything*)

6. Yo _____ el pasaje y el pasaporte. (*give her*)

7. Los pasajeros _____ los bolsos de mano. (*give us*)

8. ¿Tú _____ La Habana? ¿_____ bailar el cha-cha-cha? (*know / know how*)

9. Cuando Julia y yo vamos al aeropuerto, _____. (*I drive*)

10. Yo _____ los comprobantes y _____ en el bolso de mano. (*bring / put them*)

¿Qué pasa aquí? With a partner, answer the following questions according to what you see in the pictures.

1. ¿Adónde va Luisa?

2. ¿Qué quiere comprar Luisa?

3. ¿A qué ciudad quiere viajar Luisa?

4. ¿Dónde está Caracas?

5. ¿Qué días hay vuelos a Caracas?

1. ¿Qué desea saber Luisa?

2. ¿Son los vuelos por la mañana, por la tarde o por la noche?

3. ¿Con qué aerolínea va a viajar Luisa?

C.

1. ¿Qué día es hoy?

2. ¿Dónde está Luisa?

3. ¿Cuántos aviones hay?

4. ¿Cuántas maletas tiene Luisa?

5. ¿Cuántos bolsos de mano tiene Luisa?

6. ¿Cuál es la puerta de salida?

Una encuesta Survey your classmates and your instructor to find someone who fits each of the following descriptions and write the person's name in the space provided. Remember to use the **tú** form when speaking to your classmates and the **Ud.** form when speaking to your instructor. Then, in groups of three, discuss the result of the survey.

ESTA PERSONA...

1. ☐ siempre viaja en clase turista. _____

2. ☐ tiene pasaporte. _____

3. ☐ prefiere los asientos de ventanilla. _____

4. ☐ compra pasajes en una agencia de viajes. _____

5. ☐ prefiere los vuelos directos. _____

6. ☐ viaja solamente en el verano. _____

7. ☐ a veces va al cine entre semana. _____

8. ☐ quiere ser auxiliar de vuelo. _____

9. ☐ recibe muchas llamadas. _____

10. ☐ a veces les pide dinero a sus padres. _____

11. ☐ sabe el número de teléfono del profesor (de la profesora). _____

12. ☐ puede venir a la universidad pasado mañana. _____

13. ☐ siempre paga exceso de equipaje. _____

14. ☐ prefiere viajar entre semana. _____

15. ☐ piensa hacer un crucero por el Caribe. _____

👥 En estas situaciones With 2 or more classmates, act out the following situations in Spanish.

1. You are at a travel agency. You are planning a vacation trip to San Juan, Puerto Rico, and want to gather as much information as possible about airfare costs, flight schedules, and documents you will need to travel to Puerto Rico. You also need to reserve a seat.

2. You have just arrived in Mexico City, where you will be staying for a few days. Before leaving the airport, you hope to find out from an airline employee when you must confirm the reservation for your return flight and what the rate of exchange is.

3. You are an airline employee. You need to check in the last passenger in line for flight 609 to Barcelona, which leaves at nine o'clock, and then make the final boarding call for the flight.

4. At a travel agency, you want to know if it is more economical to travel during the week or on weekends.

 **¿Qué dice aquí?** Imagine that you and a classmate are travel agents. Answer the questions your clients ask you about a trip that your agency offers. Base your answers on the ad.

Agencia de Viajes

APOLO TOURS
Al servicio del turista

La oferta de hoy:
Una semana en Cuba desde $860
(Vuelos Martes y Viernes)

El paquete incluye:
• Viaje de ida y vuelta en vuelos directos, sin escalas
• Pasajes en primera clase o en clase turista
• Hoteles de tres, cuatro o cinco estrellas
• Habitaciones dobles o sencillas, con vista al mar o interiores
• Transporte del aeropuerto al hotel
• Todas las comidas, incluido el servicio de habitación
• Un viaje de un día a Varadero
• Varias excursiones opcionales, con guías expertos, a museos, catedrales, castillos, monumentos y otros lugares históricos

Los guías son bilingües y no aceptan propinas.
Nota: Para visitar Cuba necesita visa.

Avenida Muñoz Marín, 675
San Juan, Puerto Rico
Telf. 342-6723   e-mail apolotours.com

© Cengage Learning

1. ¿Cuántos días dura *(lasts)* la excursión?

2. ¿Cuánto cuesta el viaje más barato?

3. ¿Qué incluye el precio?

4. ¿Qué comidas están incluidas en el precio?

5. ¿Qué playa vamos a visitar?

6. ¿Qué días hay vuelos a Cuba?

7. ¿Hay excursiones opcionales? ¿A dónde?

8. ¿Hablan español los guías?

9. ¿Cuánto les debo dar de propina a los guías?

10. ¿Qué necesito para poder viajar a Cuba?

👤👤👤 Actividades especiales

1. Three or four travel agencies will be set up in the classroom, each with two clerks. (Students will select names for agencies and provide any necessary props.) The rest of the students will play the roles of travelers. They will ask questions about prices, necessary travel documents, flights, schedules, reservations, confirmations, etc., for destinations of their choice.

2. Students will play the roles of passengers at the airport. Eight students will be flight personnel for four different airlines and will deal with luggage, flight numbers, seat numbers, gates, etc. The passengers will gather in waiting areas to await their boarding announcements (either a student or the instructor can call the flights) before proceeding to the appropriate gates.

Un paso más Review the **Vocabulario adicional** for this **lección**, and complete the following sentences with the appropriate word or phrase.

1. Todas las maletas están en _____.

2. No puede subir al avión si no tiene _____.

3. La _____ va a servir la cena.

4. No es un vuelo directo; el avión hace _____ en Caracas.

5. Los pasajeros de vuelos internacionales tienen que pasar por (*go through*) la _____.

6. Allí están las horas de salida y de _____ de los vuelos a Puerto Rico.

7. ¿Sabe usted a _____ está el _____ de moneda?

8. ¿Desea Ud. hacer un _____ por Alaska?

TRABALENGUAS

**Cuando digo "digo",
no digo "Diego",
digo "digo".**

Walter Astrada / AFP / Getty Images

LOS DEPORTES Y LAS ACTIVIDADES AL AIRE LIBRE

OBJECTIVES

Structures

- **Pedir** contrasted with **preguntar**
- Special construction with **gustar, doler,** and **hacer falta**
- Demonstrative adjectives and pronouns
- Direct and indirect object pronouns used together

Communication

- Planning outdoor activities and talking about sports

Culture: Cuba and República Dominicana

- Soccer and baseball in the Hispanic world

Nombre _____ Sección _____ Fecha _____

🌐 Audio **Aprenda estas palabras**

1. la luna
2. las estrellas

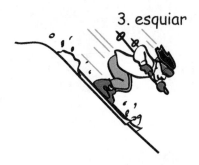
3. esquiar

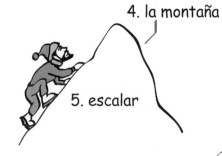
4. la montaña
5. escalar

7. andar (montar) a caballo
6. el caballo

8. la bolsa de dormir

9. pescar

10. la tienda de campaña

11. la mochila
12. hacer una caminata

13. cazar

15. patinar
16. los patines

14. nadar

17. la pelota
18. la raqueta

BASIC SPANISH FOR GETTING ALONG

🔊 Los deportes y las actividades al aire libre

Andrés y Laura Echeverría viven en Santo Domingo, la capital de la República Dominicana. En este momento están planeando lo que van a hacer este fin de semana con unos amigos norteamericanos que están de visita en Santo Domingo. Están tratando de decidir si los van a llevar a bucear o si van a ir a acampar y a pescar.

Andrés

Laura

Andrés	—Si vamos a acampar, voy a preguntarle a mi hermano si nos puede prestar las tiendas de campaña. Nosotros tenemos bolsas de dormir.
Laura	—Buena idea. Además de acampar, podemos montar a caballo y hacer una caminata.
Andrés	—Me hace falta una buena caña de pescar. Mi hermano tiene una nueva y puede prestármela.
Laura	—Pero tenemos que llevarlos a la playa, Andrés. Las playas de nuestro país son las mejores del Caribe. Les van a gustar mucho.
Andrés	—¿Y si alquilamos una cabaña? Eso me gusta más que ir a acampar.
Laura	—¡Estoy de acuerdo! Oye, tengo una idea. Podemos llevarlos a ver un partido de béisbol. Tu papá tiene entradas y no las va a usar. Puede dárnoslas.
Andrés	—Sí, esta noche lo llamo y se las pido.
Laura	—¡Perfecto! Oye, ¿qué te parece este traje de baño? Es precioso, ¿no?
Andrés	—Sí, es muy bonito. Ah, ¿quieres ver la pelea en la televisión?
Laura	—No, me duele un poco la cabeza. Voy a dormir un rato. Ana María viene a buscarme a las tres para ir a jugar al tenis. Ésta es tu raqueta nueva... ¿Me la prestas?
Andrés	—Bueno, te la voy a prestar, pero tienes que cuidarla.
Laura	—¡Por supuesto! Te veo más tarde, mi amor.

🔊 **¡Escuchemos!** While listening to the dialogue, circle **V (verdadero)** if the statement is true and **F (falso)** if it is false.

1.	Andrés y Laura Echeverría tienen unos amigos norteamericanos.	V	F
2.	Andrés y Laura no tienen tiendas de campaña.	V	F
3.	Laura no quiere montar a caballo.	V	F
4.	A Laura le gusta la playa.	V	F
5.	Andrés quiere alquilar una cabaña pero Laura no está de acuerdo.	V	F
6.	Laura quiere llevar a sus amigos a ver un partido de béisbol.	V	F
7.	Si quieren ver el partido, tienen que comprar las entradas.	V	F
8.	A Laura no le gusta su traje de baño.	V	F
9.	Andrés piensa ver la pelea en la tele.	V	F
10.	Andrés y Ana María van a jugar al tenis.	V	F

🌐 VOCABULARIO
Audio

Cognados

el béisbol
la idea
perfecto
la televisión, la tele
el tenis

Nombres

la cabaña *cabin*
la cabeza *head*
la caña de pescar *fishing pole*
el deporte *sport*
la entrada *ticket* (*for an event*)
el país *country, nation*
el partido *game*
la pelea *fight*
el traje de baño *bathing suit*

Verbos

acampar *to camp*
alquilar *to rent*
bucear *to dive*
doler (o:ue) *to hurt, to ache*
dormir (o:ue) *to sleep*
gustar *to like, to be pleasing to*
jugar (u:ue) *to play* (*i.e., a game*)
planear *to plan*
preguntar *to ask* (*a question*)
prestar *to lend*
tratar (de) *to try* (*to*)
usar *to use*

Adjetivos

este(a) *this*
nuevo(a) *new*
precioso(a) *beautiful*

Otras palabras y expresiones

actividades al aire libre *outdoor activities*
además *besides*
ah *oh*
esta noche *tonight*
estar de acuerdo *to agree, to be in agreement*
estar de visita *to be visiting*

gustarle más a uno(a) *to like better*
hacer falta *to need, to lack*
lo que *what, that, which*
más *more*
pasarlo bien *to have a good time*
por supuesto, claro *of course*
¿Qué te parece... ? *What do you think of . . . ?*

⊕ VOCABULARIO ADICIONAL
Audio

Más sobre las actividades al aire libre
(*More about outdoor activities*)

el alpinismo *mountain climbing*
la canoa *canoe*
el esquí acuático *water skiing*
ir de caza *to go hunting*
ir de pesca *to go fishing*
montar en bicicleta *to ride a bicycle*
remar *to row, to paddle*

Más sobre deportes (*More about sports*)

el basquetbol, el baloncesto *basketball*
el boxeo *boxing*
el campeón, la campeona *champion*
el equipo *team*
el fútbol *soccer*
    el fútbol americano *football*
el (la) jugador(a) *player*
la natación *swimming*
practicar *to play, to practice (a sport)*

Search

Notas Culturales

■ While soccer is the most popular sport in most of the Hispanic world, that is not the case in the Caribbean countries, where baseball reigns supreme. In the Dominican Republic, for example, this is everybody's favorite pastime. Boys learn to hit a ball at the same time they are learning to walk. American recruiters from the major leagues go to Caribbean countries in search of new baseball players.

■ Three very famous baseball players from the Dominican Republic are Sammy Sosa, Rafael Furcal, and Guillermo Mota.

EN TU MUNDO...

1. ¿Cuál es el deporte más popular en este país?

2. ¿Cuáles son dos famosos jugadores de béisbol de los Estados Unidos?

3. ¿Qué deportes se practican más en las universidades norteamericanos?

ACTIVIDADES

Dígame... Answer the following questions, basing your answers on the dialogue.

1. ¿Qué están haciendo Andrés y Laura? ¿Qué están tratando de decidir?

_____

2. ¿Qué le va a preguntar Andrés a su hermano?

_____

3. ¿Qué pueden hacer ellos además de acampar?

_____

4. ¿Qué más les puede prestar su hermano?

_____

5. ¿Qué dice Laura de las playas de su país?

_____

6. ¿Qué le gusta más a Andrés, alquilar una cabaña o acampar?

_____

7. ¿Adónde quiere Laura llevar a sus amigos? ¿Quién puede darle las entradas?

_____

8. ¿Qué va a hacer Andrés esta noche?

_____

9. ¿Qué dice Laura de su traje de baño? ¿Andrés está de acuerdo?

_____

10. ¿Por qué no quiere Laura ver la pelea?

_____

11. ¿Qué va a hacer Laura?

_____

12. ¿Quién viene a buscar a Laura y para qué?

_____

Hablemos Interview a classmate, using the following questions. When you have finished, switch roles.

1. ¿Adónde te gusta ir los fines de semana?

2. Cuando vas de vacaciones, ¿prefieres ir a acampar o ir a un hotel elegante? ¿Cuál es tu hotel favorito?

3. ¿Qué puedes hacer si vas de vacaciones a Utah o a Colorado en diciembre?

4. ¿Qué te hace falta para ir a acampar?

5. ¿Qué actividades al aire libre les gustan a ti y a tu familia?

6. ¿Te gusta más nadar en la playa, en una piscina o en un lago?

7. ¿Prefieres escalar una montaña o montar a caballo?

8. ¿Qué actividad al aire libre no te gusta?

9. ¿Qué deportes te gusta practicar?

10. ¿Qué te hace falta para jugar al tenis?

11. ¿Prefieres patinar o esquiar?

12. ¿Qué deportes te gusta ver en la televisión?

¿Cómo lo decimos? Complete the following sentences, using the Spanish equivalent of the words in parentheses.

1. _____ a mi prima si _____ montar a caballo. (*I'm going to ask* / *she likes*)

2. Quiero _____ mochila, _____ raquetas y _____ tienda de campaña. (*this* / *those* / *that, over there*)

3. _____ cien dólares para alquilar la cabaña por una noche. (*I lack*)

4. Yo nunca _____ para ir de vacaciones. (*ask my dad for money*)

5. Cuando yo necesito dinero, mi abuela _____. (*gives it to me*)

6. ¿Quieres _____ o _____? (*this ball* / *that, over there*)

7. Si Uds. necesitan los patines, yo puedo _____ esta noche. (*bring them to you*)

L

8. Si necesitas mi bolsa de dormir, yo puedo _____. (*lend it to you*)

9. _____ patinar, pero _____ esquiar. (*We like very much / we like better*)

10. ¿ _____, Sr. Roca? (*Does your head hurt*)

¿Qué pasa aquí? With a partner, answer the following questions according to what you see in the pictures.

1. ¿Es de día o de noche?

2. ¿Qué prefiere hacer Luis?

3. ¿Qué quiere hacer Ángel?

4. ¿Qué está haciendo Raúl?

5. ¿Dónde duermen los muchachos?

6. ¿Cree Ud. que los chicos tienen camas o bolsas de dormir?

1. ¿Dónde están David, Ana y Tito? ¿En el campo (*country*)?

2. ¿Es de día? ¿Cómo lo sabe?

3. ¿Qué quiere hacer David?

4. ¿Qué quiere hacer Ana?

5. ¿Qué está haciendo Tito?

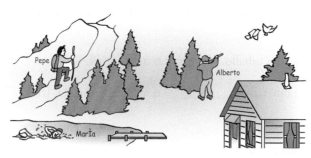

1. ¿Qué está haciendo Pepe?

2. ¿Tiene una maleta? ¿Qué tiene?

3. ¿Qué está haciendo María? ¿Dónde está?

4. ¿Qué está haciendo Alberto?

5. ¿Alberto y María tienen una tienda de campaña? ¿Qué tienen?

Una encuesta Survey your classmates and your instructor to find someone who fits each of the following descriptions and write the person's name in the space provided. Remember to use the **tú** form when speaking to your classmates and the **Ud.** form when speaking to your instructor. Then, in groups of three, discuss the result of the survey.

ESTA PERSONA...

1. ☐ está planeando sus vacaciones. _____

2. ☐ va a acampar con su familia. _____

3. ☐ tiene una tienda de campaña. _____

4. ☐ duerme en una bolsa de dormir a veces. _____

5. ☐ tiene una caña de pescar. _____

6. ☐ va de pesca con sus amigos. _____

7. ☐ sabe nadar. _____

8. ☐ tiene un traje de baño nuevo. _____

9. ☐ practica muchos deportes. _____

10. ☐ juega al tenis. _____

11. ☐ va a ir a ver un partido de béisbol. _____

12. ☐ escala montañas a veces. _____

13. ☐ cuando va de vacaciones siempre lo pasa bien. _____

14. ☐ no le gusta el boxeo. _____

En estas situaciones With 2 or more classmates, act out the following situations in Spanish.

1. You are vacationing at a resort and are trying to decide how to spend the afternoon. The activities director discusses your interests and abilities with you to help you choose a suitable activity.

2. You and some friends are planning a vacation together and are discussing whether to camp or to stay in a hotel. You don't have much money to spend, and no one owns camping equipment, although you might be able to borrow some.

3. A friend invites you to play tennis, but you would rather sleep for a while because your head hurts a little.

¿Qué dice aquí? You and a partner take turns in asking and answering the following questions. Base your answers on the ad.

1. ¿Cuál es el lugar ideal para las personas que aman (*love*) las actividades al aire libre?

2. ¿Cómo son las playas de Santo Domingo?

3. Además de nadar en las playas, ¿dónde más puedo nadar?

4. ¿Qué deportes acuáticos puedo practicar?

5. ¿Dónde puedo acampar en Santo Domingo?

6. ¿Qué puedo aprender (*learn*) a hacer?

7. ¿En qué lugares puedo pescar?

8. ¿A qué puedo jugar?

¡VISITE LA REPÚBLICA DOMINICANA!

La República Dominicana, en la isla de Santo Domingo, es el lugar ideal para los turistas amantes de los deportes y de las actividades al aire libre.

¡Santo Domingo lo tiene todo!

- Nade en las bellas playas naturales o en las magníficas piscinas de los hoteles de lujo.
- Haga esquí acuático o bucee.
- Pesque en el mar, en los ríos y en los lagos.

- Juegue al béisbol en el país de los grandes campeones.
- Monte a caballo.
- Aprenda a montar a caballo.
- Acampe en la playa o en la montaña.

¡Todo es posible en la República Dominicana!

© Cengage Learning

Photo Credits: (Top): Fanny Reno © 2009 Shutterstock; (Bottom: Left to Right): Ramona Heim © 2009 Shutterstock; ligio © 2009 Shutterstock; rj lerich © 2009 Shutterstock; Emiliano Rodriguez © 2009 Shutterstock

Una actividad especial **¡Charadas!** The class will be divided into two teams for a game of charades. The teacher will provide each member of both teams with sports or outdoor activities to act out in Spanish. Have fun!

Un paso más   Review the **Vocabulario adicional** for this **lección**, and complete the following sentences with the appropriate word or phrase.

1. Si vamos en canoa, tenemos que _____.

2. No quiero montar a caballo; prefiero montar en _____.

3. ¿Qué deporte prefieres tú? ¿El fútbol? ¿El fútbol _____?

4. No quiero escalar montañas, porque no me gusta practicar el _____.

5. ¿Prefieren ir de pesca o ir de _____?

6. Necesito mi caña de pescar porque vamos a ir de _____.

7. Mi _____ favorito de béisbol es el de las Medias Rojas (*Red Sox*).

8. No me gusta esquiar en la nieve (*snow*); prefiero el _____.

9. El dominicano Sammy Sosa es un famoso _____.

10. Mi equipo es el mejor; este año va a ser el _____.

11. Voy a la piscina del club para practicar _____.

12. Nunca veo las peleas porque no me gusta el _____.

UN DICHO (A SAYING)

Mente sana en cuerpo sano.   *A healthy mind in a healthy body.*

Un paso más Review the *vocabulario adicional* for this *lección*, and complete the following sentences with the appropriate word or phrase.

1. Si vamos en canoa, tenemos que _____

2. No quiero montar a caballo; prefiero montar en _____

3. ¿Qué deporte prefieres tú, el fútbol y el fútbol?

4. No quiero ser ski montañas porque no me gusta practicar el _____

5. ¿Prefieres ir de pesca o ir de _____?

6. Nosotros iremos de caña de pesca porque vamos a ir de _____

7. Mi _____ favorito de béisbol es el de los Medias Rojas (Red Sox)

8. No me gusta esquiar en la nieve, pero prefiero el _____

9. El dominicano Sammy Sosa es un famoso _____

10. Mi equipo es el mejor; este año va a ser el _____

11. Voy a la piscina del club para practicar _____

12. Mamá no ve las peleas porque no me gusta el _____

Un atleta (A serious)

Health: and to a Public body.

© Rob Crandall / The Image Works

Un día con Adela y Mario

OBJECTIVES

Structures

- Possessive pronouns
- Reflexive constructions
- Command forms: **Ud.** and **Uds.**
- Uses of object pronouns with command forms

Communication

- How to talk about daily routine
- At the hairdresser
- Getting ready to go out

Culture: Venezuela

- Women in Hispanic countries
- American products in Spain and Latin America
- Popular forms of entertainment

🌐 Aprenda estas palabras
Audio

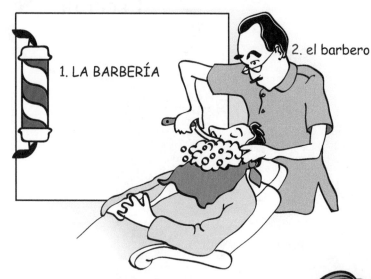

1. LA BARBERÍA

2. el barbero

3. mirarse en el espejo

4. el espejo

5. el pelo largo

6. el pelo corto

7. el pelo lacio

8. el pelo rizado

11. la máquina de afeitar eléctrica

9. el peine

10. peinarse

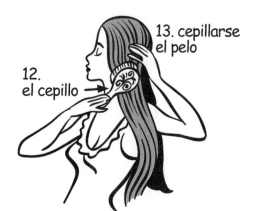

13. cepillarse el pelo

12. el cepillo

14. el bigote

15. la barba

16. la máquina de afeitar

17. la tijera[1]

18. el champú

19. el corte de pelo

20. la permanente

21. el peinado

22. el rizador

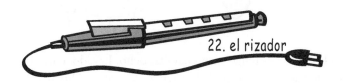

23. el secador

24. el desodorante

25. la pasta de dientes (la pasta dentífrica)

_____

[1]**las tijeras** also used

Un día con Adela y Mario

En una casa de la avenida Simón Bolívar en Caracas, Venezuela, vive un matrimonio joven: Adela Cruz y Mario Salgado. Hoy se levantan muy temprano porque tienen un día muy ocupado. Ella tiene turno en la peluquería antes de ir a la universidad y él tiene que ir a la oficina porque tiene una reunión a las ocho. Se bañan, se visten y salen de su casa a las siete y media. Esta noche van a ir al teatro con unos amigos a ver una comedia musical.

En la peluquería.

Adela   la peluquera

Adela	—Tengo turno para las ocho. Lavado, corte y peinado.
Peluquera	—En seguida la atiendo. Siéntese. ¿Quiere café?
Adela	—Sí, deme una taza, por favor.

Adela bebe el café mientras espera. Después la peluquera le lava la cabeza.

Peluquera	—Tiene el pelo largo.
Adela	—Sí, córtemelo. Me gusta el pelo corto.
Peluquera	—También tiene el pelo seco. Use un buen champú con acondicionador. El champú Vidal Sassoon es muy bueno.

Cuando Mario sale de la oficina, va al centro porque tiene que comprar varias cosas y hacer varias diligencias. A las cinco, Adela y Mario vuelven a su casa y se preparan para ir al teatro.

Adela	—Me voy a poner el vestido negro... ¿Dónde está mi perfume?
Mario	—En el botiquín. Oye, no encuentro mi máquina de afeitar.
Adela	—Puedes afeitarte con la mía; está en el otro baño.
Mario	—No, gracias, querida... La tuya no afeita muy bien. Quiero cepillarme los dientes. ¿Dónde está la pasta dentífrica Colgate que acabo de comprar?
Adela	—Yo la tengo.

Mario

Adela

Terminan de vestirse y se van. A las ocho menos cuarto llegan al teatro, donde se encuentran con sus amigos.

Mario   —La función empieza a las ocho. ¿Tú tienes las entradas?
Adela   —Yo tengo la mía y tú tienes la tuya en tu billetera.
Mario   —Es verdad... Oye, estás preciosa con ese peinado.
Adela   —Gracias. ¡Y tú te ves muy guapo! ¡Ah! Allí están Marisa y Sergio. ¿Entramos?

Después de la función, todos van a un café al aire libre a tomar algo y se quedan un rato conversando. Mario y Adela regresan a su casa a las doce y se acuestan a las doce y media.

¡Escuchemos! While listening to the dialogue, circle **V (verdadero)** if the statement is true and **F (falso)** if it is false.

1. Adela piensa ir a la peluquería hoy.

2. Adela y Mario salen de su casa muy temprano.

3. En la peluquería, Adela bebe una copa de vino mientras espera.

4. Adela prefiere el pelo largo.

5. Adela piensa ponerse el vestido negro para ir al teatro.

6. Mario prefiere no usar la máquina de afeitar de Adela.

7. No hay pasta dentífrica en la casa de los Salgado.

8. Adela y Mario se encuentran con sus amigos en el teatro.

9. A Mario le gusta el peinado de Adela.

10. Después de la función, Mario y Adela van a su casa y se acuestan.

V	F
V	F
V	F
V	F
V	F
V	F
V	F
V	F
V	F
V	F

🌐 VOCABULARIO
Audio

Cognados

la avenida
la comedia
musical
el perfume

Nombres

el acondicionador *conditioner*
la billetera *wallet*
el botiquín *medicine cabinet*
el café al aire libre *outdoor cafe*
la cosa *thing*
los dientes *teeth*
la función *show*
el lavado *wash*
el matrimonio *married couple*
la oficina *office*
la peluquería, el salón de belleza *hair salon, beauty salon*
el (la) peluquero(a) *hairdresser, beautician*
la reunión *meeting*
el turno, la cita *appointment*
el vestido *dress*

Verbos

acostarse (o:ue) *to go to bed*
afeitar(se) *to shave (oneself)*
atender (e:ie) *to wait on*
bañar(se) *to bathe (oneself)*
cepillar(se) *to brush (oneself)*

cortar *to cut*
encontrar (o:ue) *to find*
encontrar(se) (o:ue) con *to encounter, to meet*
entrar *to go in, to enter*
irse *to leave*
lavar(se) *to wash (oneself)*
levantarse *to get up*
ponerse *to put on*
prepararse *to get ready*
quedarse *to stay*
salir (yo salgo) *to go out, to leave*
sentarse (e:ie) *to sit down*
verse *to look, to appear*
vestirse (e:i) *to get dressed*

Adjetivos

joven *young*
negro(a) *black*
ocupado(a) *busy*
querido(a) *dear, darling*
seco(a) *dry*
varios(as) *several*

Otras palabras y expresiones

el (la) mío(a) *mine*
hacer diligencias *to run errands*
temprano *early*
el (la) tuyo(a) *yours*

🌐 VOCABULARIO ADICIONAL
Audio

Artículos de tocador (*Toiletries*)

el bronceador *suntan lotion*
el cepillo de dientes *toothbrush*
la colonia *cologne*
la crema para las manos *hand lotion*
el enjuague bucal *mouthwash*
el esmalte para las uñas, la pintura de uñas (*Puerto Rico*) *nail polish*
la hoja de afeitar *razor blade*

el lápiz de labios, el pintalabios
   (*España*) *lipstick*
la manicura *manicure*
el maquillaje *makeup*
la pedicura *pedicure*
el quitaesmalte, la acetona *nail polish remover*
teñirse (e>i) *to dye, to color*

Search

Notas Culturales

■ American products are widely available in Spain and Latin America. Brands such as *Colgate, Palmolive, Coty, Camay,* and others are as familiar there as they are in the United States. The non-Spanish speaker, however, might have trouble recognizing those names, since they are marketed according to the rules of Spanish pronunciation. Try it yourself! Take a look at these brand names again. How would they be pronounced in Spanish?

■ Plays, operettas, cabarets, and other forms of theatrical entertainment are very popular in the Hispanic world. In Spain, Venezuela, Argentina, Mexico, and other countries where the dinner hour does not begin before 9 P.M., performances may begin at 10 P.M. or later, and often continue until well past midnight.

■ In Venezuela, as in many Spanish-speaking countries, a woman keeps her maiden name when she gets married.

■ In most Spanish-speaking countries, there are currently more women attending universities than there are men.

EN TU MUNDO...

1. ¿Qué productos de otros países son populares aquí?

2. En general, ¿los norteamericanos van más frecuentemente al cine o al teatro?

3. ¿Usan algunas mujeres norteamericanos su apellido de soltera (*maiden name*)?

ACTIVIDADES

Dígame... Answer the following questions, basing your answers on the dialogue.

1. ¿Adela y Mario se levantan tarde o temprano hoy? ¿Por qué?

_____

© 2014 Heinle, Cengage Learning

2. ¿Adónde va Adela antes de ir a la universidad?

_____

3. ¿Qué hacen Mario y Adela antes de salir de su casa?

_____

4. ¿Adónde van a ir esta noche? ¿Con quiénes?

_____

5. ¿Para qué hora tiene Adela turno en la peluquería? ¿Para qué?

_____

6. ¿Qué problema tiene Adela con el pelo y qué debe usar?

_____

7. ¿Adónde va Mario y para qué?

_____

8. ¿Qué se va a poner Adela para ir al teatro?

_____

9. ¿Mario quiere usar la máquina de afeitar de Adela? ¿Por qué o por qué no?

_____

10. ¿Para qué necesita Mario la pasta de dientes?

_____

11. ¿Quién tiene las entradas para el teatro? ¿Adónde van después de la función?

_____

12. ¿A qué hora regresan a su casa Mario y Adela? ¿A qué hora se acuestan?

_____

Hablemos Interview a classmate, using the following questions. When you have finished, switch roles.

1. ¿Cuándo tienes turno en la peluquería (la barbería)?

2. ¿A qué hora te levantas? ¿A qué hora te acuestas?

3. ¿Te bañas por la mañana o por la noche? ¿Te lavas la cabeza cuando te bañas?

4. ¿Puedes bañarte y vestirte en 10 minutos?

5. Cuando te cepillas los dientes, ¿qué pasta dentífrica usas?

6. ¿Usas algún enjuague bucal? ¿Cuál?

7. ¿Qué champú usas? ¿Usas acondicionador? (¿Cuál?)

8. ¿Te gusta el pelo largo o el pelo corto? ¿Prefieres el pelo lacio o el pelo rizado?

9. ¿Usas secador? ¿Te tiñes el pelo?

10. Mi peluquero(a) favorito(a) trabaja en _____. ¿Dónde trabaja el tuyo (la tuya)?

11. En la peluquería, ¿cuánto pagas por una manicura y por una pedicura?

12. ¿Con quién vas a encontrarte mañana? ¿Dónde? ¿A qué hora?

13. Generalmente, ¿qué días haces diligencias? ¿Qué días te quedas en tu casa?

14. ¿Estás muy ocupado(a) hoy? ¿Qué tienes que hacer?

¿Cómo lo decimos?   Give the Spanish equivalent of the words in parentheses.

1. Teresa _____ para ir a la peluquería. (*is getting ready*)

2. _____ a su peluquero y _____ para el sábado, señorita. (*Call / ask him for an appointment*)

3. _____ y _____ aquí, señoras. (*Come in / sit down*)

4. Elsa _____ en el espejo para _____. (*looks at herself / comb her hair*)

5. Elsa tiene su cepillo de dientes. ¿Dónde está _____, Paquito? (*yours*)

6. _____ el lápiz de labios, señorita. (*Bring me*)

7. Yo _____ a las seis y luego _____ y _____. (*get up / bathe / get dressed*)

8. Yo voy a poner mi bronceador en el botiquín. ¿Dónde va a poner usted _____, señora? (*yours*)

9. Yo _____ mis amigos en el teatro para ver una comedia musical. (*am going to meet*)

10. _____ a la reunión y _____ los documentos a la secretaria, señores. (*Go / give*)

¿Qué pasa aquí? With a partner, answer the following questions according to what you see in the pictures.

A.

1. ¿Dónde está Eva?
2. ¿Eva tiene permanente?
3. ¿Para qué tiene turno Eva?
4. ¿Dónde se mira Eva?

B.

1. ¿Qué le está haciendo el peluquero a Rafael?
2. ¿El peluquero le va a cortar el pelo?
3. ¿Qué más cree Ud. que le va a hacer?

C.

1. ¿Dónde está la Sra. Peña?
2. ¿Qué está haciendo?
3. ¿Con quién va a encontrarse hoy?
4. ¿A qué hora se van a encontrar?
5. ¿Adónde van a ir?

D.

1. ¿A qué teatro van Marta y Lucía?
2. ¿Cree Ud. que van a ver una comedia o un drama?
3. ¿Cómo se llama la obra (play)?
4. ¿A qué hora empieza la función?

👥 Una encuesta

Survey your classmates and your instructor to find someone who fits each of the following descriptions and write the person's name in the space provided. Remember to use the **tú** form when speaking to your classmates and the **Ud.** form when speaking to your instructor. Then, in groups of three, discuss the result of the survey.

ESTA PERSONA...

1. ☐ tiene una máquina de afeitar eléctrica. _____

2. ☐ usa la pasta dentífrica Colgate para cepillarse los dientes. _____

3. ☐ se baña por la mañana. _____

4. ☐ se lava la cabeza todos los días. _____

5. ☐ puede bañarse y vestirse en quince minutos. _____

6. ☐ usa crema para las manos. _____

7. ☐ se mira en el espejo para peinarse. _____

8. ☐ se levanta muy temprano. _____

9. ☐ vuelve a su casa muy tarde. _____

10. ☐ se acuesta muy tarde. _____

11. ☐ va a la peluquería frecuentemente. _____

12. ☐ hace diligencias los sábados. _____

13. ☐ nunca usa perfume. _____

14. ☐ usa bronceador cuando va a la playa. _____

👥 En estas situaciones

With 2 or more classmates, act out the following situations in Spanish.

1. You are a customer at a hair salon. When you arrive, you and the stylist briefly discuss the services you will need today. You will have to wait a few minutes for your turn.

2. You and your roommates are bathing, getting dressed, and doing other things as you prepare to leave the house in the morning. You're all in a rush. Ask each other where various toiletries and other things you need to get ready are.

3. You call a friend because you have tickets for a musical comedy this evening. You ask if he/she wants to go, say when the show starts, and discuss where you can meet.

4. You tell your friends that you only have a dollar in your wallet. You ask them how much they have in theirs.

5. Someone asks you who lives next door to you. You reply that it is a young married couple.

¿Qué dice aquí? You and a partner take turns asking and answering the following questions. Base your answers on the ad.

SALÓN DE BELLEZA UNISEX
Precios especiales en
Permanente---- 150 Bs. F[1]
Tinte----------- 60 „
Manicura------ 35 „
Pedicura-------- 40 „

Los últimos estilos en cortes y peinados

LA NUEVA IMAGEN
Para hacerte más bella

Centro Comercial Chacaíto
Chacaíto, Caracas

Abierto de lunes a sábado, de 9:00 a 6:00

Para pedir turno llame al 555-5410

© Marin Conic / Fotolia

© Cengage Learning

[1]*Bolívar fuerte, Venezuelan currency Rate: $1 US = 2.15 Bs. F*

1. ¿Cuánto cuesta una permanente en el salón de belleza *La nueva imagen*?

2. Si quiero un tinte (*dye*) para el pelo, ¿puedo ir a la peluquería el domingo? ¿Por qué?

3. ¿Qué días puedo ir y cuánto debo pagar por el tinte?

4. Mi esposo necesita cortarse el pelo. ¿Puede ir a *La nueva imagen*? ¿Por qué?

5. ¿Cuánto cuesta una manicura? ¿Y una pedicura?

6. ¿Tienen precios especiales en la peluquería?

7. ¿En qué tiene los últimos estilos el salón de belleza?

8. ¿A qué teléfono debo llamar para pedir turno?

Una actividad especial
The classroom is turned into a hair salon for men and women. Two of your classmates will play the roles of receptionists. The rest of the students are hairdressers or customers. The customers will make appointments with the receptionist, telling the day, time, and what they want done. The receptionist will call each customer when his or her turn comes. Each customer then discusses what he or she wants done. Customers pay the receptionist as they go out. Students should provide the necessary props.

Un paso más
Review the **Vocabulario adicional** for this **lección,** and identify the personal care items that Mario and Adela need.

1. Her lips need some color. _____

2. He wants to get a tan. _____

3. She is wearing a red dress and she wants her nails to match it. _____

4. His hands are very dry. _____

5. They both need to brush their teeth. _____

6. He wants to smell good. _____

7. She looks very pale. _____

8. She doesn't like the color on her nails. _____

9. He needs to shave. _____

10. He has bad breath. _____

Un dicho

Para ser bello, hay que sufrir.   *In order to be beautiful, one must suffer.*

Los quehaceres de la casa

 ## Objectives

Structures

- The preterit of regular verbs
- The preterit of **ser, ir,** and **dar**
- Uses of **por** and **para**
- Seasons of the year and weather expressions

Communication

- How to talk about what took place
- How to talk about household chores

Culture: Colombia

- Coffee in social situations
- Markets and supermarkets in the Hispanic world

LECCIÓN 10

135

🔊 Aprenda estas palabras
Audio

1. el suéter

2. la cortina

3. la ventana

4. el refrigerador,
   la heladera, la nevera

5. hacer
   la cama

6. planchar

7. pasar la
   aspiradora

8. la lavadora

9. la secadora

10. doblar la ropa

11. la docena de huevos

12. la cebolla

13. la zanahoria

14. el pan

🔊 Los quehaceres de la casa

La familia Barrios vive en Medellín, una ciudad que está al norte de Bogotá, la capital de Colombia. Ahora la Sra. Barrios está hablando con Rosa, la muchacha que viene a su casa tres veces por semana para ayudarla. Rosa trabaja para la familia Barrios todos los veranos.

Señora —¿Fuiste al supermercado, Rosa?

Rosa —Sí, compré todas las cosas de la lista que Ud. me dio.

Señora —Entonces tenemos todo lo necesario para la cena. Todo tiene que estar perfecto porque esta noche viene a cenar el jefe de mi esposo.

Rosa —No se preocupe, señora. Todo va a estar bien. Ah, preparé una ensalada de papas para el almuerzo. Está en el refrigerador.

Señora —¿Hay algo para comer ahora? No comí nada esta mañana.

Rosa —¿Quiere un sándwich de jamón y queso y una taza de café?

Señora —Sí, gracias. ¿Me planchaste el vestido? Lo necesito para esta noche.

Rosa —Sí, pero no lavé el suéter rojo.

Señora —Ése tenemos que mandarlo a la tintorería. Tienen que lavarlo en seco.

Rosa —Entonces voy a llevarlo esta tarde. Ahora voy a limpiar el piso de la sala, le voy a pasar la aspiradora a la alfombra y voy a hacer la cama.

Señora —Está bien. ¡Ah! ¿Cuándo viene el jardinero a cortar el césped?

Rosa —Mañana por la mañana.

Rosa sacude los muebles, cuelga la ropa en el ropero, lava las toallas y las pone en la secadora. Después mira por la ventana y ve que el cielo está nublado. Piensa que, como va a llover, no va a limpiar la terraza.

🔊 **¡Escuchemos!** While listening to the dialogue, circle **V (verdadero)** if the statement is true and **F (falso)** if it is false.

1. Rosa ayuda a la Sra. Barrios a hacer los trabajos de la casa.   V   F

2. La Sra. Barrios fue al supermercado con Rosa.   V   F

3. El jefe del Sr. Barrios va a cenar con ellos esta noche.   V   F

4. La Sra. Barrios comió mucho esta mañana.   V   F

5. Rosa no planchó el vestido de la Sra. Barrios.   V   F

6. Tienen que mandar el suéter rojo a la tintorería.   V   F

7. La Sra. Barrios tiene que pasarle la aspiradora a la alfombra.   V   F

8. Rosa tiene que cortar el césped.   V   F

9. Rosa cuelga las toallas en el ropero.   V   F

10. El cielo está nublado. Va a llover.   V   F

🌐 VOCABULARIO
Audio

Cognados

el norte
el supermercado
la terraza

Nombres

la alfombra *carpet, rug*
el cielo *sky*
el jardinero *gardener*
el (la) jefe(a) *boss*
la mañana *morning*
los muebles *furniture*

los quehaceres (los trabajos) de la
  casa *housework*
la ropa[1] *clothes*
el ropero *closet*
la tintorería *dry cleaners*
el verano *summer*
la vez[2] *time (in a series; as equivalent of occasion)*

Verbos

ayudar *to help*
colgar (o:ue) *to hang*
limpiar *to clean*

_____

[1]**Ropa** is always used in the singular in Spanish.
[2]**Una vez:** *once*

llover (o:ue) *to rain*
poner[1] *to put*
preocuparse *to worry*
preparar *to prepare*
sacudir *to dust*
trabajar *to work*
trapear *to mop the floor*

Adjetivos

nublado(a) *cloudy*
rojo(a) *red*

Otras palabras y expresiones

algo *anything, something*
como *since, being that*
cortar el césped *to mow the lawn*
Está bien. *Fine.*
esta tarde *this afternoon*
fregar (e:ie) (lavar) los platos *to wash the dishes*
limpiar en seco *to dry clean*
mañana por la mañana *tomorrow morning*
nada *nothing*
por *through*
que *who, that*
todo *everything*
todo lo necesario *everything necessary*

🌐 VOCABULARIO ADICIONAL
Audio

Para hacer una ensalada (*To make a salad*)

el aceite *oil*
los hongos, los champiñones *mushrooms*
la pimienta *pepper*
los rabanitos *radishes*
la remolacha *beet*
el repollo *cabbage*
la sal *salt*
el vinagre *vinegar*

En la cocina (*In the kitchen*)

el abrelatas *can opener*
la cocina, la estufa *stove*
cocinar al horno, hornear *to bake*

el horno *oven*
el lavaplatos *dishwasher*

Para lavar la ropa (*To do laundry*)

el detergente *detergent*
la lejía, cloro (*Méx.*) *bleach*

Para hablar del tiempo (*To talk about the weather*)

Hace buen (mal) tiempo. *The weather is good (bad).*
Hace calor. *It's hot.*
Hace frío. *It's cold.*
Hace sol. *It's sunny.*
Hace viento. *It's windy.*
nevar (e:ie) *to snow*

---

[1]Irregular first person: **yo pongo**

Notas Culturales

■ In Colombia, as in Spain and in the rest of Latin America, many upper- and middle-class families have maids, although these days fewer can afford them.

■ In Colombia, people drink a lot of coffee, and no social situation is complete without a cup of coffee. Colombian coffee is considered the best in the world.

■ Although supermarkets have become very popular in most Spanish-speaking countries, especially in cities, one still sees many small stores specializing in one or two main products. Most Hispanic towns have a central marketplace with a number of small stores. Many people still prefer to shop at such markets where prices are generally lower or not fixed, and shoppers can bargain with merchants.

EN TU MUNDO...

1. ¿Tienen o no criadas (*maids*) la mayoría de las familias norteamericanos? ¿Por qué?

2. En los restaurantes de este país, ¿sirven el café después de la comida o con la comida?

3. Los norteamericanos, ¿prefieren comprar en los supermercados o en pequeñas tiendas especializadas?

ACTIVIDADES

Dígame... Answer the following questions, basing your answers on the dialogue.

1. ¿En qué ciudad vive la familia Barrios? ¿Dónde está esa ciudad?

   _____

2. ¿Para qué va Rosa a casa de la Sra. Barrios? ¿Cuántas veces por semana va?

   _____

3. ¿En que estación (*season*) del año trabaja Rosa para la familia Barrios?

   _____

4. ¿Adónde fue Rosa? ¿Qué compró?

   _____

5. ¿Por qué todo tiene que estar perfecto esta noche?

   _____

6. ¿Qué preparó Rosa para el almuerzo? ¿Dónde está la comida que preparó?

   _____

7. ¿Qué planchó Rosa? ¿Para cuándo lo necesita la señora?

_____

8. ¿Qué tiene que hacer Rosa con el suéter rojo? ¿Por qué?

_____

9. ¿Qué dice Rosa que va a hacer ahora? ¿Qué va a hacer el jardinero por la mañana?

_____

10. ¿Qué hace Rosa con los muebles y con la ropa? ¿Qué hace con las toallas y dónde las pone?

_____

11. ¿Qué ve Rosa cuando mira por la ventana?

_____

12. ¿Por qué no va a limpiar Rosa la terraza?

_____

Hablemos Interview a classmate, using the following questions. When you have finished, switch roles.

1. ¿Comiste un sándwich hoy? ¿De qué?

2. ¿Preparaste una ensalada anoche (*last night*)? ¿De qué?

3. Cuando fuiste al supermercado, ¿qué cosas compraste?

4. ¿Haces tu cama todos los días?

5. ¿Cuántas veces por semana pasas la aspiradora?

6. ¿Sacudes los muebles todos los días?

7. ¿Tú lavas y planchas tu ropa o la mandas a la tintorería?

8. ¿Cuelgas tus suéteres o los doblas?

9. ¿Tú trapeas el piso de la cocina todos los días?

10. ¿De qué color son las cortinas de tu cuarto?

11. ¿Quién corta el césped en tu casa?

12. ¿Quién te ayuda con los quehaceres de la casa?

13. ¿Está nublado el cielo hoy? ¿Va a llover o no?

14. En la ciudad donde vives, ¿nieva mucho?

15. ¿En qué estado (*state*) hace mucho viento?

¿Cómo lo decimos?   Complete the following sentences, using the Spanish equivalent of the words in parentheses.

1. Ayer yo _____, _____ la ropa y _____ a mi mamá a limpiar la casa. (*vacuumed / folded / helped*)

2. Ellos _____ al supermercado y _____ todo lo necesario _____ preparar la cena. (*went / bought / in order to*)

3. Elena le _____ el abrelatas y la lejía a su tía y después _____ el baño. (*gave / cleaned*)

4. Tú _____ el césped ayer porque _____. (*didn't mow / it rained*)

5. Ayer yo _____ a la tintorería y _____ tu ropa. (*went / took*)

6. Yo _____ quinientos dólares _____ la lavadora. (*paid / for*)

7. _____ y _____. Tienes que ponerte un abrigo. (*It's very cold / it's windy*)

8. Ellos _____ la ventana esta tarde. (*came in through*)

9. Los muebles son _____ mi madrastra. (*for*)

10. Carlos _____ mi peluquero el año pasado. (*was*)

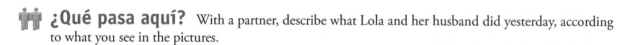 ¿Qué pasa aquí?   With a partner, describe what Lola and her husband did yesterday, according to what you see in the pictures.

1.

2.

3.

4.

TINTORERÍA ✚

5.

DR. VERA

Lolita

6.

el Sr. Peña

7.

los Peña

la Sra. Peña

8.

Querida Mamá...

9.

la ensalada

10.

👤👤👤 **Una encuesta** Survey your classmates and your instructor to find someone who fits each of the following descriptions and write the person's name in the space provided. Remember to use the **tú** form when speaking to your classmates and the **Ud.** form when speaking to your instructor. Then, in groups of three, discuss the result of the survey.

ESTA PERSONA...

1. ☐ le pasa la aspiradora a la alfombra una vez por semana. _____

2. ☐ hace su cama todos los días. _____

3. ☐ fue al supermercado el sábado pasado. _____

4. ☐ compró zanahorias en el supermercado. _____

5. ☐ lleva su ropa a la tintorería a veces. _____

6. ☐ sacudió los muebles el sábado pasado. _____

7. ☐ limpió la cocina ayer. _____

8. ☐ tiene un abrelatas eléctrico. _____

9. ☐ tiene un lavaplatos en la cocina. _____

10. ☐ le pone aceite y vinagre a la ensalada. _____

11. ☐ tiene todo lo necesario en su refrigerador para preparar una ensalada. _____

12. ☐ comió pollo la semana pasada. _____

13. ☐ corta el césped todos los sábados. _____

14. ☐ compró una docena de huevos ayer. _____

En estas situaciones With a partner, act out the following situations in Spanish.

1. You and your roommate are planning a dinner party. You want to know if the carrots, the onions, and the eggs you will need are in the refrigerator. Your roommate is planning to buy everything necessary for dinner at the supermarket.

2. It's laundry day. You ask your roommate where the ironing board and the iron are and whether he/ she can put the clothes in the washing machine. Your roommate wants to know if you sent his/her sweater to the cleaners; it has to be dry cleaned.

3. A friend asks you who Mary is. Mary is the woman who comes to your house once a week to help you with the housework.

4. Your friends are worrying about the outcome of a dinner party. You tell them not to worry and assure them that everything is going to be fine.

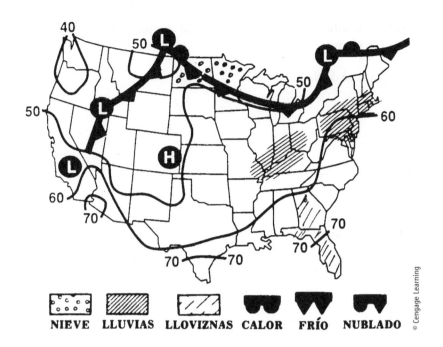

NIEVE LLUVIAS LLOVIZNAS CALOR FRÍO NUBLADO

© Cengage Learning

¿Qué dice aquí? Based on the information provided in the weather forecast, answer these questions with a partner.

1. ¿En qué estados está lloviendo?

2. ¿Dónde llovizna (*drizzle*)?

3. ¿En qué estados está nevando (*snowing*)?

4. ¿En qué estados hace más frío hoy?

5. ¿Hay posibilidades de lluvia en Miami?

6. ¿Va a hacer frío o calor en Miami?

7. ¿Cuál va a ser la temperatura máxima en Miami?

Una actividad especial Your classroom is divided into three sections: a **verdulería** (*vegetable market*), a **frutería** (*fruit market*), and a **lechería** (*dairy*). Each market will have two salespersons. The rest of the students will be customers who will shop at each market. The merchandise (*use props*) should be displayed.

Un paso más
Review the **Vocabulario adicional** for this **lección,** and complete each of the following sentences with the appropriate word or phrase.

1. Yo le pongo aceite y _____ a la ensalada.

2. Quiero sal y _____.

3. Voy a cocinar la carne al _____.

4. Para lavar la ropa blanca necesito _____ y _____.

5. Lavo los platos en el _____.

6. Mamá necesita un suéter porque _____.

7. Yo uso lechuga, tomate, _____ y _____ para preparar una ensalada.

8. Un sinónimo de estufa es _____.

9. Necesito el _____ para abrir la lata de sopa.

10. Hoy no podemos ir a la playa porque _____.

11. ¿Qué tiempo hace hoy?

12. ¿Hoy hace sol o está nublado?

Un dicho

Contigo, pan y cebollas.

I'll live on bread and onions as long as you are at my side. (lit.: With you, bread and onions.)

¿Nos vas a mandar a la tintorería...?

 **REPASO**

LECCIONES 6-10

Práctica de vocabulario

A Match the questions in column **A** with the corresponding answers in column **B**.

A

1. ¿Tiene el pelo largo y lacio?
2. ¿Compraste huevos?
3. ¿Cuál es la puerta de salida?
4. ¿Vas a dormir en una bolsa de dormir?
5. ¿Cuándo vas a reservar el asiento? ¿Mañana?
6. ¿Es cubano?
7. ¿Es un cuarto interior?
8. ¿Quién va a confirmar el vuelo?
9. ¿A qué hora tenemos que subir al avión?
10. ¿Vas a ir a la playa?
11. ¿Para cuándo vas a pedir turno?
12. ¿Necesitas mucho equipaje?
13. ¿Vas a lavar el vestido?
14. ¿Qué necesitas para viajar a España?
15. ¿Necesitas la raqueta?
16. ¿Cómo es el colchón?
17. ¿Tú tienes las entradas?
18. ¿Es verdad que esa aerolínea es muy buena?
19. ¿Qué les hace falta?
20. ¿Qué te duele?
21. ¿Uds. van a hacer un crucero?
22. ¿Vas a ver la pelea hoy?

B

_____ **a.** No, hoy mismo.
_____ **b.** No, no tengo traje de baño.
_____ **c.** Sí, porque voy a jugar al tenis.
_____ **d.** Para pasado mañana.
_____ **e.** No, no me gusta el boxeo.
_____ **f.** La visa y el pasaporte.
_____ **g.** No, sólo el bolso de mano.
_____ **h.** Sí, están en la billetera.
_____ **i.** No, hay que limpiarlo en seco.
_____ **j.** Sí, por el caribe.
_____ **k.** Es muy incómodo.
_____ **l.** Sí, es de La Habana.
_____ **m.** Sí, es excelente.
_____ **n.** No, es con vista a la calle.
_____ **o.** Sí, una docena.
_____ **p.** No, corto y rizado.
_____ **q.** Sí, en la tienda de campaña.
_____ **r.** A las siete.
_____ **s.** La cabeza.
_____ **t.** Los folletos sobre Chile.
_____ **u.** El agente de viajes.
_____ **v.** La número tres.

Nombre _____ Sección _____ Fecha _____

B Circle the word or phrase that does not belong in each group.

1. patinar, esquiar, bucear
2. viaje, pasaporte, farmacia
3. lugar de interés, comprobante, ir de excursión
4. cielo, nublado, último
5. hacer la cama, vestíbulo, sábana
6. bueno, largo, corto
7. agencia de viajes, pasajero, máquina de afeitar
8. peluquería, supermercado, salón de belleza
9. lavadora, peine, secadora
10. colchón, billete, pasaje
11. zoológico, club nocturno, discoteca

12. catedral, hipódromo, castillo
13. acostarse, afeitarse, levantarse
14. césped, verano, jardín
15. abrelatas, guía, monumento
16. barato, caro, económico
17. criado, mariposa, jardinero
18. sábado, alfombra, fin de semana
19. jardín botánico, café al aire libre, zoológico
20. rizador, secador, caña de pescar
21. bronceador, mensaje electrónico, maquillaje
22. viajero, horno, avión

C Circle the word or phrase that best completes each of the following sentences.

1. Voy a (cepillarme, cambiarme) el pelo.
2. Quiero un pasaje de ida y (vuelta, llamada).
3. Voy a poner las cortinas en la (heladera, ventana).
4. Voy a mandar el suéter a la (tintorería, terraza) porque hay que lavarlo en seco.
5. Hay una farmacia a tres (habitaciones, cuadras) de aquí.
6. Necesito usar un buen champú porque tengo el pelo (nuevo, seco).
7. ¿Te vas a México? ¡Buen (viaje, agente), entonces!
8. Voy a jugar al tenis. Necesito la (mochila, raqueta).
9. Voy a la agencia de (comprobantes, viajes) para reservar mi pasaje.
10. Favor de darme un asiento en la sección de no (ayudar, fumar).
11. ¿Me quieres (cortar, bañar) el pelo?
12. ¡Tengo una buena idea! Mientras espero, voy a preparar (la ensalada, el aeropuerto).

13. Necesitamos la tienda de (campaña, caballo).
14. No tenemos (reservación, documentos) para el hotel.
15. Quiero un pasaje de clase (ida, turista).
16. Ana no se va; se (queda, preocupa) aquí.
17. Ahora voy a (pasar, doblar) la ropa.
18. Como no tiene (pasaporte, estrellas) no puede viajar a España.
19. Esta noche te voy a (buscar, almorzar) a eso de las nueve.
20. Luisa trabaja tres (veces, diariamente) por semana.
21. Hoy hace (calor, nieva) y hace viento.
22. Ahora Alicia va a (sacudir, trapear) el piso de la cocina.
23. Tengo cuatro maletas. Tengo que (permitir, pagar) exceso de equipaje.
24. El barbero siempre me corta el (bigote, ropero).

148 BASIC SPANISH FOR GETTING ALONG

© 2014 Heinle, Cengage Learning

D Read the following story, substituting words for the pictures shown.

Ayer Marta fue al supermercado y compró una docena de , y

 . Para la ensalada, compró  , y tomates. Cuando llegó a su

 , , planchó su y lavó el de su Pepito. Por la tarde fue

al salón de belleza. La peluquera le lavó la  y le  el . El esposo

de Marta fue a la  y el lo y le cortó el  un poco.

E Crucigrama. Use the clues provided below to complete the crossword puzzle on page 151.

HORIZONTAL

5.

6.

9.

10.

11.

13.

15.

22.

VERTICAL

1.

4.

12.

16.

19.

23.

2.

7.

14.

17.

21.

20.

25.

3.

8.

15.

18.

24.

BASIC SPANISH FOR GETTING ALONG

🔊 **Práctica oral** Listen to the following exercise in the review section of the audio program. The speaker will ask you some questions. Answer each question, using the cue provided. The speaker will verify your response. Repeat the correct answer.

1. ¿Qué documento necesita Ud. para viajar? (pasaporte)

2. ¿Desea Ud. un pasaje de ida o de ida y vuelta? (de ida)

3. ¿Desea Ud. un asiento de ventanilla o de pasillo? (de pasillo)

4. ¿Qué día desea viajar Ud.? (el domingo)

5. ¿Cuánto cuesta el pasaje? (mil quinientos pesos)

6. ¿Va a viajar Ud. con sus padres? (sí)

7. ¿En qué aerolínea viaja Ud.? (Avianca)

8. ¿Necesita Ud. tener visa para viajar? (sí)

9. ¿Cuándo hay vuelos? (los martes y los jueves)

10. ¿Adónde va a viajar Ud.? (Colombia)

11. ¿Cuándo debe hacer la reservación? (hoy mismo)

12. ¿Va Ud. a Santiago en ómnibus? (no, en avión)

13. ¿Su habitación es interior o con vista a la calle? (interior)

14. ¿Es cómodo su colchón? (no, incómodo)

15. ¿Cambian las sábanas y las fundas todos los días en la pensión? (no)

16. ¿A qué hora se cierra el museo? (a las seis)

17. ¿Hay una farmacia cerca de la pensión? (sí)

18. ¿Sabe Ud. a qué hora se abre la farmacia? (no)

19. ¿Qué necesita comprar Ud. en la farmacia? (aspirinas)

20. ¿Qué va a hacer Ud. esta tarde? (jugar al tenis)

21. ¿Ud. va a ir a acampar en sus vacaciones? (sí)

22. ¿Qué necesita para ir a acampar? (una tienda de campaña)

23. ¿Tiene Ud. una bolsa de dormir? (sí)

24. ¿Cuál es su deporte favorito? (el tenis)

25. ¿Prefiere Ud. el pelo corto? (no, largo)

26. ¿Quién le corta el pelo a Ud.? (el peluquero)

27. ¿Se lava Ud. la cabeza todos los días? (sí)

28. ¿Cuándo tiene Ud. turno en la peluquería? (mañana)

29. ¿Quiere Ud. este peine o ése? (ése)

30. Necesito el espejo. ¿Puede Ud. dármelo? (sí)

31. ¿Qué champú usa Ud.? (Prell)

32. ¿Esta tijera es suya? (sí)

33. ¿A qué hora se levanta Ud.? (a las siete)

34. ¿Se baña Ud. por la mañana o por la noche? (por la mañana)

35. ¿Fue Ud. al supermercado hoy? (sí)

36. ¿Qué compró Ud.? (una docena de huevos y pan)

37. ¿Qué preparó Ud. para el almuerzo? (ensalada de papas)

38. ¿Le pasó Ud. la aspiradora a la alfombra? (sí)

39. ¿Cree Ud. que va a llover hoy? (sí)

40. ¿Cómo está el cielo? (nublado)

🔊 Para leer y entender

Marisa has a lot to do, and here she tells you about her schedule for the next few days. Listen to her description, paying special attention to pronunciation and intonation. Make sure you understand and remember as much as you can.

Hoy es jueves, y el sábado a las dos de la tarde salgo para Buenos Aires. Esta tarde voy a ir a la agencia de viajes para comprar un pasaje de ida y vuelta. El pasaje en clase turista cuesta mil doscientos dólares de Madrid a Buenos Aires. ¡Ah! Hablando de dinero... tengo que ir al banco y después a la farmacia.

    Esta noche tengo que ir a la casa de Teresa, una chica argentina. Ella me va a dar una lista de lugares de interés. ¡Quiero visitarlos todos! Mi coche[1] no funciona, así que[2] tengo que tomar el autobús. Mientras espero el ómnibus, voy a escribirle a mi amigo José Luis en Buenos Aires para decirle que lo veo la semana próxima.

_____

[1]*car*
[2]**así que**   *so, therefore*

Mañana por la mañana voy a la peluquería. Tengo turno para las nueve y media: lavado, corte y peinado. Por la tarde voy a ir con Jorge a ver un partido de fútbol y por la noche voy a ir al teatro con mi amiga Elsa a ver una comedia musical.

Now answer the following questions.

1. ¿Qué día es mañana?

2. ¿El avión de Marisa sale por la mañana?

3. ¿A qué país (*country*) de Sudamérica va Marisa?

4. ¿Qué va a hacer Marisa esta tarde?

5. ¿Cuántos pasajes va a comprar Marisa?

6. ¿Ella va a comprar un pasaje de ida?

7. ¿En qué ciudad española va a tomar el avión Marisa?

8. ¿Va a viajar en primera clase?

9. ¿El pasaje cuesta más o menos de mil dólares?

10. Después de ir al banco, ¿adónde tiene que ir?

11. ¿Qué le va a dar Teresa a Marisa?

12. ¿Qué quiere visitar Marisa?

13. ¿De dónde es Teresa?

14. ¿Por qué tiene que tomar el autobús Marisa?

15. ¿Quién es José Luis?

16. ¿Dónde va a estar Marisa la semana próxima?

17. ¿Qué tiene que hacer Marisa mañana a las nueve y media?

18. ¿Qué va a hacer Marisa por la tarde?

19. ¿Va a ir al teatro con su hermana?

20. ¿Qué van a ver las chicas en el teatro?

© Jeff Greenberg / Photo Edit Inc.

LECCIÓN

11

Hoy tenemos mucho que hacer

 OBJECTIVES

Structures

- Time expressions with **hacer**
- Irregular preterits
- The preterit of stem-changing verbs (**e:i** and **o:u**)
- Command forms: **tú**

Communication

- How to talk about the preparation of meals
- More about household chores

Culture: Ecuador

- Women's and men's roles
- Nicknames

155

🌐 Aprenda estas palabras
Audio

1. barrer

2. la escoba

3. el recogedor, la palita

4. la basura

5. la lata de la basura[1]

6. el fregadero, la pileta

7. la olla

8. la cacerola

9. el huevo frito

10. la sartén

11. la tostadora

13. la cafetera

12. pelar

_____

[1] **facón,** in Puerto Rico

🔊 Hoy tenemos mucho que hacer

La familia García es de Guayaquil, pero hace un año que vive en Quito, la capital de Ecuador. Hoy Estela, Víctor y Juanita están limpiando la casa porque anoche tuvieron una fiesta y todo está muy sucio. Ahora van a desayunar.

Juanita   Estela

Juanita —¿Qué preparo para el desayuno, mamá?
Estela —Haz tocino con huevos para tu papá y chocolate y tostadas para mí. ¿Qué vas a comer tú?
Juanita —Cereal. ¿Cómo preparo los huevos? ¿Fritos, revueltos o pasados por agua?
Estela —Fritos. Y trae jugo de naranja también.

Víctor   Estela

Después del desayuno.

Estela —Víctor, limpia el garaje, por favor.
Víctor —Voy a barrerlo. Dame la escoba y el recogedor.
Estela —¿Vinieron a arreglar el televisor ayer? No quiero perderme mi telenovela.
Víctor —Sí, vinieron, pero no pudieron arreglarlo. Vuelven mañana. Lo siento.
Estela —No te preocupes. Tía Elsa me la puede grabar.

Estela —¡Juanitaaa! Saca la basura. Está debajo del fregadero.

Juanita —Ahora no puedo. Estoy fregando las ollas y la sartén.

Víctor —Estela, ¿pongo la carne en el horno?

Estela —No, no la pongas todavía. Yo lo hago después.

Más tarde, Estela y su hija conversan mientras ponen la mesa.

Juanita —¿Se divirtieron mucho los invitados anoche?

Estela —Sí, y estuvieron aquí hasta la madrugada.

Juanita —¿Tuvo éxito el flan que preparaste?

Estela —¡Ya lo creo! Todos me pidieron la receta.

Juanita —Mamá, enséñame a cocinar. Quiero aprender a preparar algunos postres.

Estela —¿De veras? ¡Muy bien! Empezamos mañana. Tengo unas recetas muy buenas. ¡Ah! ¿Dónde están las servilletas de papel?

Juanita —Los puse en el armario de la cocina. (*Llama.*) ¡Papá! ¡Ven a almorzar!

Cuando terminan de comer, Juanita y su mamá hablan de lo que van a hacer para celebrar el cumpleaños de Juanita, que el mes próximo cumple quince años. ¡Quieren dar una gran fiesta!

🔊 ¡Escuchemos! While listening to the dialogue, circle **V (verdadero)** if the statement is true and **F (falso)** if it is false.

1. La familia García vive en Guayaquil.

2. Juanita es la mamá de Estela.

3. Víctor va a desayunar tocino con huevos.

4. A Estela le gustan las telenovelas.

5. Víctor no va a hacer nada después de desayunar.

V	F
V	F
V	F
V	F
V	F

6. El televisor de la familia García no funciona.   V   F

7. Anoche la familia García tuvo una fiesta para celebrar el cumpleaños
de Juanita.   V   F

8. Los invitados se aburrieron en la fiesta.   V   F

9. Juanita quiere aprender a cocinar.   V   F

10. La esposa de Víctor sabe preparar muchos postres.   V   F

🌐 VOCABULARIO

Cognados
el garaje

Nombres
el armario *cupboard*
el baile *dance*
el cartón *cardboard*
el cumpleaños *birthday*
el (la) invitado(a) *guest*
la madrugada *dawn*
el papel *paper*
la receta *recipe*
la servilleta *napkin*
la telenovela *soap opera*
la tostada, el pan tostado *toast*

Verbos
aprender *to learn*
arreglar *to fix*
cocinar *to cook*
cumplir (años) *to turn (years old)*
desayunar *to have breakfast*
divertirse (e:ie) *to have a good time*

enseñar *to teach*
fregar (e:ie) *to wash, to scrub*
grabar *to tape, to record*
perderse (e:ie) *to miss (out)*

Adjetivos
grande (gran) *big (great)*
revuelto *scrambled (egg)*
sucio(a) *dirty*

Otras palabras y expresiones
a ver... *let's see . . .*
anoche *last night*
debajo de *under*
¿de veras? *really?*
pasado por agua *soft-boiled (egg)*
plato de cartón *paper plate*
poner la mesa *to set the table*
sacar la basura *to take out the garbage*
tener éxito *to be a success, to be successful*
tener mucho que hacer *to have a lot to do*
todo el mundo, todos *everybody*
va a haber *there's going to be*

🔊 VOCABULARIO ADICIONAL
Audio

ensuciar *to get (something) dirty*

Para poner la mesa (*To set the table*)
los cubiertos *silverware*
la jarra *pitcher*
el mantel *tablecloth*
el tazón *bowl*
la vajilla *china*

Formas de cocinar (*Ways to cook*)
asar *to roast*
cocinar al vapor *to steam*
freír[1] *to fry*
hervir (e:ie) *to boil*

Notas Culturales

■ En los países de habla hispana, los trabajos de la casa todavía se consideran responsabilidad de la mujer. Sin embargo (*However*), esta actitud tradicional empieza a cambiar ahora que muchos hombres profesionales solteros viven en su propio apartamento y no con sus padres y que, en muchos matrimonios, los dos trabajan.

■ En español se usan con frecuencia formas diminutivas de los nombres para expresar afecto, especialmente con los niños. La mayoría de los diminutivos se forman con los sufijos **-ito** o **-ita:** el sobrenombre (*nickname*) de Juana es Juanita y el de Luis es Luisito, por ejemplo. Anita, pues (*therefore*), es el diminutivo de Ana, y es el equivalente español de *Annie,* y no un nombre diferente, como se piensa en los Estados Unidos. Algunos nombres tienen distintos sobrenombres.

Francisco: Paco, Paquito, Pancho (*Méx.*)
José: Pepe, Pepito
Ignacio: Nacho
Guillermo: Memo
Enrique: Quique

Francisca: Paquita
Josefa: Pepa, Pepita
Dolores: Lola, Lolita
María Teresa: Marité
Guadalupe: Lupe

■ En España y en Latinoamérica, cuando una chica cumple quince años, sus padres ofrecen una gran fiesta, pues se considera que ella se convierte en una señorita. Excepto en México, donde la fiesta se llama "la quinceañera", esta celebración se conoce como "la fiesta de los quince".

■ En Ecuador, como en el resto de los países de habla hispana, las telenovelas son muy populares. Cada país tiene sus propias cadenas de televisión, pero entre las más importantes están Univisión y Telemundo, que transmiten sus programas no sólo para el mundo hispano sino (*but*) también para los Estados Unidos.

---

[1]Present indicative: **frío, fríes, fríe, freímos, freís, fríen**

En tu mundo...

1. Generalmente, ¿ayudan los esposos norteamericanos con los trabajos de la casa?

2. ¿Qué formas diminutivas de nombres son populares en este país?

3. ¿Qué cumpleaños celebran las chicas norteamericanas con una fiesta especial?

Actividades

Dígame... Answer the following questions, basing your answers on the dialogue.

1. ¿De dónde es la familia García y cuánto tiempo hace que vive en Quito?

    _____

2. ¿Qué está haciendo la familia García hoy? ¿Por qué?

    _____

3. ¿Para quién son los huevos y cómo los va a preparar Juanita? ¿Qué van a tomar en el desayuno?

    _____

4. ¿Quién va a barrer el garaje y qué va a necesitar para hacerlo?

    _____

5. ¿Por qué no arreglaron el televisor ayer? ¿Cuándo vuelven para arreglarlo?

    _____

6. ¿Dónde está la lata de la basura? ¿Por qué no puede Juanita sacar la basura?

    _____

7. ¿Qué no quiere perderse Estela? ¿Qué va a hacer su tía Elsa?

    _____

8. ¿Tuvo éxito la fiesta? ¿Cómo lo sabe?

    _____

9. ¿Les gustó a los invitados el flan? ¿Qué le pidió todo el mundo a Estela?

    _____

10. ¿Qué quiere aprender a hacer Juanita? ¿Por qué?

    _____

11. ¿Dónde puso Juanita las servilletas de papel?

_____

12. ¿Cuántos años cumple Juanita el mes próximo? ¿Cómo van a celebrarlo?

_____

Hablemos   Interview a classmate, using the following questions. When you have finished, switch roles.

1. ¿Qué hiciste hoy para el desayuno? ¿Usaste la tostadora y la cafetera?

2. ¿Prefieres comer huevos fritos, huevos revueltos o huevos pasados por agua?

3. ¿Sabes cocinar? ¿Quién te enseñó? ¿Tienes muchas recetas?

4. ¿Usas mucha sal y pimienta en la comida?

5. ¿Quién friega los platos en tu casa?

6. ¿Qué trabajos de la casa no te gusta hacer?

7. ¿Tuviste mucho que hacer ayer? ¿Qué tuviste que hacer?

8. ¿Dónde estuviste anoche y qué hiciste?

9. ¿Adónde fuiste el sábado? ¿Te divertiste?

10. ¿Cuándo vas a dar una fiesta? ¿Vas a tener muchos invitados? ¿Va a haber baile?

¿Cómo lo decimos?   Give the Spanish equivalent of the words in parentheses.

1. ¿_____ los cubiertos para poner la mesa, Anita? ¿Dónde _____? (*Did you bring / did you put them*)

2. _____ el mantel blanco y _____, Anita. (*Bring / set the table*)

3. Carlitos, _____ a la tienda y _____ seis tazones. _____ a Roberto; _____ a Marta. (*go / buy / Don't give them / give them*)

4. Mi papá _____ huevos pasados por agua para todos. (*made*)

5. Elba _____ huevos fritos y pan tostado. (*served*)

6. Anita, _____ aquí; _____ un favor: _____ los platos y _____ la basura. (*come / do me / wash / take out*)

7. _____. ¡Está muy sucia! (*I have been cleaning the kitchen for two hours.*)

8. Ellos _____ vegetales cocinados al vapor y pollo asado. La comida _____ mucho éxito. (*served / had*)

9. Carlos _____ el armario en esa tienda. _____ vender su escritorio para poder hacerlo. (*got / He had to*)

10. Pedro _____ ayer y _____ aquí hasta las cinco. _____ mucho. (*came / was / He had a good time*)

👥 **¿Qué pasa aquí?** With a partner, answer the following questions according to what you see in the pictures.

A.

B.

1. ¿Qué está haciendo José?

2. ¿Qué tiene que hacer José?

3. ¿Qué va a necesitar José para hacerlo?

4. ¿Qué está haciendo Lisa?

5. ¿Qué cree Ud. que Lisa le dice a José?

1. ¿A quién llama Rita?

2. ¿Quién cree Ud. que es Carmen?

3. ¿Dónde está la lata de la basura?

4. ¿Qué cree Ud. que le dice Rita a Carmen?

C.

1. ¿Qué cree Ud. que la Sra. Mena le dice a Eva?

2. ¿Qué quiere hacer Eva primero?

D.

E.

la Sra. Miño

1. ¿Para cuántas personas está puesta (*set*) la mesa?

2. Nombre las cosas que hay en la mesa.

3. Julio no toma vino. ¿Cómo lo sabemos?

4. ¿Qué le hace falta a Rosa?

5. ¿Qué le hace falta a Julio?

1. ¿Qué está haciendo la Sra. Miño?

2. ¿Para cuántas personas prepara la Sra. Miño la comida?

3. ¿Qué va a hacer la Sra. Miño con las papas?

Una encuesta Survey your classmates and your instructor to find someone who fits each of the following descriptions and write the person's name in the space provided. Remember to use the **tú** form when speaking to your classmates and the **Ud.** form when speaking to your instructor. Then, in groups of three, discuss the result of the survey.

ESTA PERSONA...

1. ☐ barre la cocina todos los días. _____

2. ☐ siempre tiene mucho que hacer. _____

3. ☐ tiene que sacar la basura. _____

4. ☐ limpia su casa los sábados. _____

5. ☐ come huevos fritos a veces. _____

6. ☐ prefiere los huevos revueltos. _____

7. ☐ tuvo una fiesta el mes pasado. _____

8. ☐ mira telenovelas. _____

9. ☐ graba algunos programas de televisión. _____

10. ☐ se divirtió mucho el sábado pasado. _____

11. ☐ no pudo venir a clase la semana pasada. _____

12. ☐ vino a la universidad el mes pasado. _____

En estas situaciones With a partner, act out the following situations in Spanish.

1. A young person comes to help you with the housework. Tell him/her to do the following things.

   a. make bacon and scrambled eggs

   b. bring you three pieces of toast with butter

   c. sweep the garage

   d. take out the trash

   e. go to the market and buy eggs

   f. put the meat in the oven

   g. peel four potatoes

   h. set the table

   i. clean the toaster

   j. scrub the frying pan and the pots and pans

2. You want to fix a big breakfast for a visiting friend. Find out what he/she likes to eat and how he/she likes the food prepared (style of eggs, toast with or without butter, etc.)

3. You are in charge of organizing the breakfast buffet at a restaurant. You are telling your assistant to bring the food items and the necessary dishes and utensils for the buffet table.

4. Your friend is having a birthday. Ask him/her how he/she is going to celebrate it. Ask him/her also how old he/she will be.

5. Your friend doesn't want to miss her soap opera. Tell her not to worry because you can tape it for her.

¿Qué dice aquí? With a partner, read the ad for *La Escoba Mágica* on the following page and answer the following questions.

1. ¿Qué días pueden los clientes llamar a *La Escoba Mágica*?

2. ¿Cuál es el número de teléfono de *La Escoba Mágica*?

3. ¿Qué otros servicios ofrecen, además de limpiar la casa?

4. ¿Qué tipo de comida preparan?

5. ¿Cuántas veces (*times*) al mes cree Ud. que muchos clientes utilizan los servicios de *La Escoba Mágica?*

La Escoba Mágica

¡No se preocupe por la limpieza de su casa!
¡Nosotros lo hacemos todo!

1. Limpiamos la casa de arriba abajo.
2. Planchamos su ropa.
3. Fregamos ollas, sartenes y platos.
4. Limpiamos las ventanas.
5. Sacamos la basura.
6. Preparamos la cena.
7. Ponemos la mesa.

Mientras su familia va de compras, trabaja
o estudia, nosotros nos ocupamos de su casa.

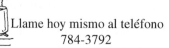

Llame hoy mismo al teléfono
784-3792

Todos los días excepto los domingos.

© Cengage Learning

 Una actividad especial Your classroom turns into several homes. Several students play the roles of parents, and other students play the roles of children. The parents tell the children what to do. Each child will do what he/she is told, and then report back to **mamá** or **papá,** for example, **Ya lavé los platos. ¿Qué hago ahora?** Bring tablecloths, silverware, brooms, etc., to help the dramatization seem as real as possible.

Un paso más Review the **Vocabulario adicional** in this **lección** and then complete the following sentences with the appropriate word or phrase.

1. Le voy a pasar la aspiradora a la alfombra porque los niños la _____.

2. Voy a planchar el _____ antes de ponerlo en la mesa.

3. No voy a hervir las papas; las voy a _____.

4. A ver... Necesito los _____ para servir el cereal.

5. Pon el jugo de naranja en la _____.

6. ¿Tus _____ son de plata (*silver*)?

7. Mi _____ es de porcelana.

8. Yo siempre cocino los vegetales al _____.

UNA ADIVINANZA (*A RIDDLE*)

Una cajita° muy blanca.   *little box*

Todos la saben abrir,

nadie la puede cerrar.

Juan Silva / The Image Bank / Getty Images

UN MATRIMONIO PERUANO VA DE COMPRAS

 OBJECTIVES

Structures

- **En** and **a** as equivalents of *at*
- The imperfect tense
- The past progressive
- The preterit contrasted with the imperfect

Communication

- Shopping for clothes

Culture: Perú

- Different ways of shopping in the Hispanic world

🌐 Aprenda estas palabras
Audio

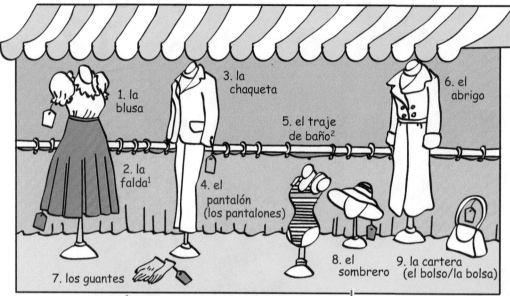

1. la blusa
2. la falda[1]
3. la chaqueta
4. el pantalón (los pantalones)
5. el traje de baño[2]
6. el abrigo
7. los guantes
8. el sombrero
9. la cartera (el bolso/la bolsa)
10. la vidriera, la vitrina

ARTÍCULOS PARA SEÑORAS

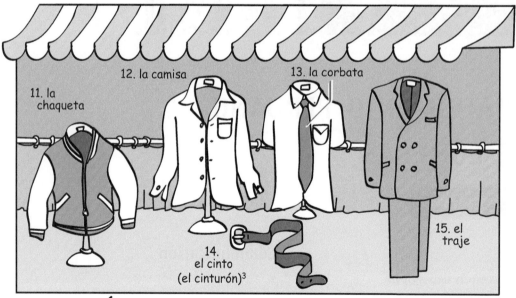

11. la chaqueta
12. la camisa
13. la corbata
14. el cinto (el cinturón)[3]
15. el traje

ARTÍCULOS PARA CABALLEROS

---

[1]In Cuba, **la saya**
[2]Also **el bañador** (*Spain*), **la trusa** (*Cuba*)
[3]Also **la correa** (*Puerto Rico and Spain*)

🔊 Un matrimonio peruano va de compras

Alicia y su esposo Julio se van a encontrar en el centro comercial Larco Mar, uno de los más nuevos de Lima, para ir de compras juntos. Hace media hora que Julio espera a Alicia y está un poco preocupado. Al fin, a eso de las tres, llega ella.

Julio	—Pero dime, mi amor, ¿qué estabas haciendo?
Alicia	—Estaba hablando con Andrea; por eso no pude venir antes.
Julio	—¡Ah! Yo no sabía que estaba aquí. ¡Ya vino de Asunción! ¿Qué te trajo?
Alicia	—Me trajo una blusa y a ti te trajo una camisa y una corbata.
Julio	—¡Qué amable! ¡Oye! Hoy tienen una liquidación en la tienda Valenti. ¿Vamos?
Alicia	—Sí, vamos. Aquí tengo la lista de las cosas que queremos comprar.
Julio	—¿No dijo Beto que necesitaba una camisa azul?
Alicia	—Sí, podemos comprársela, ya que él no pudo venir con nosotros...
Julio	—Dijiste que ibas a comprarle un regalo a tu papá. Él me dijo que quería un suéter de alpaca.
Alicia	—Buena idea. ¡Ah, Julio, por favor! Tienes que comprarte un traje nuevo; el tuyo ya está pasado de moda. Yo creo que tú compraste ése cuando tenías quince años...
Julio	—(Se ríe) No, querida, cuando yo tenía quince años no usaba traje. Bueno, voy a buscar uno.

la empleada

Alicia

Con una empleada del departamento de ropa para señoras.

Alicia	—¿Cuánto cuesta el vestido verde que está en la vidriera?
Empleada	—Mil nuevos soles.[1] Está en venta. Antes costaba dos mil. Es una ganga.
Alicia	—Me encanta el color. ¿Puedo probármelo?
Empleada	—Sí, el probador está a la derecha. ¿Qué talla usa Ud.?
Alicia	—Uso talla grande o mediana. También quiero probarme esta falda y esta blusa.

Alicia compró la falda y el vestido, pero no compró la blusa porque le quedaba chica. Compró otras cosas, pagó y ya eran las cuatro cuando fue a buscar a Julio. Cuando iban para su casa, vieron un grupo de vendedores ambulantes y Alicia decidió comprar algunos objetos de artesanía.

¡Escuchemos! While listening to the dialogue, circle **V (verdadero)** if the statement is true and **F (falso)** if it is false.

1. Alicia y Julio están en Perú.   V   F

2. Julio está esperando a Alicia en el centro comercial.   V   F

3. Andrea estaba en Paraguay.   V   F

4. Beto fue de compras con Víctor y Alicia.   V   F

5. El papá de Alicia necesita un suéter.   V   F

6. Julio necesita un traje nuevo.   V   F

_____

[1]Peruvian currency. Rate of exchange subject to change.

7. El vestido que compró Alicia era una ganga.　　　　V　　　F

8. A Alicia no le gusta el color verde.　　　　V　　　F

9. Alicia usa talla pequeña.　　　　V　　　F

10. Alicia nunca les compra nada a los vendedores ambulantes.　　　　V　　　F

🌐 VOCABULARIO
Audio

Cognados
el color
el departamento
el grupo
el objeto

Nombres
la artesanía *arts and crafts*
el centro comercial *mall*
**el departamento de ropa (artículos) para
　señoras** *women's department*
el (la) empleado(a) *clerk*
la ganga *bargain*
la liquidación, la venta *sale*
el probador *fitting room*
el regalo *gift, present*
la talla, la medida *size*
el (la) vendedor(a) ambulante *street vendor*

Verbos
buscar *to look for, to get*
creer *to think, to believe*
encantarle a uno(a) *to love (something)*
perdonar *to forgive*

probarse (o:ue) *to try on*
reír(se)[1] *to laugh*
usar, llevar *to wear*

Adjetivos
amable *nice, kind, courteous*
azul *blue*
mediano(a) *medium*
preocupado(a) *worried*
rojo(a) *red*
rosado(a) *pink*
verde *green*

Otras palabras y expresiones
a la derecha (izquierda) *to the right (left)*
al fin *at last, finally*
antes *before, sooner*
ir de compras *to go shopping*
media hora *half an hour*
por eso *that's why*
¡Qué amable! *How nice!*
quedarle chico (grande) a uno *to be too
　small (big) on one*
ya que *since, as long as*

---

[1]**reír,** present indicative: **río, ríes, ríe, reímos, reís, ríen**

VOCABULARIO ADICIONAL

la bufanda *scarf*
el chaleco *vest*
la gorra *cap*
hacer juego (con) *to match*
el impermeable *raincoat*

el pañuelo *handkerchief*
el paraguas *umbrella*
quedarle ancho(a) [estrecho(a)] a uno *to be too wide, loose (narrow, tight) on one*
las zapatillas, las pantuflas *slippers*

Notas Culturales

■ Las tallas de la ropa y el tamaño (*size*) de los zapatos (*shoes*) varían mucho de país a país (*country*). Esta tabla da una equivalencia aproximada de las tallas en España y los Estados Unidos.

MUJERES

Vestidos:

España	34	36	38	40	42	44	46	48
EE. UU.	6	8	10	12	14	16	18	20

Zapatos:

España	36	37	38	39	40
EE. UU.	6	7	8	9	10

HOMBRES

Trajes y abrigos:

España	42	44	46	48	50	52	54	56
EE. UU.	32	34	36	38	40	42	44	46

Camisas:

España	38	41	43	45
EE. UU.	15	16	17	18

Zapatos:

España	38	39	41	42	43	44	45	47
EE. UU.	5	6	7	8	9	10	11	12

■ En Lima, como en la mayoría de las grandes ciudades de España y Latinoamérica, existen hoy grandes centros comerciales donde hay restaurantes, tiendas por departamentos, cines, etc. Además en todas las ciudades se pueden encontrar pequeñas tiendas especializadas en uno u otro producto. También se les pueden comprar diversos artículos, principalmente objetos de artesanía, a los vendedores ambulantes, que venden mucho más barato y con los que es fácil regatear (*to haggle*).

■ En Perú es fácil encontrar suéteres, bufandas, abrigos, etc. hechos de lana de alpaca, animal que es muy abundante en el país.

En tu mundo...

1. ¿En qué ciudades de los Estados Unidos son populares los vendedores ambulantes?

2. ¿Es popular regatear en la mayoría de las tiendas de este país?

3. ¿Dónde prefiere comprar su ropa la mayoría de los norteamericanos, en los grandes centros comerciales o en pequeñas tiendas? ¿Por qué?

Actividades

Dígame... Answer the following questions, basing your answers on the dialogue.

1. ¿Dónde se van a encontrar Alicia y su esposo y para qué?

   _____

2. ¿Cuánto tiempo tuvo que esperar Julio a Alicia? ¿Qué estaba haciendo ella?

   _____

3. ¿Qué les trajo Andrea a Alicia y a Julio? ¿De dónde se lo trajo?

   _____

4. ¿A qué tienda van Julio y Alicia? ¿Por qué?

   _____

5. ¿Qué dijo Beto que necesitaba? ¿Qué quería el papá de Alicia?

   _____

6. ¿Qué dijo Alicia que tenía que comprarse Julio? ¿Por qué?

   _____

7. ¿Qué no usaba Julio cuando tenía quince años?

   _____

8. ¿Cuánto cuesta el vestido que se prueba Alicia y cuánto costaba antes?

   _____

9. ¿Qué talla usa Alicia y qué más quiere probarse? ¿Por qué no compró ella la blusa?

   _____

10. ¿Qué hora era cuando Alicia fue a buscar a Julio?

   _____

11. ¿Qué vieron Alicia y Julio cuando iban para su casa?

_____

12. ¿Qué decidió hacer Alicia?

_____

Hablemos Interview a classmate, using the following questions. When you have finished, switch roles.

1. ¿Te gusta ir de compras? ¿Prefieres comprar en un centro comercial o en tiendas pequeñas?

2. ¿Cuál es tu tienda favorita? ¿En qué departamento compras tu ropa?

3. En una liquidación, ¿compras a veces cosas que no necesitas? ¿Puedes darme un ejemplo?

4. ¿Tú usas talla pequeña, mediana o grande?

5. Si tienes que comprarle un regalo a tu papá o a tu hermano, ¿prefieres comprarle una camisa, una corbata o un cinto? ¿Por qué?

6. ¿Tu papá usa traje y corbata todos los días?

7. ¿Tu mamá prefiere usar vestido o falda y blusa cuando va a una fiesta?

8. ¿Qué te gustaba usar cuando eras pequeño(a)?

9. ¿Te pusiste guantes ayer? ¿Por qué?

10. ¿De qué color es tu chaqueta? ¿Ése es tu color favorito?

11. ¿Necesitas comprarte ropa? ¿Qué necesitas?

12. ¿Qué hora era cuando llegaste a tu casa ayer?

¿Cómo lo decimos? Complete the following sentences, using the Spanish equivalent of the words in parentheses.

1. Ayer Eva y yo _____ y _____ faldas, una blusa y sandalias. (*went shopping / bought*)

2. Cuando Elisa y Luis _____ para la tienda, _____ un accidente en la calle Soto. (*were going / they saw*)

3. Ayer Celia _____ que esa tienda _____ una gran liquidación. (*told me / had*)

4. Yo _____ un traje cuando el empleado _____ al probador y _____ cinco trajes más. (*was trying on / came / brought me*)

5. Ayer mamá _____ muchas gangas _____ la tienda *La Elegante*. (*found / at*)

6. ¿Qué hora _____ cuando Uds. _____ la tienda? (*was it / arrived at*)

7. Yo _____ las botas porque _____. (*didn't buy / they were too small on me*)

8. Cuando Marité _____ veinte años, _____ un trabajo en el departamento de ropa para señoras. (*was / she got*)

9. Esta mañana _____ el impermeable porque _____. (*I put on / it was raining*)

10. Beto _____ porque su hijo _____. (*was worried / wasn't home*)

 ¿Qué pasa aquí? With a partner, answer the following questions according to what you see in the pictures.

A.

B.

1. ¿A quién esperaba Luisa?

2. ¿Dónde se encuentran Luisa y Tito?

3. ¿Cuánto tiempo hace que Luisa espera a Tito?

4. ¿En qué tienda estuvo Tito?

5. ¿A qué hora llegó Luisa a la calle Juárez?

1. ¿Qué se prueba José?

2. ¿En qué se mira?

3. ¿Cuánto cuesta la chaqueta?

4. ¿Qué precio tenía antes?

5. ¿Está en liquidación la chaqueta?

6. ¿Es una ganga? ¿Por qué o por qué no?

C.

1. ¿Cómo se llama la tienda?

2. ¿Qué tiene la tienda hoy?

3. ¿En qué departamento está José?

4. ¿Qué cree Ud. que va a comprar José?

5. ¿Cuántos empleados hay en el departamento?

D.

1. ¿Qué está mirando María?

2. ¿Cuánto cuesta la falda que está en la vidriera?

3. ¿Cuánto cuesta la blusa? ¿Y el vestido?

4. ¿Cuál es el más caro de los artículos en la vidriera? ¿Cuál es el más barato?

E.

1. ¿Qué talla usa Inés?

2. ¿En qué se mira? ¿Qué se prueba?

3. ¿Le queda grande?

4. ¿Qué le trae la empleada a Inés?

Una encuesta Survey your classmates and your instructor to find someone who fits each of the following descriptions and write the person's name in the space provided. Remember to use the **tú** form when speaking to your classmates and the **Ud.** form when speaking to your instructor. Then, in groups of three, discuss the result of the survey.

ESTA PERSONA...

1. ☐	fue de compras la semana pasada.	_____
2. ☐	compró un regalo la semana pasada.	_____
3. ☐	consiguió una ganga cuando fue de compras.	_____
4. ☐	fue a una liquidación la semana pasada.	_____
5. ☐	a veces se encuentra con sus amigos en el centro comercial.	_____
6. ☐	usa talla mediana.	_____
7. ☐	usa traje y corbata cuando va a la iglesia.	_____
8. ☐	dijo que necesitaba ropa.	_____
9. ☐	usa chaleco a veces.	_____
10. ☐	usa impermeable cuando llueve.	_____
11. ☐	usa zapatillas cuando está en su casa.	_____
12. ☐	tiene algunos objetos de artesanía en su casa.	_____
13. ☐	usa paraguas cuando llueve.	_____
14. ☐	usa guantes cuando hace frío.	_____

En estas situaciones With a partner, act out the following situations in Spanish.

1. There is a sale on at a department store in your town. You're telling a friend about the clothing you want to purchase as gifts for various members of your family. You want to know whether he/she wants to go shopping with you.

2. You and a friend have arranged to meet at a certain time. By the time he/she shows up, you have been waiting for half an hour, wondering where he/she is and worrying. Your friend finally shows up and explains why he/she couldn't come sooner.

3. You are a sales clerk at a department store. A customer wishes to try on some articles of clothing. You need to find out what size he/she wears and give directions to the fitting room. As the customer tries on the clothing, you will want to say things that will make him/her want to buy it.

4. You and a friend are shopping. He/She likes your jacket and wants to know where you bought it. Before looking at a jacket for him/her, you want to go to the men's department and find out how much ties cost.

5. You kept your friend waiting. Ask him/her to forgive you.

¿Qué dice aquí? You and a partner are helping a friend with some shopping at a store in Lima. Answer her questions, using the information provided in the ad on the following page.

1. ¿Cómo se llama la tienda?

2. ¿En qué artículos están rebajados (*marked down*) los precios?

3. Necesito comprarme un vestido. ¿Cuánto me va a costar?

4. ¿Qué más puedo comprar para mí?

5. Mi esposo necesita zapatos. ¿Qué tipo de zapatos venden (*sell*) en la tienda y cuántos nuevos soles cuestan?

6. Tengo una hija de nueve años y un hijo de catorce años. ¿Qué puedo comprarles para la playa?

7. Es el cumpleaños de mi padre y no tengo mucho dinero. ¿Qué puedo comprarle?

8. ¿Para cuántas personas son los manteles que venden en el almacén?

9. ¿Cuánto cuesta el sillón reclinable? ¿Es caro o es barato?

10. ¿Cuál es el lema (*slogan*) de los *Almacenes Ultra*?

Aproveche la gran venta de fin de verano en

Almacenes Ultra

¡Precios rebajados en artículos para toda la familia!

SEÑORAS
- Vestidos lisos y estampados, de poliéster o algodón .... 75 S/
- Blusas y faldas estampadas, en distintos dibujos y colores .... 38 S/
- Carteras de noche, última moda .... 33 S/

CABALLEROS
- Pantalones de sport y de vestir, desde .... 50 S/
- Zapatos de cuero legítimo .... 80 S/
- Corbatas de seda .... 12 S/

JÓVENES
- Trajes de baño tradicionales y bikinis, múltiples estilos .... 45 S/
- Gran variedad de sandalias para playa, desde .... 8 S/

NIÑOS
- Playeras en distintos colores, todas las tallas .... 5 S/
- Camisas y pantalones para niños de 3 a 12 años .... 18 S/

PARA EL HOGAR
- Batería de cocina, ocho piezas, de acero .... 99 S/
- Manteles para cuatro, seis u ocho personas .... 75 S/
- Sillón reclinable, con asiento y respaldo de cuero .... 495 S/

Calidad por calidad, todo cuesta menos en

Almacenes Ultra

© Cengage Learning

S/ (Nuevo Sol): Peruvian currency   Rate of exchange: 1 US$ = 2.05 S/

Photo Credit: Losevsky Pavel © 2009 Shutterstock

👥 **Una actividad especial** Each of your classmates will bring in a picture of an article of clothing. The instructor will pin a picture on each student's back. The students will walk around the class asking yes/no questions of each classmate to try to identify his/her picture. For example: **¿Es ropa? ¿Es algo que usan las mujeres?**

Un paso más Review the **Vocabulario adicional** in this **lección** and complete the following sentences with the appropriate word or phrase.

1. El traje es gris y lo venden con un _____ negro.

2. Cuando llego a casa, me quito los zapatos y me pongo las _____.

3. Tengo frío. Necesito el abrigo y la _____.

4. No usa sombrero, pero usa _____.

5. Llueve mucho. Lleva el _____ y también el _____.

6. Las zapatillas no me quedan bien; me quedan _____.

7. Mi abuela siempre tiene un _____ blanco en la cartera.

Un dicho para recordar

Aunque la mona se vista de seda, mona se queda. *Clothes don't make the person. (lit.: Even if the monkey dresses in silk, she's still a monkey.)*

Melanie Stetson Freeman / Christian Science Monitor / Getty Images

EN UNA TIENDA POR DEPARTAMENTOS EN LA PAZ

OBJECTIVES

Structures

- Changes in meaning with the imperfect and preterit of **conocer, saber,** and **querer**
- **Hace** meaning *ago*
- Uses of **se**
- **¿Qué?** and **¿cuál?** used with **ser**

Communication

- More about shopping: clothes, shoes, jewelery

Culture: Bolivia

- Stores in Hispanic cities

183

🌐 Aprenda estas palabras

1. el pijama

2. un par de calcetines (medias)

3. el calzoncillo

4. la camiseta

5. un par de zapatos

6. los anteojos de sol[1]

7. la navajita[2]

8. las botas

9. las sandalias

10. las pantimedias

11. el camisón (la bata de dormir)

12. la bata

13. los aretes (aros)

14. el collar

15. la cadena

16. el reloj de pulsera

17. el anillo, la sortija

_____

[1]Also called **las gafas de sol** (*Spain*)
[2]Also called **la hoja de afeitar** (*Spain*)

🔊 En una tienda por departamentos en La Paz

Hoy Rocío y su esposo, Sergio, tienen la tarde libre y deciden ir de compras a un centro comercial que está cerca de la Plaza de Armas. Cuando llegan a la tienda La Elegante, Rocío se queda en la planta baja, donde está el departamento de ropa para señoras, y Sergio le pregunta a un empleado en qué piso venden ropa para caballeros.

Sergio —Perdón, ¿dónde está el departamento de caballeros?
Empleado —En el tercer piso. Use el ascensor; la escalera mecánica no funciona.

En el departamento de ropa de caballeros.

Sergio | el empleado

Sergio —Esta corbata me gusta mucho. ¿Cree Ud. que hace juego con el traje gris?
Empleado —Sí, señor. ¡Ah! Este traje es muy elegante y de muy buena calidad.
Sergio —¿Es de lana?
Empleado —Sí, es de lana pura. Acabamos de recibirlo.
Sergio —Los pantalones me quedan un poco largos.
Empleado —Nosotros podemos arreglárselos. Pueden estar listos para mañana. ¿Cuál es su número de teléfono?
Sergio —792-37-45. ¿A qué hora abre la tienda mañana?
Empleado —A las nueve.

Sergio compró el traje y la corbata y también una chaqueta de cuero y ropa interior. Rocío llegó cuando él estaba pagando.

Rocío | Sergio

Rocío	—(*A Sergio*) Compré pantimedias, un camisón, una bata y la camisa que quería mi so-brino. ¡Todo a mitad de precio!
Sergio	—¡Qué bien! Yo compré un traje magnífico. Oye, te hace falta un par de sandalias, ¿no? Yo quiero comprarme zapatos.
Rocío	—Yo no sabía que tú necesitabas zapatos. Vamos a la zapatería, entonces.

En la zapatería, Rocío habla con el empleado.

el empleado   Rocío

Empleado	—¿Qué número calza Ud.?
Rocío	—Yo calzo treinta y ocho y medio.

Rocío compró las sandalias, pero Sergio no quiso comprar los zapatos porque no eran muy cómodos. De allí fueron a la joyería para comprarle unos aretes y un reloj de pulsera a su hija. Eran casi las ocho de la noche cuando por fin llegaron a su casa, cargados de paquetes.

Rocío	—¡Caramba! Ya cerraron las tiendas y otra vez me olvidé de comprar el regalo para Teresa y Daniel.
Sergio	—¡Ay, no! ¡Y su aniversario de bodas fue hace dos semanas!
Rocío	—Oye, ¿dónde conoció Daniel a Teresa?
Sergio	—En Sucre. Se conocieron cuando eran estudiantes.

¡Escuchemos! While listening to the dialogue, circle **V (verdadero)** if the statement is true and **F (falso)** if it is false.

1. Rocío y su esposo tienen que trabajar hoy por la tarde.   V   F

2. El centro comercial está en la capital de Bolivia.   V   F

3. Sergio usó la escalera mecánica para ir al departamento de caballeros.   V   F

4. La corbata que le gusta a Sergio hace juego con el traje que compró.   V   F

5. En la tienda no saben arreglar los pantalones.   V   F

186   BASIC SPANISH FOR GETTING ALONG

6. Rocío le compró un pijama a su sobrino.   V   F

7. Rocío no compró nada en la joyería.   V   F

8. Rocío no compró las sandalias porque no eran cómodas.   V   F

9. Rocío y Sergio compraron muchas cosas.   V   F

10. Hace quince días que Teresa y Daniel celebraron su aniversario de bodas.   V   F

VOCABULARIO

Cognados

el par

puro(a)

Nombres

el ascensor, el elevador *elevator*

la calidad *quality*

el cuero *leather*

el departamento de artículos (ropa) para caballeros *men's clothing department*

la escalera *stairs*

la escalera mecánica *escalator*

la joyería *jewelry store*

la lana *wool*

la mitad *half*

la planta baja *ground (first) floor*

la ropa interior *underwear*

la tarde *afternoon*

la tienda por departamentos *department store*

la zapatería *shoe store*

Verbos

arreglar *to arrange, to fix*

calzar *to wear a certain size of shoe*

conocer(se) *to meet (for the first time)*

olvidarse (de) *to forget*

vender *to sell*

Adjetivos

cargado(a) (de) *loaded (with)*

gris *gray*

libre *off, free*

listo(a) *ready*

Otras palabras y expresiones

a mitad de precio *at half price*

¿cuál? *what?, which?*

hacer juego (con) combinar (con) *to match*

llegar a casa *to arrive home*

otra vez *again*

Perdón. *Excuse me.*

¡Qué bien! *That's great!*

¿Qué número calza? *What size shoe do you wear?*

🌐 VOCABULARIO ADICIONAL
Audio

Otras cosas que usamos (*Other things we wear*)

el esmoquin *tuxedo*
la pulsera *bracelet*
el vestido de noche *evening gown*
los zapatos de tenis *sneakers, tennis shoes*

Otras tiendas (*Other stores*)

la carnicería *meat market, butcher's shop*
la dulcería *candy shop*
la frutería *fruit store*
la mueblería *furniture store*
la panadería *bakery*
la pescadería *fish market*

Notas Culturales

■ En España y en Latinoamérica hay muchas tiendas excelentes donde se puede comprar ropa hecha (*readymade*), pero mucha gente prefiere usar los servicios de una modista (*dressmaker*) o de un sastre (*tailor*).

■ En la mayoría de los países de habla hispana, el primer piso corresponde al segundo piso en los Estados Unidos. Lo que aquí es el primer piso se llama **planta baja** en los países hispanos.

■ Aunque hay muchas tiendas por departamento en las ciudades hispanas, todavía hay muchas tiendas especializadas: por ejemplo, se vende perfume en la perfumería, joyas (*jewelry*) en la joyería y zapatos en la zapatería.

■ Generalmente, las ciudades de los países hispánicos están construidas alrededor de una plaza, que es el centro social y geográfico de la ciudad. Alrededor de ella se encuentran los edificios más importantes del gobierno, restaurantes, tiendas, etc. Estas plazas reciben diferentes nombres en cada país. Por ejemplo, en La Paz, en Lima y en Quito se llaman *Plaza de Armas*.

EN TU MUNDO...

1. ¿Cuáles son las tiendas más famosas de este país?

2. En general, ¿los norteamericanos prefieren comprar en tiendas por departamentos o en tiendas especializadas?

3. ¿Qué lugares son centros sociales y geográficos en las ciudades de este país?

ACTIVIDADES

Dígame... Answer the following questions, basing your answers on the dialogue.

1. ¿Adónde van hoy Sergio y Rocío? ¿Por qué? ¿Dónde está el centro comercial?

_____

2. ¿Cómo se llama la tienda? ¿Dónde se quedó Rocío? ¿Adónde fue Sergio?

_____

3. ¿Por qué no puede usar Sergio la escalera mecánica? ¿Qué puede usar?

_____

4. ¿Con qué hace juego la corbata que Sergio quiere comprar?

_____

5. ¿Qué problema tiene Sergio con los pantalones? ¿A qué hora se abre la tienda mañana?

_____

6. ¿Qué cosas compró Sergio? ¿Qué no quiso comprar? ¿Por qué?

_____

7. ¿Qué compró Rocío?

_____

8. ¿Qué número calza Rocío? ¿Qué compró en la zapatería?

_____

9. ¿Qué compraron en la joyería? ¿Para quién?

_____

10. ¿Cómo llegaron a su casa? ¿Qué hora era cuando llegaron?

_____

11. ¿Qué se olvidó de hacer Rocío? ¿Cúando fue el aniversario de bodas de Teresa y Daniel?

_____

12. ¿Dónde se conocieron Daniel y Teresa? ¿Qué eran los dos cuando se conocieron?

_____

Hablemos Interview a classmate, using the following questions. When you have finished, switch roles.

1. ¿Usas camisón o pijama para dormir?

2. ¿Usas bata para salir del baño?

3. ¿Qué número calzas?

4. ¿Qué tipo de zapatos te gusta usar más en el verano? ¿Y en el invierno (*winter*)?

5. ¿Qué ropa usas más en el verano? ¿Y en el invierno?

6. ¿Cuáles son tus tiendas favoritas?

7. ¿Qué joyas usas? ¿Dónde las compras?

8. ¿Usas anteojos de sol? ¿Cuándo?

9. ¿Dónde te arreglan la ropa que te queda larga o corta?

10. ¿Cuánto crees tú que cuesta una chaqueta de cuero?

11. ¿Qué ropa te hace falta?

12. ¿Te gustan más las chaquetas de lana o las chaquetas de cuero?

13. ¿Prefieres usar el ascensor, la escalera o la escalera mecánica?

¿Cómo lo decimos? Give the Spanish equivalent of the words in parentheses.

1. Yo _____ que ustedes trabajaban en esta mueblería. (*didn't know*)

2. Él _____ trabajar en la frutería, pero cuando _____ que el salario _____ de dos mil dólares, _____ empezar a trabajar en seguida. (*didn't want / found out / was / he decided*)

3. ¿Tú _____ a la mamá de tu novia ayer? ¡Qué bien! Nosotras ya _____. (*met / knew her*)

4. Pedro _____ ir a la joyería con nosotros. _____ en su casa. (*refused / He stayed*)

5. Yo compré estos zapatos de cuero _____. (*three years ago*)

6. ¿A qué hora _____ la panadería? (*opens*)

7. ¿_____ de la frutería? (*What is the address*)

8. ¿_____ una esmeralda? ¿Tú lo sabes? (*What is*)

9. _____ para celebrar su aniversario de bodas. (*They gave a party two weeks ago*)

10. Ella _____ que los zapatos no hacían juego con la bolsa. (*didn't know*)

👥 ¿Qué pasa aquí? With a partner, answer the following questions according to what you see in the pictures.

A.

B.

1. ¿Dónde está Rosa?

2. ¿Qué va a comprar?

3. ¿Puede subir Eva por la escalera mecánica? ¿Por qué o por qué no?

4. ¿Qué puede tomar Eva para ir al tercer piso?

5. ¿En qué piso está ahora?

1. ¿Qué está haciendo Juan?

2. ¿Qué cosas necesita comprar Juan?

3. ¿Qué tipo de anteojos va a comprar Juan?

4. ¿Qué usa Juan para dormir?

5. ¿Qué usa Juan para afeitarse?

C.

D.

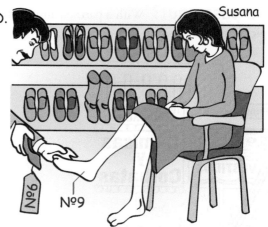

1. ¿Qué está haciendo Rosa?

2. ¿Cuánto cuestan las sandalias?[1]

3. ¿Cuánto cuestan las botas?

4. ¿Cuánto cuestan los zapatos?

5. ¿Qué es más caro? ¿Qué es más barato?

1. ¿Qué está haciendo Susana?

2. ¿Qué número calza Susana?

3. ¿Le van a quedar bien (*fit*) los zapatos a Susana? ¿Por qué o por qué no?

E.

1. ¿Cuánto cuesta el reloj de pulsera?[1]

2. ¿Puede comprarlo Alberto?

3. ¿Cuánto dinero tiene que conseguir (*get*) Alberto para comprar el reloj?

4. ¿Cuánto cuesta el anillo? ¿El collar? ¿Cuánto cuestan los aretes?

_____

[1]Price tags are marked in U.S. dollars.

☗☗☗ Una encuesta

Survey your classmates and your instructor to find someone who fits each of the following descriptions and write the person's name in the space provided. Remember to use the **tú** form when speaking to your classmates and the **Ud.** form when speaking to your instructor. Then, in groups of three, discuss the result of the survey.

ESTA PERSONA...

1. ☐ compra su ropa en tiendas por departamentos. _____

2. ☐ compró algo a mitad de precio la semana pasada. _____

3. ☐ tiene una chaqueta de cuero. _____

4. ☐ tiene un abrigo de lana. _____

5. ☐ tiene un reloj de pulsera nuevo. _____

6. ☐ tiene un anillo de oro. _____

7. ☐ calza el número siete. _____

8. ☐ se compró un par de zapatos el mes pasado. _____

9. ☐ usa anteojos de sol. _____

10. ☐ solamente compra artículos de (*buena*) calidad. _____

11. ☐ a veces tiene la tarde libre. _____

12. ☐ conoció a su mejor amigo(a) en la escuela secundaria. _____

☗☗ En estas situaciones

With a partner, act out the following situations in Spanish.

1. You are a customer at a shoe store. A clerk is helping you try on different types of shoes in your size. Some of them fit, but others do not; some you like, and some you don't. The clerk is anxious to make a sale.

2. You ask whether the escalator is out of order. You indicate that you are going to use the elevator or the stairs.

3. Some of your clothes need altering. You take them to a tailor and tell him/her which items are too big, which are too long, etc. You tell the tailor that you are going to give him your telephone number. Tell him also what time you're going to be home.

4. You are at a women's clothing and jewelry store to buy a gift for a friend. You're not sure what you want to buy, so you ask the clerk the prices of various items in the store and in the shop window. You also ask for recommendations. The clerk asks what size your friend wears and offers gift suggestions.

¿Qué dice aquí? With a partner, read the ad for *Centro Artesanal Buenavista* and answer the following questions.

1. ¿A qué hora está abierto diariamente?

2. ¿Se puede ir a comprar al Centro el domingo por la tarde? ¿Por qué?

3. ¿Qué joyas (*jewelry*) puedo comprar allí?

4. ¿Los anillos y la cadena son de oro (*gold*) o de plata (*silver*)?

5. ¿Cuánto debo pagar por los anillos?

6. ¿Cuánto costaban los anillos antes?

7. ¿Qué clase (*kind*) de ropa venden?

8. ¿Cree Ud. que la tienda es grande o pequeña? ¿Por qué?

9. ¿Hay lugar para estacionar (*to park*) coches?

👤👤👤 Una actividad especial The classroom is turned into a department store. You and your classmates will bring various articles of clothing and jewelry to class and price every item. Four or five students may work in the shoe department, and another group may work in the ladies' or the men's clothing department. The rest will be customers. Signs for fitting rooms should be provided. Customers will select clothes, ask questions about sizes and prices, etc. Every customer should buy something. One or two students should be cashiers, who describe each item, quote all prices, collect money, and give change.

Un paso más

A Review the **Vocabulario adicional** for this **lección,** and then match each item from column A with the store in column B where you can buy it.

A

1. pollo
2. cama
3. pan
4. salmón
5. frutas
6. postres

B

_____ **a.** panadería
_____ **b.** dulcería
_____ **c.** pescadería
_____ **d.** mueblería
_____ **e.** carnicería
_____ **f.** frutería

B Complete the following sentences appropriately.

1. Esta noche voy a una fiesta. Voy a comprar un vestido de _____ y a ponerme la _____ de diamantes y el anillo.

2. Voy a correr. Necesito llevar los _____.

3. Alberto se va a poner el _____ para la boda.

👤👤👤 C With a partner, talk about what stores you have to go to and what you have to buy in each of them.

Un dicho

Lo barato sale caro.   *You get what you pay for.*

Comstock Images/Jupiterimages/Getty Images

PROBLEMAS CON EL COCHE

OBJECTIVES

Structures

- The past participle
- The present perfect tense
- The past perfect (pluperfect) tense

Communication

- How to deal with situations related to automobiles

Culture: Paraguay

- The use of the automobile in the Hispanic world

Aprenda estas palabras

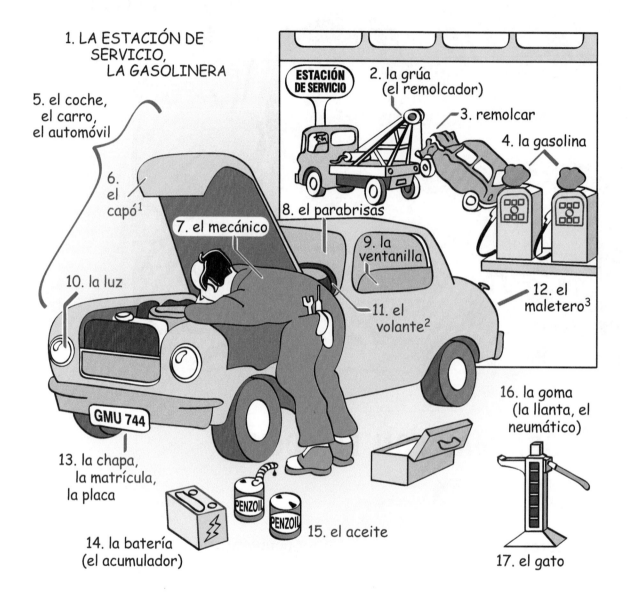

1. LA ESTACIÓN DE SERVICIO, LA GASOLINERA
2. la grúa (el remolcador)
3. remolcar
4. la gasolina
5. el coche, el carro, el automóvil
6. el capó¹
7. el mecánico
8. el parabrisas
9. la ventanilla
10. la luz
11. el volante²
12. el maletero³
13. la chapa, la matrícula, la placa
14. la batería (el acumulador)
15. el aceite
16. la goma (la llanta, el neumático)
17. el gato

GMU 744

PENZOIL PENZOIL

---

¹Also called **el bonete** (*Puerto Rico*)
²Also called **el guía** (*Puerto Rico*)
³Also called **la cajuela** (*Mex.*), **el baúl** (*Puerto Rico*)

🔊 Problemas con el coche

Carlos, un muchacho de Villa Rica, se mudó el mes pasado a Asunción, la capital de Paraguay. Él no tiene auto todavía y no quiere tomar el autobús. Por eso le ha pedido prestado el coche a su hermana. Él ha visto que el tanque está casi vacío y ha ido a la estación de servicio.

En la estación de servicio.

Carlos   —Llene el tanque, por favor. Y ponga aceite también.
Empleado   —¿Qué marca de aceite usa Ud.?
Carlos   —Penzoil. ¡Ah!, me hace falta un limpiaparabrisas nuevo.
Empleado   —Ahora se lo cambio, y también voy a revisar la presión de aire de las llantas.

Carlos paga y se prepara para irse, pero el coche no arranca.

Carlos   —(*Llama al empleado.*) ¡Señor! ¡El motor no arranca! ¿Hay un mecánico aquí?
Empleado   —Sí, pero ya se ha ido; no trabaja esta tarde. ¿Es Ud. socio de un club automovilístico?
Carlos   —Mi hermana es socia. Voy a llamarlos. Ellos pueden remolcar el coche a un taller de mecánica.
Empleado   —¿Cuánto tiempo hace que llevó el coche al mecánico?
Carlos   —No sé. El coche es de mi hermana. Yo ya había notado que tenía problemas y se lo había dicho.

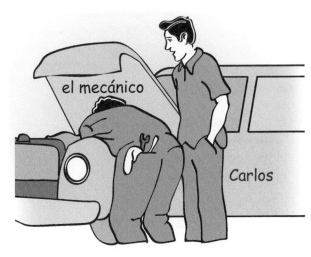

En el taller de mecánica.

Mecánico	—(*Levanta el capó.*) Necesita una batería nueva, señor.
Carlos	—Y los frenos no funcionan muy bien...
Mecánico	—Va a tener que dejar el coche aquí, señor.
Carlos	—¿Cuándo va a estar listo?
Mecánico	—El lunes, si no necesita piezas de repuesto.
Carlos	—¿No puede tenerlo listo para mañana?
Mecánico	—No, lo siento. El taller está cerrado los domingos.
Carlos	—¡Ay, no! ¡Voy a tener que tomar el bus!

¡Escuchemos! While listening to the dialogue, circle **V (verdadero)** if the statement is true and **F (falso)** if it is false.

1. A Carlos no le gusta viajar en autobús.   V   F

2. El coche de la hermana de Carlos necesita gasolina.   V   F

3. Carlos es socio de un club automovilístico.   V   F

4. Carlos sabía que el coche tenía problemas.   V   F

5. El mecánico dice que los frenos del coche están bien.   V   F

6. El mecánico va a necesitar usar un gato.   V   F

7. Carlos no va a poder usar el coche hoy.   V   F

8. El mecánico cree que el coche va a estar listo mañana.   V   F

9. El mecánico trabaja los domingos.   V   F

10. Carlos tuvo que volver a su casa en autobús.   V   F

VOCABULARIO

Audio

Cognados

el club automovilístico
el motor
el tanque

Nombres

los frenos *brakes*
la goma pinchada, la goma ponchada
    flat tire

el limpiaparabrisas *windshield wiper*
la marca *brand*
la pieza de repuesto *spare part*
la presión de aire *air pressure*
el (la) socio(a) *member*
el taller de mecánica *repair shop*

Verbos	Adjetivos
arrancar *to start (a motor)*	**cerrado(a)** *closed*
levantar *to raise, to lift*	**pasado(a)** *last*
mudarse *to move (from one location to another)*	**vacío(a)** *empty*
revisar, chequear *to check*	**Otras palabras y expresiones**
tomar *to take*	**¡ay!** *oh!*
	pedir prestado(a) *to borrow*
	todavía no... *not yet . . .*

🌐 VOCABULARIO ADICIONAL
Audio

Para hablar de coches (*To talk about cars*)

la autopista *freeway*
la bolsa de aire *air bag*
la bomba de agua *water pump*
la carretera *highway*
el coche híbrido *hybrid car*
instalar *to install*

la llanta de repuesto *spare tire*
lleno(a) *full*
la milla *mile*
el portaguantes, el guantero, la guantera *glove compartment*
el ruido *noise*
sin plomo *unleaded*
la velocidad máxima *speed limit*

Notas Culturales

■ En grandes ciudades hispanas como Madrid, Caracas, México y Buenos Aires el gran número de coches causa serios problemas de contaminación del aire (*smog*). Sin embargo (*However*), hay muchos lugares remotos sin buenos caminos (*roads*) donde las personas usan medios (*means*) de transportación más tradicionales.

■ En muchos países hispanos la gasolina y los automóviles son muy caros. La gasolina generalmente se vende por litros (aproximadamente 1/4 de galón) y a veces cuesta tanto como un galón en los Estados Unidos. Por esta razón las motocicletas, las motonetas (*motor scooters*) y las bicicletas son muy populares entre (*among*) la gente joven (*young people*).

Nombre _____ **Sección** _____ **Fecha** _____

En tu mundo...

1. ¿En qué ciudades de los Estados Unidos es un problema muy serio la contaminación del aire?

2. En este país, ¿la gasolina es cara o barata?

3. ¿Es popular en este país el transporte colectivo? ¿Qué tipo de transporte prefieren usar los norteamericanos?

ACTIVIDADES

Dígame... Answer the following questions, basing your answers on the dialogue.

1. ¿De dónde es Carlos? ¿Dónde vive ahora y cuándo se mudó?

   _____

2. ¿A quién le ha pedido prestado el coche Carlos? ¿Adónde lo ha llevado? ¿Por qué?

   _____

3. ¿Qué dice Carlos que necesita el coche además de gasolina? ¿Qué marca de aceite usa Carlos?

   _____

4. ¿Qué va a revisar el empleado?

   _____

5. ¿Por qué no puede irse Carlos?

   _____

6. ¿Qué dice del mecánico el empleado?

   _____

7. ¿Qué va hacer Carlos y por qué?

   _____

8. ¿Qué había notado Carlos y a quién se lo había dicho?

   _____

9. ¿Qué otros problemas tiene el coche?

   _____

10. ¿Por qué no puede estar listo el coche mañana? ¿Cuándo va a estar listo?

    _____

202   BASIC SPANISH FOR GETTING ALONG

© 2014 Heinle, Cengage Learning

Nombre _____ Sección _____ Fecha _____

11. ¿El taller está abierto los domingos?

_____

12. ¿Qué va a tener que hacer Carlos?

_____

Hablemos Interview a classmate, using the following questions. When you have finished, switch roles.

1. ¿Tú le has pedido prestado el coche a alguien (*someone*) recientemente? (¿A quién y por qué?)

2. ¿Qué haces cuando el tanque de tu coche está vacío?

3. ¿Qué marca de aceite usas? ¿Y de gasolina?

4. ¿Eres socio(a) de algún club automovilístico? (¿De cuál?)

5. ¿Qué número tiene la chapa de tu coche?

6. ¿Prefieres los coches norteamericanos o los coches extranjeros (*foreign*)?

7. ¿Qué haces si el motor de tu coche no arranca?

8. ¿Has puesto un gato en el maletero de tu coche? ¿Para qué lo necesitas?

9. ¿Funciona bien tu coche? ¿Has comprado piezas de repuesto recientemente?

10. ¿Hay una estación de servicio cerca de aquí? ¿Dónde queda?

¿Cómo lo decimos? Complete the following sentences, using the Spanish equivalent of the words in parentheses.

1. Las estaciones de servicio _____. (*were open*)

2. El mecánico _____ que _____ la pieza de repuesto que necesita. (*has told me / he hasn't been able to get*)

3. ¿Tú _____ el gato en el maletero? (*have put*)

4. Yo nunca le _____ el coche. (*have borrowed*)

5. El taller de mecánica _____. (*is closed*)

6. Carlos nunca _____ socio de un club automovilístico. (*has been*)

7. ¿Tú _____ la presión de aire de las llantas? (*had checked*)

8. Nosotros _____ un remolcador porque el coche no arranca. (*have had to call*)

9. Mis hermanos _____ gasolina sin plomo. (*had bought*)

10. Yo te dije que nosotros _____ la chapa para el coche nuevo. (*hadn't received*)

LECCIÓN 14: PROBLEMAS CON EL COCHE

203

© 2014 Heinle, Cengage Learning

👥 ¿Qué pasa aquí?
With a partner, answer the following questions according to what you see in the pictures.

A.

1. ¿Adónde va Ana?
2. ¿Para qué va allí?
3. ¿Cuánto cuesta la gasolina?
4. ¿Tiene algún otro problema el carro de Ana?

B.

1. ¿Quién está al volante?
2. ¿Cuánto ha pagado Eva por el carro?
3. ¿Qué ha hecho el mecánico?
4. ¿Qué cree el mecánico que necesita el carro?

C.

1. ¿Usted cree que el coche de Jorge es nuevo o viejo (old)?
2. ¿Qué cree Jorge que le hace falta al coche?
3. ¿Qué cree Eva que necesita Jorge?
4. ¿Adónde quiere llamar Eva?

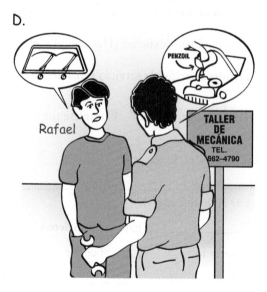

D.

1. ¿Dónde está Rafael?
2. ¿Con quién está hablando?
3. ¿Qué necesita el coche de Rafael?
4. ¿Qué acaba de hacer el mecánico?
5. ¿Cuál es el número de teléfono del taller?

Una encuesta Survey your classmates and your instructor to find someone who fits each of the following descriptions and write the person's name in the space provided. Remember to use the **tú** form when speaking to your classmates and the **Ud.** form when speaking to your instructor. Then, in groups of three, discuss the result of the survey.

ESTA PERSONA...

1. ☐ ha comprado gasolina recientemente. _____

2. ☐ ha tenido que llevar su coche al taller
de mecánica. _____

3. ☐ sabe cambiar una llanta. _____

4. ☐ ha cambiado el filtro de aceite recientemente. _____

5. ☐ ha llenado el tanque de su coche. _____

6. ☐ usa gasolina sin plomo. _____

7. ☐ tiene un gato en el maletero. _____

8. ☐ tiene muchos mapas en el portaguantes
de su coche. _____

9. ☐ ha memorizado el número de la chapa
de su coche. _____

10. ☐ empezó a manejar (*drive*) cuando tenía
dieciséis años. _____

11. ☐ es socio(a) de un club automovilístico. _____

12. ☐ ha estado en México o en España. _____

En estas situaciones With a partner, act out the following situations in Spanish.

1. You stop at a gas station because your gas tank is empty, you need a new battery, and the headlights on your car are not working. According to the mechanic, the car won't be ready tomorrow because you need spare parts. Ask when he thinks it's going to be ready.

2. You're telling a friend that you didn't make it to his/her party last night because you had car trouble. He/She doesn't believe you and wants to hear details as proof that you're telling the truth.

3. You work at a gas station and want to make a good impression on the customers. Tell a customer at the full-service pump things you'll check on or clean while his/her gas tank is filling.

4. Say why you have to take the bus. Admit that you haven't taken the car to the repair shop yet.

5. You ask a friend if he/she has a spare tire in the trunk.

¿Qué dice aquí? You and a classmate are taking a trip together and have car trouble. Read the following ad from the yellow pages and answer the questions to decide if you should use this repair shop.

AUTOSERVICIO CALLAO

TALLER DE REPARACIÓN DE AUTOMÓVILES DE PASAJEROS Y CAMIONES DE CARGA

MODERNO SERVICIO COMPUTARIZADO

✓ SERVICIO DE AIRE ACONDICIONADO
✓ CAMBIO DE CARBURADORES
✓ AFINAMIENTO DE MOTORES
✓ FRENOS Y AMORTIGUADORES
✓ BATERÍAS DE TODAS LAS MARCAS
✓ LUBRICACIÓN Y CAMBIO DE ACEITE
✓ MECÁNICA EN GENERAL
✓ REPARACIÓN DE TRANSMISIONES MANUALES Y AUTOMÁTICAS

SERVICIO DE GRÚA LAS 24 HORAS, SIETE DÍAS A LA SEMANA

Santa Rosa 654
Miraflores
Lima
Teléfono 453-8866
ABIERTO DE LUNES A SÀBADO de 8:00 A 6:00

© Cengage Learning

1. Su coche no arranca. ¿A qué número de teléfono puede llamar para recibir ayuda?

2. ¿A qué hora está abierto el taller de mecánica?

© 2014 Heinle, Cengage Learning

3. Hoy es domingo. ¿Pueden arreglar su coche hoy? ¿Por qué o por qué no?

4. ¿Pueden remolcar su coche? ¿Por qué o por qué no?

5. ¿Arreglan frenos en este taller?

6. ¿Pueden limpiar el carburador de su coche? ¿Cómo lo saben Uds.?

7. Si Uds. tienen un problema en la carretera por la noche, ¿pueden recibir ayuda de Autoservicio Callao? ¿Cómo lo saben?

8. Si necesitan una batería nueva, ¿dónde pueden comprarla?

9. Su coche tiene transmisión automática. ¿Pueden arreglarla los mecánicos de este taller?

10. Estamos en Lima y necesitamos cambiarle el aceite al coche. ¿Adónde podemos llevarlo?

Una actividad especial With your classmates, set up two service stations and two repair shops in the classroom. There should be two or three people working in each place. Prices for oil and gasoline should be provided, along with a description of services offered. The rest of the class will play the role of customers. Each customer should go to the service station and the repair shop.

Un paso más Review the **Vocabulario adicional** in this **lección,** and complete the following sentences with the appropriate word or phrase.

1. El tanque no está _____; está vacío.

2. El coche hace un _____ terrible.

3. La _____ máxima en la _____ es de 65 millas por hora.

4. Tengo que _____ una bomba de _____ nueva.

5. Puse los mapas en la _____.

6. Siempre pongo los mapas en el _____ de mi coche.

7. ¿Quiere gasolina regular o sin _____?

8. Quiero comprar un coche _____.

9. El coche tiene dos _____ de aire.

10. Arizona tiene muy buenas autopistas y _____.

Un dicho

Quien ríe último, ríe mejor.   *He who laughs last, laughs best.*

Gavin Hellier / Robert Harding World Imagery / Getty Images

ALQUILANDO UN COCHE

OBJECTIVES

Structures
- The future tense
- The conditional tense
- Some uses of the prepositions **a, de,** and **en**

Communication
- How to discuss renting a car

Culture: Chile
- The metric system
- Driving in Spain and Latin America

🔊 Aprenda estas palabras
Audio

1. un coche de dos puertas

2. un modelo compacto

3. un coche convertible[1]

4. conducir (manejar)[2]

5. la licencia para conducir (manejar)[3]

Señales de tráfico (Traffic signs)

Narrow Bridge

Yield

Freeway Begins

Stop

One Way

R.R. Crossing (ferrocarril)

Dangerous Curve

Don't Litter

Detour

Danger

No Parking

Pedestrian Crossing

[1]Also called **un descapotable** [2]**Guiar,** (*Puerto Rico*) [3]Also called **la licencia para guiar** (*Puerto Rico*)

Alquilando un coche

Tom, un muchacho norteamericano, vino a pasar el verano con sus padres en Santiago, la capital de Chile. Su padre es el ejecutivo de la sucursal de un banco norteamericano. Tom y su amiga Elisa quieren ir a Viña del Mar, y deciden alquilar un coche. Ahora están en una agencia de alquiler de automóviles.

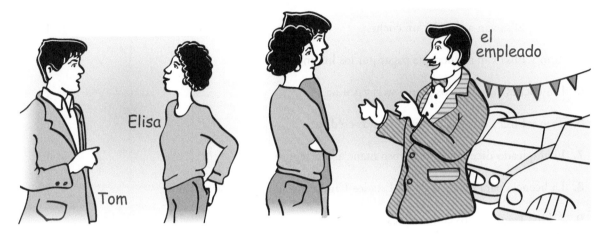

Tom	—Elisa, tú tendrás que hablar con el empleado de la agencia.
Elisa	—¿Y por qué no quieres hablar tú?
Tom	—Porque a veces no me entienden.

En la agencia.

Elisa	—Queremos alquilar un coche.
Empleado	—¿Les gustaría un coche grande o un modelo compacto?
Elisa	—Compacto, de dos puertas. ¿Cobran Uds. por los kilómetros?
Empleado	—Depende. Si lo alquila por día, sí; si lo alquila por semana, no.
Elisa	—Queremos alquilar un coche automático por una semana.
Tom	—Sería mejor alquilar un coche de cambios mecánicos. Gastan menos gasolina.
Empleado	—También tendrán que sacar seguro.
Tom	—(*A Elisa*) Es mejor estar asegurado. Manejar sin seguro es peligroso.
Elisa	—Está bien. (*Al empleado*) ¿Tenemos que pagar en efectivo?
Empleado	—Sería mejor pagar con tarjeta de crédito.
Tom	—Mi licencia para manejar es de los Estados Unidos. ¿Es válida aquí?
Empleado	—Sí, señor. Ud. podrá usarla aquí sin problema.
Elisa	—¡Tom! ¿Por qué no alquilamos aquel convertible rojo? ¡Es hermoso!

Al salir de la agencia, Elisa y Tom van al banco porque ella quiere cambiar un cheque y depositar dinero en su cuenta de ahorros. Después van a un café al aire libre a tomar algo.

Elisa	—¿Extrañas a tu hermano? ¿Lo llamas por teléfono a veces?
Tom	—Sí, y además nos comunicamos por correo electrónico.
Elisa	—¿Le mandaste la información que él quería?
Tom	—Sí, anoche se la mandé por fax y le dejé un recado en la máquina contestadora.

🔊 **¡Escuchemos!** While listening to the dialogue, circle **V (verdadero)** if the statement is true and **F (falso)** if it is false.

1. Tom vino a Chile a pasar el invierno.   V   F

2. Tom habla muy bien el español.   V   F

3. Tom y Elisa van a alquilar un coche.   V   F

4. Tom y Elisa van a tener que pagar por los kilómetros.   V   F

5. Los coches automáticos gastan más gasolina.   V   F

6. Tom y Elisa van a pagar con tarjeta de crédito.   V   F

7. El empleado dice que es peligroso manejar sin seguro.   V   F

8. La licencia para manejar de los Estados Unidos no se puede usar en Chile.   V   F

9. A Elisa le gustan los convertibles.   V   F

10. El hermano de Tom tiene una máquina contestadora.   V   F

🌐 VOCABULARIO
Audio

Cognados

automático(a)
el banco
el fax, el facsímil

Nombres

la agencia de alquiler de automóviles *car rental agency*
el correo electrónico, el correo "e", el "c-e" *e-mail*
la cuenta de ahorros *savings account*
el (la) ejecutivo(a) *executive*
la máquina contestadora *answering machine*
el recado, el mensaje *message*

el seguro, la aseguranza (*Méx.*) *insurance*
la sucursal *branch (i.e., of a bank)*

Verbos

comunicar(se) *to communicate*
depender *to depend*
depositar *to deposit*
entender (e:ie) *to understand*
extrañar *to miss*
gastar *to consume, to spend, to use (gas, oil, etc.)*

Adjetivos

asegurado(a) *insured*
hermoso(a) *beautiful*
peligroso(a) *dangerous*

Sección ___ Fecha ___

Otras palabras y expresiones

cambiar un cheque *to cash a check*
cobrar por kilómetros *to charge mileage*
de cambios mecánicos *standard shift*

llamar por teléfono *to telephone*
por día *by the day, daily*
por semana *by the week*
sin *without*

VOCABULARIO ADICIONAL
Audio

Más sobre automóviles (*More about automobiles*)

el asiento para niños *child seat*
el camión *truck*
la camioneta *van; pickup truck*
chocar *to collide*
dar marcha atrás *to back up*
estacionar, aparcar, parquear *to park*
la zona de estacionamiento *parking lot*

Para hacer transacciones financieras (*To make financial transactions*)

a plazos *in installments*
ahorrar *to save*
al contado *in full (not in installments)*
anual *yearly*
el billete *bill (currency)*
la multa *fine, ticket*
el pago *payment*
por mes, mensual *monthly*
el recibo *receipt*

Search

iLrn

Notas Culturales

- El sistema métrico se usa en toda Latinoamérica y en España. Un kilómetro equivale a 0.6 millas, un kilo equivale a 2.2 libras y un galón equivale a 3.8 litros. En Puerto Rico, donde hay mucha influencia norteamericana, el sistema métrico se usa solamente para medir (*measure*) ciertas cosas. Por ejemplo, las distancias de las carreteras se miden en kilómetros.

- En España y en Latinoamérica, la gente maneja en el lado derecho del camino (*road*) como en los Estados Unidos.

- En España y en la mayoría de los países latinoamericanos, una persona debe tener por lo menos (*at least*) dieciocho años para obtener una licencia de conducir, y el proceso es mucho más caro que en los Estados Unidos. Las escuelas públicas no ofrecen clases para enseñar a conducir y los exámenes para obtener la licencia son tan rigurosos que muchos no los pasan la primera vez que los toman.

- En Chile, como en otros países de habla hispana, hay muchas empresas norteamericanas con personal de los Estados Unidos.

© 2014 Heinle, Cengage Learning

LECCIÓN 15: ALQUILANDO UN COCHE

213

EN TU MUNDO...

1. Los estudiantes norteamericanos, ¿aprenden en las escuelas el sistema métrico?

2. En este país, ¿cuál es la edad mínima para obtener una licencia para conducir?

3. ¿Qué empresas de este país tienen sucursales en el extranjero (*abroad*)?

ACTIVIDADES

Dígame... Answer the following questions, basing your answers on the dialogue.

1. ¿Qué está haciendo Tom en Chile? ¿Por qué viven sus padres allí?

   _____

2. ¿Adónde van Elisa y Tom?

   _____

3. ¿Qué dice Tom que tendrá que hacer Elisa? ¿Por qué?

   _____

4. ¿Qué tipo de coche quieren alquilar? ¿Quieren un coche de cuatro puertas?

   _____

5. Si Tom alquila el coche por semana, ¿le cobran por los kilómetros?

   _____

6. ¿Por cuánto tiempo quieren alquilar el coche?

   _____

7. ¿Qué tipo de coche quiere alquilar Tom? ¿Por qué?

   _____

8. ¿Qué dice el empleado que tendrán que hacer?

   _____

9. ¿Qué coche le gusta a Elisa? ¿Por qué?

   _____

10. ¿Adónde van Elisa y Tom después? ¿Qué va a hacer Elisa allí?

    _____

Nombre _____ Sección _____ Fecha _____

11. ¿A quién extraña Tom? ¿Cómo se comunica con él?

_____

12. ¿Qué hizo Tom anoche?

_____

Hablemos Interview a classmate, using the following questions. When you have finished, switch roles.

1. ¿Tienes licencia para manejar? ¿Cuántos años hace que manejas?

2. ¿Manejas un coche automático o un coche de cambios mecánicos? ¿De qué marca?

3. ¿Gasta mucha gasolina tu coche? ¿Es una buena idea usar gasolina sin plomo?

4. ¿Con qué compañía está asegurado tu coche?

5. ¿Te gustan los coches grandes o prefieres los modelos compactos? ¿Te gustan los coches híbridos?

6. ¿Te gustan los coches convertibles? ¿Por qué o por qué no?

7. ¿Alquilarás un coche para tus próximas vacaciones?

8. ¿Qué agencia de alquiler de automóviles usarías?

9. Cuando tú vas de compras, ¿pagas en efectivo o usas tu tarjeta de crédito? ¿Por qué?

10. ¿En qué banco tienes tu cuenta de ahorros?

11. ¿Tú te comunicas con alguien por correo electrónico? ¿Con quién?

12. ¿Alguien te mandó un fax recientemente (*recently*)? ¿Alguien te dejó un mensaje en la máquina contestadora?

¿Cómo lo decimos? Give the Spanish equivalent of the words in parentheses.

1. Nosotros _____ a la agencia de alquiler de automóviles. (*will have to go*)

2. Carlos quiere _____ un camión. (*learn how to drive*)

3. Teresa quiere comprarle una camioneta a su novio. ¿_____, Anita? (*Would you do that*)

4. Mis padres _____ el coche a plazos. (*will buy*)

5. ¿Tú _____ tu dinero en ese banco? (*would deposit*)

6. Ellos _____ que debes ahorrar más, Anita. (*will tell you*)

7. ¿_____ abrir una cuenta con nosotros, señora? (*Would you like*)

8. Ellos _____ los pagos el mes próximo. (*will start to make*)

9. Ella _____ la información por correo electrónico, Sr. Paz. (*would be able to send you*)

10. ¿Tú _____ por teléfono o _____? (*will call me / will write to me*)

¿Qué pasa aquí? With a partner, answer the following questions according to what you see in the pictures.

1. ¿De dónde sale Pedro?

2. ¿Qué ve Pedro al salir de la agencia?

3. ¿Cree Ud. que le gusta el convertible? ¿Por qué o por qué no?

4. ¿Cuánto le costaría a Pedro alquilar el convertible?

5. ¿Dónde podría Pedro cambiar un cheque?

1. ¿Adónde quiere ir Olga?

2. ¿Olga va a sacar seguro para su coche o para su casa?

3. ¿Qué piensa Luis que es peligroso?

1. ¿Dónde están Marta y José?

2. ¿Qué quieren hacer ellos?

3. ¿Qué coche quiere alquilar José?

4. ¿Qué coche quiere alquilar Marta?

5. ¿Cómo quiere pagar Marta?

6. ¿Cómo va a pagar José?

Una encuesta Survey your classmates and your instructor to find someone who fits each of the following descriptions and write the person's name in the space provided. Remember to use the **tú** form when speaking to your classmates and the **Ud.** form when speaking to your instructor. Then, in groups of three, discuss the result of the survey.

ESTA PERSONA....

1. ☐ prefiere los coches automáticos. _____
2. ☐ prefiere los coches compactos. _____
3. ☐ consiguió su primera licencia para conducir cuando tenía 16 años. _____
4. ☐ ha tenido que alquilar un coche recientemente. _____
5. ☐ tiene seguro de automóvil. _____
6. ☐ generalmente paga en efectivo. _____
7. ☐ ha depositado dinero en su cuenta corriente recientemente. _____
8. ☐ se comunica con sus amigos por correo electrónico. _____
9. ☐ generalmente tiene muchos recados en su máquina contestadora. _____
10. ☐ tuvo que cambiar un cheque la semana pasada. _____
11. ☐ llamará por teléfono a sus padres. _____
12. ☐ tendrá que trabajar este fin de semana. _____

En estas situaciones With a partner, act out the following situations in Spanish.

1. You are at a car rental agency. Discuss with an employee the types of automobiles available, the cost of renting them, and your preferences. Be sure to tell him/her whether you drive a standard shift or an automatic.

2. You tell a friend that she/he needs a car seat for her/his child.

3. You are planning to rent a car while you are on vacation in Central America next month. A friend of yours made a similar trip last year. Discuss with him/her the particulars of renting a car: whether he/she had to pay mileage charges, whether a U.S. driver's license is valid there, whether it is necessary to buy insurance from the agency, and the forms of payment that are accepted.

4. You ask your Spanish-speaking friend if he/she misses his/her family and how he/she communicates with them. Ask also if he/she generally has many messages on his/her voicemail.

Renta Autos Santiago

¿Necesita alquilar un coche? ¡Visítenos!

TENEMOS COCHES COMPLETAMENTE NUEVOS DE TODAS LAS MARCAS, GRANDES, MEDIANOS Y COMPACTOS, AUTOMÁTICOS O DE CAMBIOS MECÁNICOS, TODOS CON AIRE ACONDICIONADO Y CON DOS BOLSAS DE AIRE.

Le ofrecemos:

Los precios más bajos sin límite de kilómetros.

Precios especiales si alquila por semanas.

Entrega y recogida en cualquier lugar sin costo adicional.

Oficinas en todos los aeropuertos del país.

Nota: Los coches deben ser entregados con el tanque lleno.

Haga su reservación por teléfono o por e-mail, o visite cualquiera de nuestras agencias.

Oficina Central: Telf. 453-4532   **e-mail: asantiago.com.ch**

© Cengage Learning

Nombre _____ **Sección** _____ **Fecha** _____

¿Qué dice aquí? Some friends of yours need to rent a car. With a partner, help answer their questions, using the information provided in the ad on the previous page.

1. ¿Cómo se llama la compañía?

2. ¿Cómo son los coches que alquila y qué tienen todos?

3. Queremos alquilar un Chevrolet o un Ford. ¿Podemos encontrarlo en *Renta Autos Santiago*? ¿Por qué?

4. Pensamos viajar mucho. ¿Vamos a tener que pagar por los kilómetros? ¿Cómo lo sabe?

5. ¿Qué ventajas (*advantages*) tiene alquilar el coche por una semana?

6. ¿Cómo podemos reservar un coche en *Renta Autos Santiago*?

7. Somos cinco personas. ¿Qué tipo de coche necesitamos alquilar?

8. ¿Qué debemos hacer antes de entregar (*to return*) el coche?

Una actividad especial With your classmates, turn the classroom into three or four car rental agencies, with one or two students working at each agency. The rest of the students will play the roles of travelers renting cars. Some of the students should be in pairs and discuss arrangements between themselves before talking to the clerk at the car rental agency.

Un paso más Review the **Vocabulario adicional** in this **lección,** and complete the following sentences with the appropriate word or phrase.

1. Voy a _____ dinero porque no quiero comprar mi coche a _____. Quiero comprarlo al contado.

2. Tienes que _____ para salir del garaje.

3. Dejé el coche en la _____.

4. El policía le puso una _____ porque no paró (*stop*) en la señal de "Alto".

5. Los _____ son de $50,00. Y no son anuales; son _____.

6. Le pagué con un _____ de $100,00 pero no me dio ningún _____.

7. No podemos _____ aquí porque el letrero (*sign*) dice "Prohibido Estacionar".

8. Ayer, en la autopista, un camión _____ con una _____.

Un buen consejo *(Some good advice)*

Si bebe, no maneje.
Si maneja, no beba.

Pero no gasta gasolina ...

AGENCIA DE ALQUILER DE AUTOMÓVILES

REPASO

LECCIONES 11-15

Práctica de vocabulario

A Match the questions in column **A** with the corresponding answers in column **B**.

A

1. ¿Dónde compraste la falda?
2. ¿Vas a llenar el tanque?
3. ¿Qué hora es?
4. ¿No compraste el abrigo?
5. ¿Compraste tu coche a plazos?
6. ¿Qué número calzas?
7. ¿Cuántos años cumples?
8. ¿De qué club automovilístico eres socio?
9. ¿Cuándo estará listo el carro?
10. ¿Te quedan bien los zapatos?
11. ¿Necesitas el gato?
12. ¿Necesitas la escoba?
13. ¿Dónde está la basura?
14. ¿Pongo el pollo en el horno?
15. ¿Alquilaste un coche automático?
16. ¿Vas a depositar dinero en el banco?
17. ¿Cómo se comunican Uds.?
18. ¿A qué hora se fueron los invitados?
19. ¿Va a haber baile?
20. ¿Compraste los platos de cartón?
21. ¿Te gusta el vestido rojo o el rosado?
22. ¿Usaste el ascensor?

B

a. No, no me gustó.
b. Veinte.
c. No, voy a cambiar un cheque.
d. No, son muy grandes.
e. No, la escalera.
f. Sí, y el recogedor.
g. El siete y medio.
h. Sí, tengo una goma pinchada.
i. Debajo del fregadero.
j. En el departamento de ropa para señoras.
k. No, no nos gusta bailar.
l. No, yo lo hago después.
m. No, al contado.
n. A la madrugada.
o. No sé; no tengo mi reloj de pulsera.
p. De la AAA.
q. El lunes.
r. Por correo electrónico o por fax.
s. Sí, porque está vacío.
t. Ninguno de los dos.
u. No, no tuve tiempo. Perdóname.
v. No, de cambios mecánicos.

B Circle the word or phrase that does not belong in each group.

1. pasta dentífrica, anteojos de sol, cepillo de dientes

2. ascensor, pañuelo, escalera mecánica

3. piso, venta, liquidación

4. talla, medida, cartera

5. escoba, aceite, recogedor

6. olla, ropa, cacerola

7. aprender, divertirse, enseñar

8. crema de afeitar, calcetines, navajitas

9. grande, mediano, nuevo

10. ropa interior, recado, calzoncillo

11. basura, freno, motor

12. buscar, usar, llevar

13. placa, chapa, llanta

14. maletero, limpiaparabrisas, cajuela

15. estación de servicio, pileta, gasolinera

16. ganga, probador, liquidación

17. algunos, todos, todo el mundo

18. creer, divertirse, reírse

19. tienda por departamentos, centro comercial, máquina contestadora

20. libre, grabar, telenovela

21. cafetera, tostadora, bolsa de aire

22. híbrido, hervido, compacto

C Circle the word or phrase that best completes each sentence.

1. Van a llevar el coche (al taller de mecánica, al probador) porque el motor no arranca.

2. Hay una liquidación y todo está muy (barato, blanco).

3. Necesitan la escoba para (barrer, gastar) la casa.

4. Vi los zapatos en la (vidriera, ventanilla) de la zapatería.

5. Necesito un par de (garajes, calcetines).

6. Va a (depositar, entender) dinero en su cuenta de ahorros.

7. El coche no está listo todavía porque necesitamos (corbatas, piezas de repuesto).

8. Compré varias blusas de la talla más (pequeña, elegante).

9. No podía ver bien porque el coche no tenía (luces, gasolina).

10. Nos encontramos en el departamento de caballeros para ir de compras (juntos, todavía).

11. Las servilletas están en (el armario, la tostadora).

12. Los cubiertos están sucios. Debes ponerlos en el (sartén, fregadero).

13. Para desayunar quiero huevos (nuevos, revueltos).

14. Para poner la mesa necesito (la planta baja, el mantel).

15. Me gustan mucho estos aretes. Me los (compro, como).

16. Necesitamos ponerle aire a la (llanta, batería).

17. Para ir al tercer piso, tomé (el elevador, la grúa).

18. Voy a (fregar, cocinar) la vajilla.

19. Vamos a sacar seguro porque es (hermoso, peligroso) manejar sin seguro.

20. Ellos necesitan el (gato, grupo) porque tienen una goma ponchada.

21. Hace frío. Voy a ponerme el (abrigo, objeto).

22. Por fin Julio se compró un traje (listo, nuevo).

23. No fui a la fiesta. Me la (tomé, perdí).

24. Es un ejecutivo de la (sucursal, artesanía) de un banco.

25. Vivo en la misma casa. Todavía no (conocí, me mudé).

26. ¿Te gusta ese color? ¡A mí me (extraña, encanta)!

BASIC SPANISH FOR GETTING ALONG

D Palabras escondidas (*Hidden words*). Find the words for the following items.

C	P	L	B	B	O	T	A	S	J	Z	V	E	L	V	H
C	A	M	I	S	E	T	A	O	N	T	S	L	V	E	A
D	N	L	T	V	K	L	C	A	M	I	S	O	N	S	P
O	T	N	Z	O	G	U	A	N	T	E	S	F	B	T	A
R	A	L	S	O	M	B	R	E	R	O	B	O	Z	I	N
S	L	G	N	T	N	O	B	C	D	R	O	A	S	D	T
Z	A	N	D	J	T	C	E	V	F	A	L	D	A	O	I
T	N	H	L	M	E	O	I	A	P	Q	S	R	Z	T	M
C	O	Z	N	J	U	V	B	L	U	S	A	H	U	L	E
K	O	U	A	S	A	N	D	A	L	I	A	S	L	O	D
I	K	R	A	S	Z	A	P	A	T	O	S	T	V	A	I
J	T	O	B	L	V	D	Z	I	U	N	R	Q	S	B	A
N	N	C	H	A	Q	U	E	T	A	T	S	I	N	R	S
C	A	L	C	E	T	I	N	E	S	H	M	V	N	I	O
O	T	J	B	L	O	A	C	K	N	A	L	V	D	G	A
P	I	J	A	M	A	B	C	U	C	I	N	T	O	O	H

E Crucigrama. Use the clues provided below to complete the crossword puzzle.

HORIZONTAL

1.

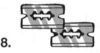
8.

16.

23.

3.

11.

17.

27.

7.

13.

19.

28.

29.

VERTICAL

2.

6.

12.

4.

9.

14.

5.

10.

15.

18.

20.

21.

22.

24.

25.

26.

🔊 **Práctica oral** The speaker will ask you some questions. Answer each question, using the cue provided. The speaker will verify your response. Repeat the correct answer.

1. ¿Cuánto tiempo hace que Ud. me espera? (media hora)

2. ¿Dónde estaba Ud.? (en el departamento de caballeros)

3. ¿Usó Ud. la escalera mecánica o el ascensor? (el ascensor)

4. ¿Qué me dijo Ud. que necesitaba? (calcetines y camisetas)

5. ¿Qué le trajo su novia? (una camisa y una corbata)

6. ¿Qué talla usa Ud.? (mediana)

7. ¿Dónde puso Ud. el traje? (en mi cuarto)

8. ¿De quién son los anteojos de sol? (Carlos)

9. ¿Dónde te arreglaron los pantalones? (en la tienda)

10. ¿Compró Ud. sus zapatos en una liquidación? (no)

11. ¿Le quedan bien los zapatos? (no, grandes)

12. ¿Qué número calza Ud.? (el ocho)

13. ¿Esta camisa hace juego con el traje azul? (sí)

14. ¿Va Ud. a comprar un vestido o una falda y una blusa? (vestido)

15. ¿Dónde se probó Ud. la ropa? (probador)

16. ¿Usa Ud. pijama o camisón para dormir? (pijama)

17. ¿El pijama le queda bien o le queda grande? (bien)

18. Ud. no fue a la tienda ayer. ¿Por qué? (no quise)

19. ¿Es Ud. socio del club automovilístico? (sí)

20. ¿Sabe Ud. cuál es el número de teléfono del club? (no)

21. ¿El tanque de su coche está vacío? (no, lleno)

22. ¿Qué marca de aceite usa Ud.? (Penzoil)

23. ¿Le gusta a Ud. conducir? (sí)

24. En el coche, ¿dónde pone Ud. las maletas? (en el maletero)

25. ¿Dónde compra Ud. gasolina? (en la estación de servicio)

26. ¿Qué le hace falta al coche? (una batería nueva)

27. Mi coche no arranca y debo remolcarlo. ¿Qué voy a necesitar? (una grúa)

28. ¿Tiene Ud. licencia para conducir? (sí)

29. ¿Su licencia es válida aquí? (sí)

30. ¿Va Ud. a alquilar un coche de cambios mecánicos? (no, automático)

31. ¿Va a pagar Ud. con tarjeta de crédito? (no, en efectivo)

32. ¿Qué preparó Ud. para el desayuno hoy? (huevos, chocolate y tostadas)

33. ¿Cómo prefiere Ud. comer los huevos? (fritos)

34. ¿Tiene Ud. que limpiar el garaje hoy? (sí, está sucio)

35. ¿Qué necesita para hacerlo? (la escoba y el recogedor)

36. ¿Sabe Ud. cocinar? (sí)

37. ¿Tiene Ud. muchas recetas? (no)

38. ¿Qué va a cocinar Ud. hoy? (pollo)

39. ¿Lo va a asar o lo va a freír? (asar)

40. ¿Ud. va a poner la mesa ahora? (no)

🔊 **Para leer y entender** Listen to the following reading, paying special attention to pronunciation and intonation. Make sure you understand and remember as much as you can.

Hace dos días que Teresa y su amiga Alicia llegaron de Guadalajara, adonde fueron de vacaciones. Fueron por avión, estuvieron allí dos semanas y el viaje les gustó mucho.

Cuando llegaron a Guadalajara, las chicas decidieron alquilar un coche y los primeros[1] días no tuvieron problemas, pero después de una semana tuvieron que llevar el coche a la estación de servicio porque no arrancaba. El empleado les dijo que necesitaban llamar una grúa para remolcar el coche a otra estación de servicio porque ellos no tenían mecánico allí. El coche necesitaba una batería nueva y los frenos no funcionaban; por eso Teresa y Alicia decidieron llamar a la agencia de autos y pedir otro coche.

En Guadalajara, las chicas compraron muchas cosas para ellas y para sus familias. Teresa compró un vestido bordado[2] para ella y Alicia compró uno también. La mamá de Teresa le había pedido un par de zapatos y ella se los compró; también le compró una bolsa muy bonita. Su hermana quería una falda y una blusa y Teresa se las compró.

Todas las cosas que compraron eran bonitas y muy baratas. Las chicas han decidido que el próximo verano van a volver a México para visitar otras ciudades. Piensan ir a Acapulco y a Puerto Vallarta.

Now answer the following questions.

1. ¿Teresa y Alicia fueron de vacaciones a Suramérica?

2. ¿Cuánto tiempo hace que llegaron de su viaje?

3. ¿Fueron en coche?

4. ¿Estuvieron mucho tiempo de vacaciones las chicas?

5. ¿Llevaron las chicas su coche en el viaje o alquilaron uno?

6. ¿Por qué tuvieron que llevar el coche a la estación de servicio?

7. ¿Por qué tuvieron que llevarlo a otra estación de servicio?

8. ¿Cómo llevaron el coche?

9. ¿Qué problemas tenía el coche?

10. ¿Qué decidieron hacer Teresa y Alicia?

11. ¿Cuántos vestidos bordados compraron las chicas?

12. ¿Qué compró Teresa para su mamá?

13. ¿Qué quería la hermana de Teresa?

14. ¿Eran muy caras las cosas que compraron Teresa y Alicia?

15. ¿Adónde van a ir las chicas las próximas vacaciones?

16. ¿Cuándo van a viajar?

17. ¿Qué ciudades quieren visitar?

18. ¿Creen Uds. que a Teresa y a Alicia les gustó mucho el viaje? ¿Por qué o por qué no?

_____

[1]*first*
[2]*embroidered*

© Margot Granitsas / The Image Works

DE VIAJE

OBJECTIVES

Structures
- The present subjunctive
- The subjunctive with verbs of volition
- The absolute superlative

Communication
- Traveling by train and by bus

Culture: Argentina
- Seasons and climates

🔊 Aprenda estas palabras

1. LA ESTACIÓN DE TRENES

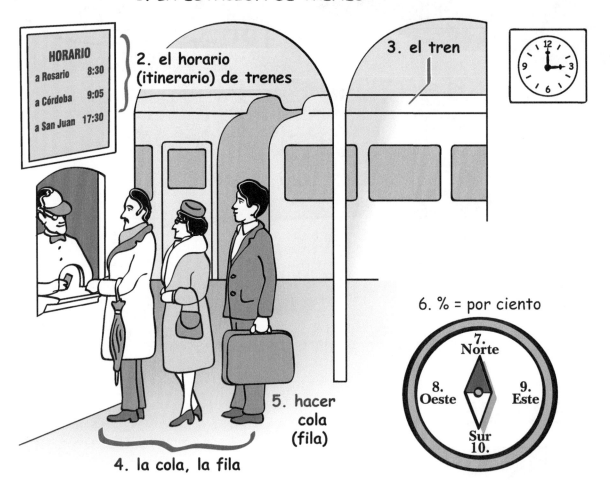

HORARIO

a Rosario	8:30
a Córdoba	9:05
a San Juan	17:30

2. el horario (itinerario) de trenes

3. el tren

4. la cola, la fila

5. hacer cola (fila)

6. % = por ciento

7. Norte

8. Oeste

9. Este

10. Sur

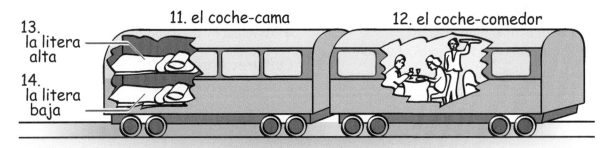

13. la litera alta

14. la litera baja

11. el coche-cama

12. el coche-comedor

BASIC SPANISH FOR GETTING ALONG

🔊 De viaje

Isabel y Gloria, dos chicas de Buenos Aires, quieren viajar a Bahía Blanca, una ciudad que está al sur de Buenos Aires, para visitar a los tíos de Isabel. Ahora están haciendo cola en una estación de trenes en Buenos Aires.

Isabel   Gloria

En el despacho de boletos.

Isabel	—¿Cuándo hay trenes para Bahía Blanca?
Empleado	—Por la mañana y por la noche. Yo les aconsejo que viajen por la noche.
Isabel	—¿Por qué?
Empleado	—Porque el tren de la noche es el expreso.
Gloria	—Entonces deme dos pasajes de ida y vuelta para el expreso del sábado.
Empleado	—Muy bien. Los billetes de ida y vuelta tienen un 20 por ciento de descuento.
Isabel	—¿Tiene el tren coche-comedor?
Empleado	—Sí, señorita. Tiene coche-comedor y coche-cama.
Isabel	—¿No tenemos que transbordar?
Empleado	—No, señorita.

El día del viaje.

Gloria	—¿De qué andén sale el tren?
Isabel	—Del andén número dos, pero tiene una hora de retraso.
Gloria	—Sí, según este itinerario no sale hasta las 22 horas.

Después de pasar 15 fabulosos días en la estancia de los tíos de Isabel, las chicas regresan a Buenos Aires. Un mes más tarde comienzan a planear sus vacaciones de invierno.

Gloria	—Quiero que vayamos a Asunción porque quiero que conozcas a mi hermana, que vive allí. No le voy a avisar que vamos porque quiero darle una sorpresa.
Isabel	—¿Vamos en avión o en autobús?
Gloria	—En avión. El viaje en autobús es larguísimo.
Isabel	—No me gusta volar. Siempre me mareo cuando despega y cuando aterriza el avión.
Gloria	—Te sugiero que tomes una pastilla para el mareo.

Una semana más tarde, en el aeropuerto de Asunción.

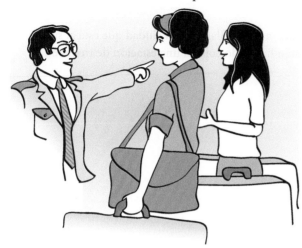

Isabel	—(*A un empleado.*) Perdón, ¿cómo se llega al centro?
Empleado	—Siga derecho por este pasillo hasta llegar a la salida. Allí doble a la izquierda y camine hasta la parada de autobuses.
Gloria	—¿Qué autobús tenemos que tomar?
Empleado	—El autobús número 45.
Isabel	—Creo que será mejor tomar un taxi. (*Al empleado.*) ¿Hay una parada de taxis?
Empleado	—Sí, a la derecha.
Isabel y Gloria	—Gracias.

¡**Escuchemos!** While listening to the dialogue, circle **V (verdadero)** if the statement is true and **F (falso)** if it is false.

1. Isabel y Gloria van a viajar a una ciudad al norte de Buenos Aires. V F

2. Hoy hay muchas personas en la estación de trenes. V F

3. El tren de la noche es el rápido. V F

4. Los billetes de ida y vuelta son más baratos. V F

5. Las chicas no van a poder comer en el tren. V F

6. Las chicas no van a tener que cambiar de tren. V F

7. El tren va a salir sin retraso. V F

8. Las chicas se aburrieron mucho en la estancia. V F

9. En las vacaciones de invierno, las chicas fueron a Paraguay. V F

10. En el aeropuerto las chicas tomaron un autobús para ir al centro. V F

🌐 VOCABULARIO
Audio

Cognados

fabuloso(a)
la sorpresa

Nombres

el andén *platform (railway)*
el boleto, el billete *ticket (for train or bus)*
el descuento *discount*
el despacho de boletos, la ventanilla *ticket window*
la estancia, el rancho (*Méx.*) *ranch*
el expreso, el rápido *express train*
la hora *hour*
el invierno *winter*
el mareo *dizziness, dizzy spell*
el número *number*
la parada de autobuses *bus stop*
la parada de taxis *taxi stand*
el pasillo *hallway*
la pastilla *pill*
la salida *departure*

Verbos

aconsejar *to advise*
aterrizar *to land (a plane)*
avisar *to inform, to let (someone) know*
caminar *to walk*
despegar *to take off (a plane)*
doblar, girar *to turn*
marearse *to become dizzy*
sugerir (e:ie) *to suggest*
transbordar *to change, to transfer (trains, buses, etc.)*
volar (o:ue) *to fly*

Otras palabras y expresiones

¿Cómo se llega a...? *How do you get to . . .?*
hasta llegar a *until you get to*
para *for, to*
quince días *two weeks*
seguir derecho *to go straight ahead*
según *according to*
tener... horas de retraso (atraso) *to be . . . hours behind schedule*

🌐 VOCABULARIO ADICIONAL
Audio

Para hablar de viajes (*To talk about travel*)

a tiempo *on time*
abrocharse el cinturón de seguridad *to fasten one's seat belt*
bajarse *to get off, to disembark*
diario(a) *daily*
empacar, hacer las maletas *to pack*
facturar el equipaje *to check luggage*

la frontera *border*
hospedarse *to stay (i.e.) at a hotel*
perder el tren (avión, autobús) *to miss the train (plane, bus)*
¿Por cuánto tiempo es válido el pasaje? *How long is the ticket valid for?*
la tarifa *rate*
el tranvía *streetcar, local train*

Search

iLrn

Notas Culturales

■ En los hemisferios norte y sur las estaciones están invertidas. Por ejemplo, cuando en los Estados Unidos es verano, en Argentina es invierno. Allí las clases comienzan en marzo y terminan en diciembre. Los estudiantes tienen vacaciones de invierno en julio; por eso muchos argentinos viajan a Paraguay en esta época porque el clima de Paraguay es más bien tropical y casi siempre hace calor. Los paraguayos dicen que Paraguay tiene dos estaciones: el verano y la del ferrocarril (*railroad*).

■ En Argentina, como en la mayoría de los países hispanos, se usa el sistema de 24 horas, especialmente para horarios de trenes, aviones, autobuses, etc., y también para invitaciones. Por ejemplo, "las 17 horas" corresponde a las cinco de la tarde.

EN TU MUNDO...

1. ¿Se usa el sistema de 24 horas en los Estados Unidos? ¿Para qué?

2. ¿En qué mes comienzan las clases en tu universidad?

3. Generalmente, ¿en qué meses tienen vacaciones los estudiantes en las universidades de este país?

ACTIVIDADES

Dígame... Answer the following questions, basing your answers on the dialogue.

1. ¿Adónde quieren ir Isabel y Gloria? ¿Dónde está Bahía Blanca?

_____

2. ¿Dónde están ellas ahora y qué están haciendo?

_____

3. ¿Cuándo hay trenes para Bahía Blanca y qué les aconseja el empleado? ¿En qué tren van a viajar las chicas? ¿Por qué?

_____

4. ¿Por qué es una buena idea comprar billetes de ida y vuelta?

_____

5. ¿El tren tiene retraso? ¿A qué hora va a ser la salida?

_____

6. ¿Cuánto tiempo pasaron las chicas en la estancia del tío de Isabel? ¿Se divirtieron?

_____

7. ¿Por qué quiere Gloria que Isabel vaya con ella a Asunción? ¿Qué quiere darle a su hermana?

_____

8. ¿Por qué no quiere Gloria ir en autobús a Asunción?

_____

9. ¿Qué problema tiene Isabel cuando despega y aterriza el avión? ¿Qué le sugiere Gloria?

_____

10. Para ir a la parada de autobuses, ¿qué deben hacer las chicas?

_____

11. ¿Qué autobús tienen que tomar las chicas para ir al centro?

_____

12. Al final (*In the end*), ¿cómo deciden las chicas ir al centro?

_____

Hablemos

Interview a classmate, using the following questions. When you have finished, switch roles.

1. ¿Te gusta viajar en tren? Si no, ¿cómo prefieres viajar?

2. Si viajas en tren, ¿prefieres una litera alta o baja (*upper/lower berth*)?

3. Cuando viajas, ¿qué compras para leer?

4. ¿Qué crees que es más peligroso, viajar en avión o viajar en coche?

5. Cuando viajas, ¿te dan un descuento? ¿De cuánto?

6. Cuando tus amigos te preguntan adónde deben viajar, ¿qué les aconsejas?

7. ¿Qué haces durante las vacaciones de invierno? ¿Qué te gustaría hacer?

8. Si un amigo tuyo está mareado, ¿qué le sugieres que haga?

9. ¿Qué ciudad de los Estados Unidos consideras hermosísima?

10. ¿Has visitado algunas ciudades del sur de los Estados Unidos? (¿Del norte? ¿Del este? ¿Del oeste?)

¿Cómo lo decimos? Complete the following sentences, using the Spanish equivalent of the words in parentheses.

1. Ella necesita que tú _____ el horario de trenes. (*give her*)

2. Eva quiere que nosotros _____ . (*stand in line*)

3. Quiero que Uds. _____. (*fasten your seatbelts*)

4. Necesito que ellos _____ por cuánto tiempo es válido el pasaje. (*tell me*)

5. Les aconsejo que _____ a la parada de autobuses y que _____ el autobús número 42. (*go / take*)

6. Adela quiere que _____ los boletos aquí y que _____ con cheques de viajero. (*we buy / we pay*)

7. Te sugiero que _____ cómo se llega al hotel. (*you ask them*)

8. No quiero que Uds. _____. (*miss the plane*)

9. Necesito que Ud. _____ las pastillas. (*give me*)

10. Ellos nos recomiendan que _____ en la frontera a las seis. (*we be*)

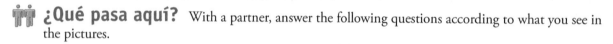 ¿Qué pasa aquí? With a partner, answer the following questions according to what you see in the pictures.

A.

1. ¿De qué andén sale el tren?

2. ¿En qué coche está María?

3. ¿Cree Ud. que tiene litera?

4. ¿Adónde viaja María?

1. ¿Dónde están Rosa, Juan y Hugo?

2. ¿Qué hacen?

3. ¿Adónde va Rosa? ¿En que país está la ciudad adonde va?

4. ¿Cuándo hay trenes para Lima?

5. ¿Va a comprar Juan un pasaje de ida?

6. ¿Qué descuento van a hacerle a Juan?

7. ¿En qué tren quiere viajar Hugo?

1. ¿Cuántas horas de retraso tiene el tren de Lima?

2. ¿Adónde va a viajar Sara?

3. ¿Qué le va a mandar Sara a Juan Mena?

Una encuesta Survey your classmates and your instructor to find someone who fits each of the following descriptions and write the person's name in the space provided. Remember to use the **tú** form when speaking to your classmates and the **Ud.** form when speaking to your instructor. Then, in groups of three, discuss the result of the survey.

ESTA PERSONA...

1. ☐ prefiere viajar en tren o en autobús. _____

2. ☐ ha viajado en tren muchas veces. _____

3. ☐ ha viajado por el sur de los Estados Unidos. _____

4. ☐ quiere que sus amigos viajen con él (ella). _____

5. ☐ quiere visitar España. _____

6. ☐ se marea cuando vuela. _____

7.	☐	toma pastillas para el mareo cuando viaja en avión.
8.	☐	ha perdido el avión.
9.	☐	siempre se abrocha el cinturón de seguridad cuando viaja en coche.
10.	☐	quiere que sus amigos conozcan a sus padres.
11.	☐	recibe descuentos en algunas tiendas.
12.	☐	tiene que hacer cola cuando va al banco.

En estas situaciones With a partner, act out the following situations in Spanish.

1. You work at the ticket window of a train station and are helping a customer. He/She wants to know when the express train leaves and whether any discounts are available.

2. You are planning to take a two-day train trip and want to know what your options are for sleeping and eating on the train. You call the train station to obtain the necessary information.

3. You would like a friend from school to meet your family. Discuss how such a meeting might take place, including any necessary travel arrangements.

4. You are having a party and need to tell a friend how to get from the university to your house (dorm, apartment).

¿Qué dice aquí? One of your friends is planning to visit Argentina and is asking you and a classmate about the trains there. Answer your friend's questions using the information in the ad on the following page.

1. ¿A qué lugares de Argentina se puede ir por tren?

2. ¿Tienen los trenes aire acondicionado? ¿Calefacción?

3. ¿Cuántas personas pueden dormir en los departamentos de los coches-cama?

4. ¿Tienen estos departamentos baño privado?

5. ¿Cuántas personas pueden dormir en los departamentos de los coches-litera?

6. ¿Dónde se puede comer en el tren?

7. ¿Qué tipos de comida sirven en el tren?

8. ¿Qué descuento dan en los viajes de ida y vuelta?

9. ¿En qué estación (*season*) del año tienen los ferrocarriles precios especiales?

POR TREN A TODA ARGENTINA

Para conocer Argentina, viaje por tren. La Red Nacional de Ferrocarriles lo lleva a todas partes.

Trenes modernos, cómodos, con aire acondicionado y calefacción.

Coches-cama con departamentos para una o dos personas, con baño privado.

Coches-litera con departamentos para cuatro o seis pasajeros.

Un coche-comedor en cada tren con un excelente servicio de comidas y bebidas argentinas e internacionales.

Descuentos del 10% en viajes de ida y vuelta.
Precios especiales en el verano.

Photo Credit: silver-john © 2009 Shutterstock

Actividades especiales

A With your classmates, turn the classroom into a train station (put up signs with platform numbers, train schedules, etc.). Set up five or six ticket windows, with one student working at each window. The rest of the students will play the roles of travelers buying train tickets. Some of the students should be in pairs and discuss arrangements with their partners before talking to the clerk at the ticket window.

B With a partner, and using the map on page 240, tell each other how to get from various places to others. Take turns giving directions.

© 2014 Heinle, Cengage Learning

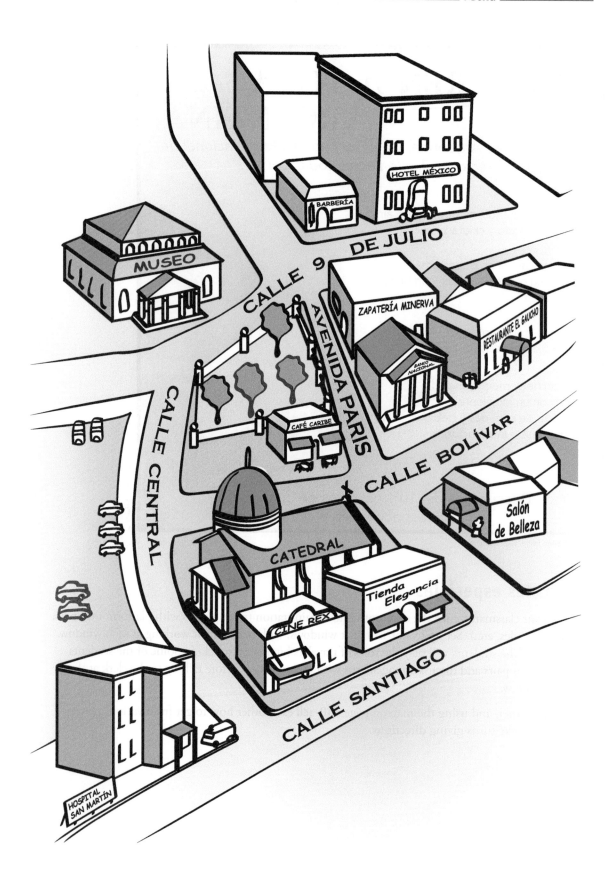

BASIC SPANISH FOR GETTING ALONG

Un paso más
Review the **Vocabulario adicional** in this **lección,** and complete the following sentences with the appropriate word or phrase.

1. ¿Por cuánto tiempo es _____ el pasaje?

2. El tren va a llegar _____. Hoy no tiene retraso.

3. El tren que va a la Ciudad de México sale todos los días. Es _____.

4. Los niños son terribles; acaban de subirse al tren y ya quieren _____ de él.

5. No podemos pasar la _____ porque no tenemos pasaporte.

6. Si no sales ahora mismo, vas a _____ el tren.

7. Después de abordar el avión, hay que _____.

8. En San Francisco, la gente puede viajar en _____.

9. En el verano *(summer)* hay una _____ especial para viajar a España.

10. No voy a llevar las maletas conmigo. Voy a _____ el equipaje.

Un trabalenguas

Erre con erre cigarro,
erre con erre barril,
rápidos corren los carros
del ferrocarril.

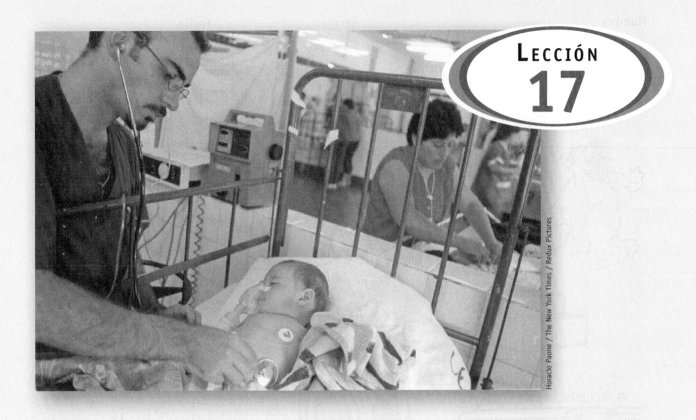

Horacio Paone / The New York Times / Redux Pictures

EN LA SALA DE EMERGENCIA

OBJECTIVES

Structures

- The subjunctive to express emotion
- The subjunctive with some impersonal expressions
- Formation of adverbs

Communication

- How to talk about medical emergencies and doctor's recommendations

Culture: Uruguay

- Hospitals and medical care in the Hispanic world

🌐 Aprenda estas palabras

1. caerse
2. la bata
3. la curita
4. la ambulancia

PARAMÉDICOS

5. la fractura
6. el pecho
7. el estómago
8. la mano
9. la cabeza
10. (el) corazón
11. los dedos
12. la rodilla
13. el tobillo

14. la frente
15. los ojos
16. la nariz
17. la boca
18. la lengua
19. el oído[1]

20. la cara
21. el brazo
22. la pierna
23. el pie
24. la espalda
25. los dedos del pie

_____

[1] inner ear

BASIC SPANISH FOR GETTING ALONG

🔊 En la sala de emergencia de un hospital en Montevideo

Inés se cayó en la escalera del edificio de apartamentos donde vive y Javier, su esposo, la llevó al hospital. Estaban en la sala de espera cuando la enfermera vino para llevarla al consultorio.

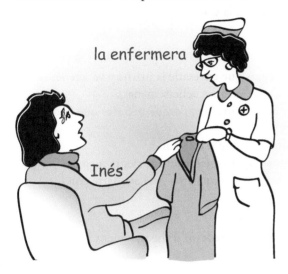

Javier —(*A la enfermera*) Señorita, mi esposa tiene mucho dolor. Es necesario que el médico la vea inmediatamente.

Enfermera —En seguida viene el doctor Valverde, señor. (*A Inés*) Quítese la ropa y póngase esta bata, señora.

Con el médico.

Médico —¿Qué pasó, señora? ¿Cómo se lastimó?

Inés —Me caí en la escalera, me golpeé la cabeza y me corté la frente. Y me duele mucho el tobillo.

Médico —¿Perdió Ud. el conocimiento?

Inés	—Por unos segundos.
Médico	—Bueno, voy a lavarle y desinfectarle la herida. ¿Le pusieron una inyección antitetánica alguna vez?
Inés	—Sí, hace cuatro meses. Espero que no tenga que darme puntos.
Médico	—Es probable que tengamos que hacerlo.
Inés	—El tobillo me duele mucho. Ojalá que no haya fractura.
Médico	—Necesitamos una radiografía para saberlo. Ahora la van a llevar a la sala de rayos X.

Después de ver las radiografías, el médico habla con Inés.

Médico	—Usted se fracturó el tobillo, señora. Tendremos que enyesarle la pierna y va a tener que usar muletas. Generalmente tiene que usarlas por unas ocho semanas.
Inés	—(*A su esposo*) Temo que no puedas volver a la oficina hoy, porque necesito que te quedes conmigo.
Javier	—No te preocupes, mi amor. Lo importante es que tú estés bien.
Médico	—Le voy a recetar unas pastillas para el dolor. Espero que pronto se sienta mejor.
Javier	—Ojalá que tu mamá pueda venir a quedarse contigo mañana, para ayudarte con los niños.

¡Escuchemos! While listening to the dialogue, circle **V (verdadero)** if the statement is true and **F (falso)** if it is false.

1. Inés y Javier viven en Uruguay.	V	F
2. Inés tuvo un accidente y la llevaron al hospital.	V	F
3. Ines perdió el conocimiento por varios minutos.	V	F
4. Inés tiene una herida en la frente.	V	F
5. Inés se lastimó el tobillo.	V	F
6. A Inés nunca le pusieron una inyección antitetánica.	V	F
7. Inés espera que no tengan que darle puntos en la herida.	V	F
8. Inés se fracturó una pierna.	V	F
9. Javier puede regresar a su trabajo hoy.	V	F
10. El médico le va a poner una inyección a Inés para que no tenga dolor.	V	F

⊕ VOCABULARIO
Audio

Cognados

el apartamento
la inyección
inmediatamente

Nombres

el consultorio *doctor's office*
el dolor *pain, ache*
el edificio *building*
la herida *wound*
la inyección antitetánica *tetanus shot*
el (la) médico(a) *medical doctor, M.D.*
las muletas *crutches*
la radiografía *X-ray*
la sala de emergencia *emergency room*
la sala de espera *waiting room*
la sala de rayos X *X-ray room*
la silla de ruedas *wheelchair*

Verbos

desinfectar *to disinfect*
dudar *to doubt*

enyesar *to put in a cast*
esperar *to hope*
fracturarse, romperse *to fracture, to break*
golpear(se) *to hit (oneself)*
lastimarse *to get hurt*
pasar *to happen*
quitarse *to take off*
recetar *to prescribe*
sentirse (e:ie) *to feel*

Otras palabras y expresiones

alguna vez *ever*
dar (poner) puntos *to put in stitches*
inmediatamente *immediately*
lo importante *the important thing*
ojalá *I hope*
perder el conocimiento, desmayarse *to lose consciousness, to faint*
poner una inyección *to give a shot*
ser (no ser) necesario *to be (not to be) necessary*

⊕ VOCABULARIO ADICIONAL
Audio

Para hablar del cuidado médico
(*To talk about medical care*)

el accidente *accident*
el análisis *analysis, medical test*
de sangre *blood test*
los anteojos, las gafas *glasses*
el (la) cirujano(a) *surgeon*
el cuello *neck*

el (la) dentista *dentist*
la garganta *throat*
los lentes de contacto *contact lenses*
la muñeca *wrist*
el (la) oculista *oculist, eye specialist*
el (la) ortopédico(a) *orthopedist*
vendar *to bandage*

Notas Culturales

■ En la mayoría de los países de habla hispana, la hospitalización es gratuita (*free*) porque los hospitales están subvencionados (*subsidized*) por el gobierno. Hay también clínicas privadas para las personas de mejor posición económica que prefieren no ir a un hospital público. Las clínicas generalmente ofrecen mejores servicios y no tienen tantos pacientes.

■ Especialmente en las grandes ciudades hispanas, la medicina está muy avanzada, pero en muchos pueblos (*towns*) remotos no hay hospitales ni médicos. En esos lugares, especialmente en Latinoamérica, hay curanderos (*healers*) que recomiendan hierbas (*herbs*) o tes o que usan remedios tradicionales para sus curas. En el campo (*country*) muchas mujeres tienen sus bebés con la ayuda de una partera (*midwife*).

EN TU MUNDO...

1. En este país, ¿hay hospitales subvencionados por el gobierno?

2. ¿Qué tipos de tiendas venden aquí tes y hierbas?

3. En general, ¿las mujeres norteamericanas prefieren tener su bebé en un hospital o en casa con la ayuda de una partera?

ACTIVIDADES

Dígame... Answer the following questions, basing your answers on the dialogue.

1. ¿Qué le pasó a Inés y quién la llevó al hospital?

   _____

2. ¿Dónde estaba Inés cuando la enfermera vino a buscarla?

   _____

3. ¿Qué problema tiene Inés? ¿Qué dice Javier?

   _____

4. ¿Qué se golpeó Inés? ¿Qué se cortó?

   _____

5. ¿Por cuánto tiempo perdió el conocimiento?

   _____

6. ¿Qué espera Inés que no tenga que hacer el médico? ¿Qué dice el médico?

_____

7. ¿Qué le duele a Inés? ¿Qué espera ella que no haya?

_____

8. ¿Qué necesita el médico para saber si hay fractura? ¿A dónde van a llevar a Inés?

_____

9. ¿Qué tendrá que usar Inés para caminar? ¿Por cuántas semanas tendrá que usarlas?

_____

10. ¿Qué teme Inés que Javier no pueda hacer hoy? ¿Por qué?

_____

11. ¿Qué le va a recetar el médico a Inés? ¿Qué le dice?

_____

12. ¿Qué espera Javier que pueda hacer la mamá de Inés?

_____

👥 Hablemos Interview a classmate, using the following questions. When you have finished, switch roles.

1. ¿Tú vives en una casa o en un edificio de apartamentos?

2. ¿Te pusieron una inyección antitetánica recientemente? ¿Cuánto tiempo hace?

3. ¿Perdiste el conocimiento alguna vez? ¿Qué te pasó?

4. ¿Han tenido que darte puntos alguna vez?

5. ¿Te duele la cabeza? (¿la espalda? ¿la garganta? ¿el oído? ¿el pecho?)

6. ¿Qué tomas cuando te duele la cabeza?

7. ¿Has tenido un accidente grave (*serious*) alguna vez? (¿Cuándo fue?)

8. ¿Te has fracturado alguna vez un brazo? (¿una pierna? ¿un tobillo?)

9. ¿Has tenido que usar muletas alguna vez? (¿Por qué?)

10. ¿Te gustaría ser médico(a) o enfermero(a)? ¿Por qué o por qué no?

11. ¿Has usado una silla de ruedas alguna vez? ¿Cuándo? ¿Por qué?

12. ¿Tienes que usar anteojos (gafas)?

¿Cómo lo decimos? Give the Spanish equivalent of the words in parentheses.

1. Es probable que el médico _____, señora. (*has to give you a tetanus shot*)

2. Ojalá que ellos _____ a la sala de emergencia inmediatamente. (*can take her*)

3. Espero _____ con la enfermera esta tarde, pero temo que ella _____ en el hospital hoy. (*I can speak / is not*)

4. Es importante que la enfermera _____ la herida. (*disinfect*)

5. Me alegro de que su mamá _____. (*feels better*)

6. Es necesario _____ al médico todos los años. (*to go*)

7. Siento que _____, señora. (*your back hurts*)

8. Esperamos que los niños _____. (*don't get hurt*)

9. Necesitamos _____ las radiografías _____. (*that they bring / immediately*)

10. _____ él trabaja en _____. (*Generally / the X-ray room*)

 ¿Qué pasa aquí? With a partner answer the following questions according to what you see in the pictures.

1. ¿Dónde está Luis?

2. ¿Qué le pasó a Luis?

3. ¿Dónde tiene Luis una herida?

4. ¿Qué va a hacer la enfermera?

5. ¿A Luis le gustan las inyecciones? ¿Cómo lo sabe?

1. ¿Dónde está Rita?

2. ¿Qué hace Rita?

3. ¿Qué le da la enfermera?

4. ¿Qué cree Ud. que le van a hacer a Rita?

C.

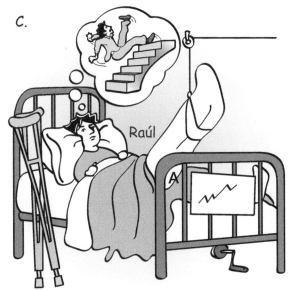

1. ¿Dónde está Raúl?

2. ¿Qué le pasó a Raúl?

3. ¿Qué le hicieron a Raúl?

4. ¿Qué tendrá que usar Raúl para caminar?

D.

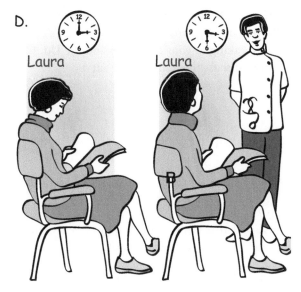

1. ¿Dónde está Laura?

2. ¿Qué hace Laura mientras espera?

3. ¿Cuánto tiempo tuvo que esperar Laura?

E.

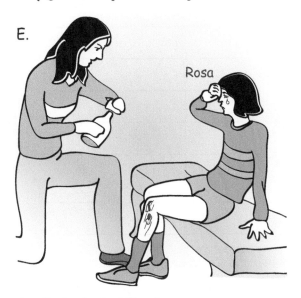

1. ¿Qué se lastimó Rosa?

2. ¿Cree Ud. que le duele mucho la rodilla?

3. ¿Qué le va a hacer su mamá?

F.

1. ¿Qué cree Ud. que le duele a Julio?

2. ¿Qué hizo Julio?

3. ¿Qué cree Julio que debe tomar para el dolor de estómago?

ḯḯḯ Una encuesta Survey your classmates and your instructor to find someone who fits each of the following descriptions and write the person's name in the space provided. Remember to use the **tú** form when speaking to your classmates and the **Ud.** form when speaking to your instructor. Then, in groups of three, discuss the results of the survey.

ESTA PERSONA...

1. ☐ se rompió una pierna o un brazo cuando era niño(a). _____

2. ☐ tenía dolor de oídos frecuentemente cuando era niño(a). _____

3. ☐ a veces tiene dolor de espalda. _____

4. ☐ toma *Tylenol* cuando le duele la cabeza. _____

5. ☐ ha tenido que usar muletas. _____

6. ☐ necesita una inyección antitetánica. _____

7. ☐ se siente bien hoy. _____

8. ☐ nunca se ha desmayado. _____

9. ☐ fue al dentista el mes pasado. _____

10. ☐ tuvo que ir al oculista el año pasado. _____

11. ☐ sabe desinfectar y vendar una herida. _____

12. ☐ tuvo que llevar a alguien a la sala de emergencia el año pasado. _____

13. ☐ usa lentes de contacto. _____

14. ☐ se hizo un análisis de sangre el mes pasado. _____

ḯḯ En estas situaciones With a partner, act out the following situations in Spanish.

1. You are in the emergency room because you fell down some stairs and injured your arm. One of your fingers hurts a lot and you're afraid that it's broken. A small cut on your face is bleeding, too. A nurse comes over to tend to you.

2. You're a doctor. You've just looked at the X-rays for one of your patients, which confirm that his/her leg is fractured. You're going to have to put the leg in a cast.

3. You're a doctor. A patient is going to need seven stitches on his/her forehead. You need to know how long ago he/she had a tetanus shot.

 **¿Qué dice aquí?** You and a partner are about to begin jobs as receptionists at the *Clínica La Benéfica*. Read the ad and answer the questions that follow so that you will be prepared to help Spanish speakers who call the clinic.

CLÍNICA LA BENÉFICA

NOS PREOCUPAMOS POR LA SALUD DE TODA LA FAMILIA

Tenemos médicos especializados en:

- Enfermedades del corazón
- Enfermedades de los pulmones y del estómago
- Problemas del embarazo
- Medicina general
- Alergias
- Ortopedia

Ofrecemos servicios de laboratorio, rayos X y farmacia.
Hacemos exámenes físicos completos.
Consultorios abiertos de lunes a viernes, de 8 a 5.
Servicio de enfermeras a domicilio.

Llamadas de emergencia y servicio de ambulancias las 24 horas del día.

Avenida Rivera 789   *Telf. 453-9543*

Amplio espacio de estacionamiento

ACEPTAMOS TODO TIPO DE SEGUROS

---

1. ¿Cómo se llama la clínica? ¿Cuál es su dirección (*address*)?

   _____

2. ¿En qué enfermedades están especializados los médicos de la clínica?

   _____

3. Mi hijo tiene asma. ¿A qué especialista puedo llevarlo?

   _____

4. Necesito una radiografía. ¿A qué departamento debo ir?

   _____

5. ¿Qué otros servicios ofrece la clínica?

   _____

6. ¿Qué días y a qué hora están abiertos (*open*) los consultorios?

   _____

7. Tengo un seguro de accidentes de trabajo. ¿Lo aceptan en la clínica?

   _____

8. Necesito cuidados (*care*) en mi domicilio (*home*). ¿Qué servicio puedo solicitar en la clínica?

   _____

9. ¿Tiene la clínica servicios de emergencia y de ambulancia? ¿Cuándo?

   _____

10. ¿Es fácil (*easy*) estacionar el coche en la clínica? (Diga por qué.)

    _____

 Una actividad especial With your classmates, transform your classroom into a hospital emergency room. Put up different signs for the waiting room, the examining room, etc. There will be at least six doctors on duty; the rest of the students will be the patients. Some will have broken bones, some will have cuts and various aches and pains. The receptionists will take information from the patients and plan treatments.

Un paso más Review the **Vocabulario adicional** in this **lección,** and complete the following sentences with the appropriate word or phrase.

1. Tuvo un _____ y lo llevaron al hospital en una ambulancia.

2. La rodilla es parte de la pierna y la _____ es parte del brazo.

3. Tiene problemas con los ojos. Necesita ir al _____.

4. No puedo hablar mucho porque tengo dolor de _____.

5. Me fracturé la pierna y me llevaron al consultorio del _____.

6. Voy al laboratorio porque necesito hacerme un _____.

7. No puedo mover la cabeza porque me duele mucho el _____.

8. La enfermera le desinfectó la herida y se la _____.

9. La _____ dijo que me operaría el lunes.

10. El _____ quiere que me cepille los dientes tres veces al día.

Palabras escondidas Find these parts of the body in the puzzle.

C	E	D	E	D	O	S	M	O
A	G	B	L	N	A	N	A	H
B	C	O	R	A	Z	O	N	S
E	A	C	A	R	O	J	O	S
Z	R	A	P	I	E	D	L	M
A	A	F	O	Z	O	I	D	O
B	L	E	N	G	U	A	S	T

Un dicho

Ojos que no ven, corazón que no siente.

Out of sight, out of mind. (lit., Eyes that don't see, heart that doesn't feel.)

BASIC SPANISH FOR GETTING ALONG

Jeff Greenberg/Alamy

LECCIÓN
18

EN LA UNIVERSIDAD

OBJECTIVES

Structures

- The subjunctive to express doubt, disbelief, and denial
- The subjunctive to express indefiniteness and nonexistence
- Diminutive suffixes

Communication

- How to talk about college life

Culture: Los puertorriqueños

- The educational system in Spain and Latin America

257

🔊 Aprenda estas palabras
Audio

1. la suerte

2. la informática

3. la contabilidad

H_2O

4. la química

5. ¡Chau![1]

6. Las notas

A+
B-
C
D+
F

$$y+x^2 = a(b+2)$$
$$1a3^2 =$$

7. las matemáticas

8. la educación física

9. la literatura

Jorge Washington...
Tomás Jefferson...
Simón Bolívar...

10. la historia

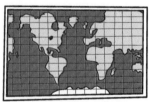

11. la geografía

12. el arte

13. graduarse

14. el título

---

[1]From **ciao,** the Italian word for *good-bye* or *hello.* Used only as *good-bye* in Spanish.

BASIC SPANISH FOR GETTING ALONG

Nombre _____ **Sección** _____ **Fecha** _____

🔊 En la universidad

Fernando es un muchacho puertorriqueño que vive en Nueva York. Ahora está hablando con Adriana, una chica argentina que está en su clase de informática, una asignatura que ella encuentra fácil y que él encuentra muy difícil.

Fernando   Adriana

Fernando	—Hoy tengo que estudiar porque mañana tengo un examen parcial en mi clase de administración de empresas.
Adriana	—Es una lástima que tengas que estudiar porque esta noche hay una fiesta en el club internacional y podríamos ir juntos...
Fernando	—Dudo que pueda ir porque por desgracia también tengo que escribir un informe para mi clase de sociología.
Adriana	—Esa clase es un requisito, ¿no? Yo tengo que tomarla el semestre que viene.
Fernando	—Si quieres tomarla con la Dra. Salcedo tienes que matricularte lo más pronto posible.
Adriana	—No creo que mis padres me puedan dar el dinero para pagar la matrícula.
Fernando	—Estoy seguro de que la universidad te dará la beca que solicitaste.
Adriana	—Es difícil que me la dé porque, desgraciadamente, el semestre pasado no saqué muy buenas notas.
Fernando	—¿Cuál es tu especialización? ¿Contabilidad?
Adriana	—No sé todavía, pero probablemente va a ser química o física.
Fernando	—Bueno, Adriana, tengo que ir a la biblioteca a estudiar. Nos vemos mañana.
Adriana	—Chau, Fernando. Buena suerte en el examen.

Fernando espera sacar una "A" en el examen, pero duda que la profesora le dé una buena nota en el semestre, porque él ha faltado mucho a clase.

Cuando el muchacho vuelve a su cuarto en la residencia universitaria, escucha un mensaje que su hermanita, que estudia en la escuela secundaria, le dejó en la máquina contestadora.

Anita	—Fernando, habla Anita. Quedé suspendida en el examen de matemáticas. Necesito que busques a alguien que me ayude con esa asignatura que, como sabes, yo odio. Entre mis amigos no hay nadie que sepa nada de matemáticas. Llámame a casa de Maribel, mi compañera de estudios. Te veo más tarde.

© 2014 Heinle, Cengage Learning

LECCIÓN **18**: EN LA UNIVERSIDAD

259

Nombre _____ Sección _____ Fecha _____

¡Escuchemos! While listening to the dialogue, circle **V (verdadero)** if the statement is true and **F (falso)** if it is false.

1. Fernando y Adriana estudian la misma asignatura.	V	F
2. Adriana tiene que estudiar esta noche.	V	F
3. La sociología es un requisito.	V	F
4. Adriana está segura de que sus padres le van a pagar la matrícula.	V	F
5. Adriana solicitó una beca.	V	F
6. Adriana tiene "A" en todas sus asignaturas.	V	F
7. Adriana no ha decidido todavía cuál va a ser su especialización.	V	F
8. Fernando cree que puede sacar una buena nota en su examen.	V	F
9. Fernando nunca falta a sus clases.	V	F
10. La materia que más le gusta a la hermanita de Fernando es matemáticas.	V	F

VOCABULARIO

Cognados

argentino(a)
la clase
el examen
la física
internacional
puertorriqueño(a)
el semestre
la sociología

el examen parcial (de mitad de
    curso) *midterm exam*
el informe *report*
la máquina contestadora *answering
    machine*
la matrícula *tuition*
el promedio *grade point average*
el requisito *requirement*
la residencia universitaria *dorm*

Nombres

la administración de empresas *business
    administration*
la asignatura, la materia *(academic) subject*
la beca *scholarship*
la biblioteca *library*
la escuela secundaria *high school*
la especialización *major*

Verbos

aprobar (o:ue) *to pass (an exam)*
escuchar *to listen*
matricularse *to register*
odiar *to hate*
sacar *to get (a grade)*
solicitar *to apply*

260   BASIC SPANISH FOR GETTING ALONG

© 2014 Heinle, Cengage Learning

Adjetivos

difícil *difficult*
fácil *easy*
juntos(as) *together*

Otras palabras y expresiones

alguien *someone, somebody*
como *as*
el (la) compañero(a) de estudios
　　study partner
desgraciadamente, por desgracia
　　unfortunately

entre *among*
Es difícil. *It's unlikely.*
Es (una) lástima. *It's a pity.*
faltar a clase *to miss classes*
lo más pronto posible *as soon as possible*
Nos vemos. *We'll see you.*
que viene *next, coming*
quedar suspendido(a) *to fail (i.e. an exam)*
sacar buenas (malas) notas *to get good*
　　(bad) grades

🌐 VOCABULARIO ADICIONAL
Audio

la biología *biology*
la calculadora *calculator*
la carrera *career*
la computadora, el ordenador
　　(España) computer
el (la) consejero(a) *counselor, adviser*
el diccionario *dictionary*
la escuela elemental, la escuela
　　primaria *elementary school*

el horario de clases *class schedule*
la librería *bookstore*
la psicología *psychology*
la tarea *homework*
el trimestre *quarter*

🌐
Search

Notas Culturales

■ El concepto de "especialización," como existe en las universidades norteamericanas, no existe en la mayoría de las universidades del mundo hispano. Los estudiantes españoles y latinoamericanos usualmente toman los requisitos académicos generales en la escuela secundaria y comienzan estudios especializados cuando ingresan (*enter*) en la facultad (por ejemplo, la Facultad de Medicina, la Facultad de Arquitectura, etc.). En la facultad, los estudiantes toman solamente las clases que necesitan para sus respectivas carreras.

■ La mayoría de las universidades hispanas usan un sistema de calificaciones basado en números. El sistema numérico varía de país a país. En Puerto Rico, el sistema universitario se basa en el sistema norteamericano.

■ A diferencia de los Estados Unidos, en la mayoría de los países hispanos, los estudiantes no viven en residencias universitarias; viven con sus familias o en pensiones.

■ En los países de habla hispana los estudiantes generalmente estudian con uno o dos compañeros. Normalmente se reúnen en casa de uno de ellos.

EN TU MUNDO...

1. ¿Dónde toman los estudiantes norteamericanos los requisitos académicos generales?

2. El sistema de calificaciones de las universidades de este país, ¿está basado en números o en letras (*letters*)?

3. ¿Es popular entre los estudiantes de este país estudiar en grupos?

ACTIVIDADES

Dígame... Answer the following questions, basing your answers on the dialogue.

1. ¿De dónde son Fernando y Adriana? ¿Qué clase toman juntos?

   _____

2. ¿En qué clase tiene Fernando un examen parcial?

   _____

3. ¿Por qué dice Adriana que es una lástima que Fernando tenga que estudiar?

   _____

4. ¿Qué tiene que escribir Fernando para su clase de sociología?

   _____

5. ¿Cuándo tiene que tomar Adriana sociología? ¿Por qué tiene que tomarla?

   _____

6. ¿Qué debe hacer Adriana si quiere tomar la clase de la Dra. Salcedo?

   _____

7. ¿Qué duda Adriana?

   _____

8. ¿Qué solicitó Adriana? ¿Está segura de que se la van a dar? ¿Por qué?

   _____

9. ¿Cuál es la especialización de Adriana?

   _____

10. ¿Dónde va a estudiar Fernando ahora?

_____

11. ¿Qué le desea Adriana a Fernando?

_____

12. ¿Fernando cree que va a sacar una buena nota en el semestre? ¿Por qué?

_____

13. ¿Qué necesita la hermanita de Fernando?

_____

14. Entre los amigos de Anita, ¿hay alguien que sepa matemáticas?

_____

👤👤 Hablemos   Interview a classmate, using the following questions. When you have finished, switch roles.

1. ¿En qué clases harías lo siguiente?

    a. Leer un drama de Shakespeare

    b. Hacer ejercicio

    c. Trabajar con mapas

    d. Hablar sobre Lincoln

    e. Trabajar con números

    f. Estudiar a Picasso, Dalí, etc.

    g. Hacer experimentos

2. ¿Cuál es tu materia favorita? ¿Cuál es tu especialización? ¿Qué asignatura odias?

3. ¿Qué requisitos estás tomando? ¿Qué requisitos tomaste el semestre pasado?

4. ¿Cuándo esperas graduarte?

5. ¿Estás tomando una clase de informática?

6. ¿Crees que las matemáticas son fáciles o difíciles?

7. ¿Qué nota esperas que te dé el (la) profesor(a) en esta clase?

8. ¿Vas a estudiar con un(a) compañero(a) el semestre que viene?

9. ¿Sacaste buenas notas el semestre pasado? ¿Solicitaste una beca?

10. ¿Es verdad que tus padres te dan el dinero para pagar la matrícula?

11. ¿Tienes un(a) compañero(a) de estudios? ¿Quién es?

12. ¿Cuándo piensas terminar tu carrera?

13. ¿Has faltado mucho a clase este semestre? ¿Cuántas veces has faltado?

14. Entre tus amigos, ¿hay alguien que viva en una residencia universitaria?

15. ¿Escuchaste algún mensaje en tu máquina contestadora hoy?

16. ¿Has quedado suspendido en un examen alguna vez? (¿En cuál?)

¿Cómo lo decimos? Complete the following sentences, using the Spanish equivalent of the words in parentheses.

1. Entre mis amigos no hay nadie que _____. (*lives in the dorm*)

2. Yo tengo muchos compañeros que _____. (*get good grades*)

3. Es difícil que mi hermanita _____ el semestre que viene. (*will get a scholarship*)

4. ¿Es verdad que tú _____ lo más pronto posible? (*have to register*)

5. _____, es difícil que ellos _____ esa asignatura, Laura. (*As you know / take*)

6. No es verdad que nosotros _____. (*study together*)

7. Yo no creo que ella _____ en una escuela secundaria. (*will want to teach*)

8. Ella busca a alguien que _____ con la clase de contabilidad porque no quiere _____. (*can help her / fail*)

9. Hay muchos estudiantes que _____ las matemáticas. (*hate*)

10. No hay nadie que _____ llevar a _____ a la escuela. (*wants / my little brothers*)

👥 **¿Qué pasa aquí?** With a partner, answer the following questions according to what you see in the pictures.

A.

1. ¿Qué asignatura están estudiando Jorge y María?

2. ¿En qué materia está pensando Jorge?

3. ¿Por qué está pensando en esa materia?

4. ¿María cree que va a quedar suspendida en la clase de matemáticas?

5. ¿Son fáciles o difíciles las matemáticas para María?

B.

1. ¿Qué espera Teresa que haga su papá?

2. ¿Qué solicitó Teresa?

3. ¿Está segura de que se la van a dar?

4. ¿En qué mes piensa graduarse Raúl?

5. ¿Qué quiere ser Raúl?

1. ¿Qué asignatura cree Ud. que es la más fácil para Dora?

2. ¿En qué clase sacó Dora la nota más baja?

3. ¿Cuál es su nota en la clase de arte?

4. ¿Quién tiene que escribir un informe?

5. ¿Cuál es la nacionalidad de Pedro?

6. ¿Adónde tiene que ir Pedro hoy?

Una encuesta Survey your classmates and your instructor to find someone who fits each of the following descriptions and write the person's name in the space provided. Remember to use the **tú** form when speaking with your classmates and the **Ud.** form when speaking with your instructor. Then, in groups of three, discuss the results of the survey.

ESTA PERSONA...

1. ☐ está tomando una clase de informática. _____

2. ☐ tiene una computadora en su cuarto. _____

3. ☐ tomó un examen la semana pasada. _____

4. ☐ tuvo que escribir un informe el semestre pasado. _____

5. ☐ saca buenas notas. _____

6. ☐ ha faltado mucho a clase. _____

7. ☐ tiene un(a) compañero(a) de estudios. _____

8. ☐ hace la tarea los domingos. _____

9. ☐ piensa solicitar una beca. _____

10. ☐ piensa matricularse para el próximo semestre. _____

11. ☐ tomó química en la escuela secundaria. _____

12. ☐ piensa graduarse lo más pronto posible. _____

13. ☐ siempre aprueba todos los exámenes. _____

14. ☐ no ha decidido qué carrera va a estudiar. _____

15. ☐ tiene un promedio de B+. _____

👥 En estas situaciones With a partner, act out the following situations in Spanish.

1. A friend invites you to a party. Unfortunately, you can't go because you have a midterm exam in one of your courses tomorrow. Your friend wishes you good luck on the test.

2. You have to convince one of your parents that you need money right away because you have to register as soon as possible.

3. You are in your adviser's office, trying to convince him/her that the university should give you a scholarship because you got very good grades last semester, and you never missed classes.

4. You and a friend are discussing your favorite (and least favorite) classes, your professors, and your extracurricular activities.

♟♟ ¿Qué dice aquí? You and a classmate are advising a friend who is planning to go abroad to learn Spanish. Answer her questions about the program described in the ad.

Español en Ecuador

- Programas preparados especialmente para estudiantes extranjeros.

- 7 horas diarias de instrucción individual (un estudiante por profesor), de lunes a viernes.

- Cursos prácticos, basados en vocabulario, gramática y conversación en todos los niveles.

- Ud. puede empezar las clases en cualquier momento.

- Ud. vive en la casa de una familia ecuatoriana. Recibe tres comidas y tiene su propio cuarto. Un estudiante por familia.

- Ud. paga 2.000 dólares por cuatro semanas. Clases y comidas incluidas en el precio.

Academia de Español Quito

Calle Reina Victoria 75

Apartado Postal 93–B, Quito, Ecuador

Teléfono: (2) 854-726

© Cengage Learning

1. ¿Cómo se llama la escuela?

2. ¿Cuánto debo pagar por la matrícula? ¿Están incluidas las comidas en el precio? ¿Cuáles?

3. ¿Puedo empezar las clases sólo en septiembre?

4. ¿Hay clases los sábados? ¿Cuántas horas de clase diarias tienen?

5. ¿Hay muchos estudiantes en cada clase?

6. ¿Las clases son sólo para estudiantes extranjeros (*foreign*)?

7. ¿Dónde voy a vivir? ¿Mi amiga puede vivir conmigo en la misma (*same*) casa? ¿Por qué o por qué no?

8. ¿Qué materias voy a aprender?

Una actividad especial Your class will be divided into groups of four or five students. Each group will come up with a list of eight to twelve characteristics that the ideal student should have. The class will then discuss those characteristics, write the most important ones on the board, and prioritize the list.

Un paso más Review the **Vocabulario adicional** in this **lección,** and complete the following sentences with the appropriate word or phrase.

1. Tuve que ir a la _____ para comprar un diccionario.

2. Necesito el _____ para saber a qué hora empieza la clase de matemáticas.

3. Estamos estudiando las ideas de Freud en nuestra clase de _____.

4. Jorge terminó la escuela _____ el año pasado y ahora va a comenzar la escuela secundaria.

5. En esta universidad no tenemos semestres; tenemos _____.

6. Mi _____ quiere que yo tome una clase de informática. Voy a necesitar una _____.

7. Necesito la calculadora para hacer mi _____ de matemáticas.

8. En la clase de _____ usamos un microscopio.

UNA FRASE CÉLEBRE (*A FAMOUS PHRASE*)

Sólo sé que no sé nada.   *I know only that I know nothing.* (Socrates)

Jeff Greenberg/Alamy

LA SEÑORA DUARTE ESTÁ ENFERMA

iLrn

OBJECTIVES

Structures

- The subjunctive after certain conjunctions
- The present perfect subjunctive
- Uses of the present perfect subjunctive

Communication

- How to discuss health problems with a doctor

Culture: Los mexicoamericanos

- More about health care in the Hispanic world

271

Aprenda estas palabras

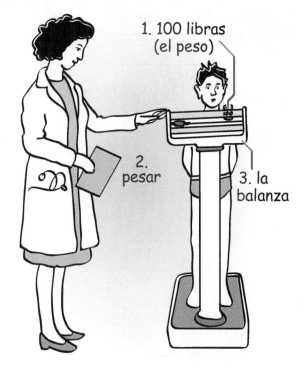

1. 100 libras (el peso)
2. pesar
3. la balanza

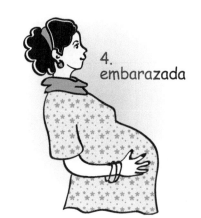

4. embarazada

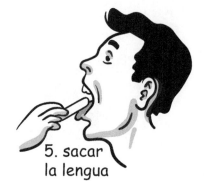

5. sacar la lengua

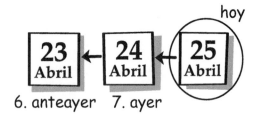

hoy

6. anteayer   7. ayer

8. una cucharada   9. una cucharadita

10. el jarabe

11. las cápsulas

12. las píldoras

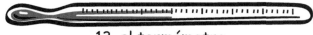

13. el termómetro

🔊 La señora Duarte está enferma

La señora Elisa Duarte, de Guadalajara, está de vacaciones en Los Ángeles. Hoy va al médico porque no se siente bien. Tiene diarrea y náusea. Fue al consultorio del Dr. Peña porque le dijeron que él era mexicoamericano y que hablaba muy bien el español. En el consultorio, la enfermera, que también habla español, le hace algunas preguntas.

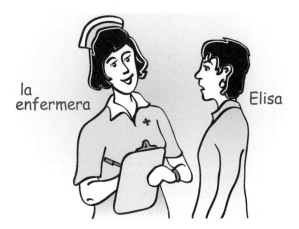

la enfermera

Elisa

Enfermera	—Tengo que hacerle algunas preguntas antes de que el doctor la vea.
Elisa	—Muy bien.
Enfermera	—¿Hay alguien en su familia que tenga diabetes o asma?
Elisa	—Mi mamá es diabética, pero no hay nadie que tenga asma.
Enfermera	—¿Hay alguien en su familia que haya muerto de un ataque al corazón?
Elisa	—Sí, mi abuelo.
Enfermera	—¿Qué enfermedades tuvo de niña?
Elisa	—Sarampión, rubéola y paperas.
Enfermera	—¿Ha sido operada alguna vez?
Elisa	—Sí, me operaron de apendicitis el año pasado.

La enfermera la pesa y después le toma la temperatura y la presión.

Enfermera	—¿Cuánto tiempo hace que no se siente bien?
Elisa	—Desde anteayer. Pasé dos días vomitando.
Enfermera	—Tiene la presión un poco alta y un poco de fiebre. ¿Qué otros síntomas tiene?
Elisa	—Me siento débil y me duele la espalda. Ojalá no haya pescado una pulmonía.
Enfermera	—No lo creo; probablemente sea gripe. ¿Está Ud. embarazada?
Elisa	—No, no estoy embarazada.
Enfermera	—¿Es usted alérgica a alguna medicina?
Elisa	—Que yo sepa, no.

Con el médico.

el médico

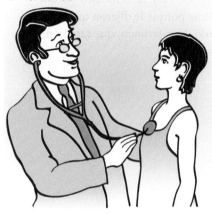

Médico	—Abra la boca y saque la lengua. Respire hondo. Otra vez.
Elisa	—Me duele el pecho cuando respiro y también me duelen los oídos.
Médico	—Tiene una infección en el oído y también tiene síntomas de gastroenteritis. Voy a recetarle unas pastillas y un antibiótico.
Elisa	—¿Y para la diarrea, doctor?
Médico	—Tome este líquido en cuanto llegue a su casa. Una cucharada cada cuatro horas.
Elisa	—¿Por cuánto tiempo tengo que tomar el antibiótico?
Médico	—Hasta que lo termine.

¡Escuchemos! While listening to the dialogue, circle **V (verdadero)** if the statement is true and **F (falso)** if it is false.

1. Elisa Duarte no sabe hablar inglés.   V   F

2. La mamá de la Sra. Duarte tiene asma.   V   F

3. El año pasado la Sra. Duarte tuvo paperas.   V   F

4. Hace dos días que la señora no se siente bien.   V   F

5. La presión de la señora es normal.   V   F

6. La Sra. teme tener pulmonía.   V   F

7. La Sra. es alérgica a la aspirina.   V   F

8. El médico le receta una medicina a la Sra. para la diarrea.   V   F

9. La Sra. va a tener que tomar un antibiótico.   V   F

10. Tiene que tomar el antibiótico por tres días.   V   F

🌐 VOCABULARIO

Cognados

alérgico(a)
el antibiótico
la apendicitis
el asma
contagioso(a)
la diabetes
    diabético(a)
la diarrea
la gastroenteritis
la infección
el líquido
la medicina
la náusea
los síntomas
la temperatura

Nombres

el ataque al corazón, el infarto *heart attack*
la enfermedad *disease, sickness*
la fiebre *fever*
la gripe *influenza, flu*
las paperas *mumps*
la presión *blood pressure*
la pulmonía *pneumonia*
la rubéola *German measles (rubella)*
el sarampión *measles*

Verbos

morir (o:ue) *to die*
operar *to operate*
respirar *to breathe*
vomitar *to vomit, to throw up*

Adjetivos

alto(a) *high*
débil *weak*

Otras palabras y expresiones

antes de que *before*
cada *every*
de niño(a) *as a child*
desde *since*
en cuanto, tan pronto como *as soon as*
hacer preguntas *to ask questions*
hasta que *until*
nadie *nobody*
pescar una pulmonía *to catch pneumonia*
Que yo sepa, no. *Not that I know of.*
respirar hondo *to take a deep breath*
ser operado(a) *to be operated on*
tener la presión alta *to have high blood pressure*

🌐 VOCABULARIO ADICIONAL

alérgico(a) *allergic*
el dolor de cabeza *headache*
empeorar *to get worse*
fuerte *strong*
guardar cama *to stay in bed (when one is sick)*
mejorar(se) *to get better*
la operación, la cirugía *operation, surgery*

¡Que se (te) mejore(s)! *Get well soon!*
sangrar *to bleed*
sufrir del corazón *to have heart trouble*
tener la presión baja *to have low blood pressure*
tener el colesterol alto *to have high cholesterol*
tener tos *to have a cough*
toser *to cough*

Search

iLrn

Notas Culturales

- En la mayoría de los países de habla hispana, hay todavía médicos que van a la casa de sus pacientes, si éstos no pueden ir a su consultorio. A menudo (*Often*), cuando una persona necesita una inyección, una enfermera o una ayudante va a la casa de esa persona para ponérsela.

- En España, las farmacias se turnan (*take turns*) en mantenerse abiertas por la noche, para que haya una farmacia abierta las veinticuatro horas del día en cada zona de la ciudad. Un letrero (*sign*) en la ventana de las farmacias cerradas avisa a los vecinos dónde encontrarán una farmacia abierta.

- En algunos países latinoamericanos, se pueden comprar jeringuillas (*syringes*) en las farmacias, pues su venta al público no está prohibida, como lo está en los Estados Unidos.

EN TU MUNDO...

1. Los médicos de este país, ¿van a las casas de sus pacientes a veces?

2. ¿Hay aquí farmacias que estén abiertas las veinticuatro horas del día?

3. En este país, ¿qué tipos de medicinas pueden recomendar los farmacéuticos?

ACTIVIDADES

Dígame...   Answer the following questions, basing your answers on the dialogue.

1. ¿Elisa se siente mal? ¿Qué tiene? ¿Por qué fue a ver al Dr. Peña?

   _____

2. ¿Qué tiene que hacer la enfermera antes de que el doctor vea a Elisa?

   _____

3. ¿Quién tiene diabetes en la familia de Elisa?

   _____

4. ¿Hay alguien que haya muerto de un ataque al corazón?

   _____

5. ¿Qué enfermedades tuvo Elisa de niña?

   _____

6. ¿De qué operaron a Elisa el año pasado?

   _____

7. ¿Elisa tiene la presión alta o baja?

_____

8. ¿La enfermera cree que Elisa tiene gripe o pulmonía?

_____

9. Elisa tiene náusea y vomita mucho. ¿Está embarazada?

_____

10. ¿Elisa es alérgica a alguna medicina?

_____

11. ¿Qué va a recetarle el médico a Elisa para la infección? ¿Y para la diarrea?

_____

12. ¿Qué debe hacer Elisa en cuanto llegue a su casa?

_____

13. ¿Por cuánto tiempo debe tomar Elisa el antibiótico?

_____

Hablemos Interview a classmate, using the following questions. When you have finished, switch roles.

1. ¿Qué enfermedades tuviste de niño(a)?

2. ¿Qué enfermedades han tenido otros miembros de tu familia?

3. ¿Alguna vez has pescado una pulmonía?

4. ¿Fuiste al médico recientemente? (¿Cuándo fuiste?)

5. ¿Has tenido asma alguna vez? ¿Eres alérgico(a) a alguna medicina?

6. Cuando tienes gripe, ¿qué síntomas tienes?

7. Si tienes gripe, ¿qué debes hacer?

8. ¿Vas a clase cuando tienes fiebre?

9. Si una persona tiene fiebre, ¿qué le recomiendas que haga?

10. ¿Has sido operado(a) alguna vez? (¿Cuándo? ¿Dónde?)

11. ¿Tienes el colesterol alto o normal?

12. ¿Alguna vez has tenido una enfermedad contagiosa? ¿Cuál?

¿Cómo lo decimos? Give the Spanish equivalent of the words in parentheses.

1. _____, me voy a pesar. (*As soon as I get home*)

2. ¿Hay alguien en su familia _____ de un ataque al corazón? (*who has died*)

3. Le voy a dar este jarabe para que _____. (*he feels better*)

4. Va a estar en el hospital solamente hasta mañana, a menos que _____. (*they have to operate on her*)

5. _____ a tu hermana, dile que el niño tiene fiebre. (*When you see*)

6. Voy a llevarla al médico _____. (*in case she has the flu*)

7. No es verdad que la niña _____. (*has gotten worse*)

8. Temo que mi abuelo _____ gastroenteritis. (*has had*)

9. Espero que el médico _____ que tiene la presión alta. (*has told him*)

10. No se va a mejorar a menos que _____. (*she stays in bed*)

 ¿Qué pasa aquí? With a partner, answer the following questions according to what you see in the pictures.

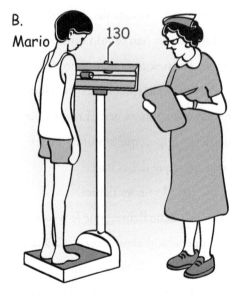

1. ¿Se siente bien Jorge?

2. ¿Qué le pasa?

3. ¿A quién llamó Jorge?

4. ¿Cuál es la dirección del Dr. Peña?

1. ¿Qué hace la enfermera?

2. ¿Cuánto pesa Mario?

3. ¿Cree Ud. que Mario es muy gordo?

C.

1. ¿Cuál es el problema de Juan?
2. ¿Qué le va a recetar el Dr. Miño?
3. ¿Cuántas cucharadas de jarabe tiene que tomar Juan?
4. ¿Cuándo tiene que tomar Juan el jarabe?

D.

1. ¿Qué le pregunta Ada a la Dra. Vidal?
2. ¿Cuándo tiene que volver Ada al consultorio de la Dra. Vidal?

E.

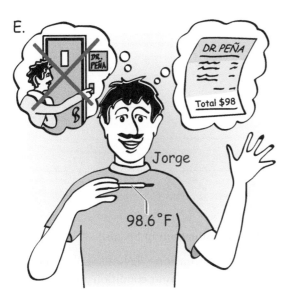

1. ¿Qué tiene Jorge en la mano?
2. ¿Todavía tiene fiebre Jorge?
3. ¿Qué piensa Jorge que ya no necesita hacer?
4. ¿Cuánto le debe Jorge al Dr. Peña?

F.

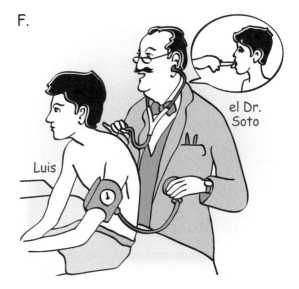

1. ¿Quién le está tomando la presión a Luis?
2. ¿Qué cree Ud. que le está diciendo el Dr. Soto a Luis?
3. ¿Qué quiere el Dr. Soto que haga Luis después?

††† **Una encuesta** Survey your classmates and your instructor to find someone who fits each of the following descriptions and write the person's name in the space provided. Remember to use the **tú** form when speaking to your classmates and the **Ud.** form when speaking to your instructor. Then, in groups of three, discuss the results of the survey.

ESTA PERSONA...

1. ☐ tuvo que trabajar mucho anteayer. _____

2. ☐ va al médico cuando no se siente bien. _____

3. ☐ siempre le hace muchas preguntas a su médico. _____

4. ☐ tiene la presión un poco baja a veces. _____

5. ☐ es alérgica. _____

6. ☐ toma jarabe cuando tiene tos. _____

7. ☐ tiene un termómetro en su casa. _____

8. ☐ tiene una balanza en su baño. _____

9. ☐ tuvo gripe el año pasado. _____

10. ☐ tuvo que guardar cama el año pasado. _____

11. ☐ tuvo que tomar un antibiótico el año pasado. _____

12. ☐ tuvo sarampión de niño(a). _____

†† **En estas situaciones** With a partner, act out the following situations in Spanish.

1. You go to the doctor's office after suffering a number of symptoms for three days. Describe them to the doctor in as much detail as possible so that he/she can diagnose your condition and tell you how to treat it.

2. You are a nurse assigned to take the medical history of a new patient. Find out as much as you can about his/her childhood illnesses, any operations, and whether any members of his/her family have suffered from serious illnesses.

3. You are at your doctor's office for a physical. Before the doctor sees you, a nurse comes into the examining room to weigh you, take your blood pressure and temperature, listen to your breathing, and look at your throat.

BASIC SPANISH FOR GETTING ALONG

¡¡¡ ¿Qué dice aquí? With a partner, answer the following questions using information from the medical record below.

1. ¿Cómo se llama el paciente?

2. ¿Cuál es la fecha de nacimiento del paciente?

3. ¿Qué vacunas le pusieron de niño?

4. ¿Qué tipo de vacuna contra (*against*) la polio le dieron?

5. ¿Cuándo lo inmunizaron contra la gripe?

6. ¿Qué enfermedades tuvo José de niño?

7. ¿Qué accidentes ha tenido José?

8. ¿Qué otras enfermedades tiene José?

9. ¿Han operado a José alguna vez? ¿De qué?

10. ¿Tiene José algún defecto de los sentidos (*senses*)?

RÉCORD DE INMUNIZACIONES (Vacunas)

Paciente: José Hernández   **Fecha de nacimiento:** 5 de enero de 1979

Inmunizaciones				Otras inmunizaciones o pruebas			
Vacuna contra la viruela _____ Fecha				Nombre	Fecha	Resultado	Firma del doctor
				Gripe	7/9/90		Dra. Paz
Resultados ☐ Prendió ☐ No prendió ☐ Contraindicado							
Firma del doctor							
Revacunación contra la viruela _____ Fecha							
				Enfermedades y fechas			
Resultados ☐ Prendió ☐ No prendió ☐ Contraindicado				Tos ferina _____ Paperas 13/3/84			
Firma del doctor				Rubéola 8/10/79 Sarampión 20/8/87			
				Varicela _____ Difteria _____			
Difteria, tos ferina, tétano				Escarlatina _____ Poliomielitis _____			
Tratamiento	Fecha	Dosis	Firma del doctor	Accidentes (dar fechas y especificar) 24/5/89			
1a Dosis	4/3/79		Dr. Vega	Fractura del brazo izquierdo			
2a Dosis	5/5/79		Dr. Vega				
3a Dosis	6/7/79		Dr. Vega	Impedimentos y anomalías (especificar) _____			
1a Reacción				Ninguno			
2a Reacción							
3a Reacción				Otras enfermedades (especificar) _____			
Poliomielitis				Diabetes, asma			
Tratamiento	Tipo usado	Dosis	Fecha	Firma del doctor	Operaciones (especificar) 15/9/92		
1a Dosis	oral		8/3/79		Apendicitis		
2a Dosis	"		7/5/79				
3a Dosis	"		8/7/79		Defectos de los sentidos (especificar) _____		
1a Reacción					Ninguno		
2a Reacción							
3a Reacción							

Una actividad especial There is a flu epidemic. You and your classmates turn the classroom into a clinic, staffed with four or five nurses and four or five doctors. The rest of the students will play the roles of patients. Some will be parents bringing in a sick child. You and your classmates bring as many props to class as possible: tongue depressors, which could also serve as thermometers; belts or pieces of rope, which could serve as equipment to take blood pressure or as stethoscopes, etc. The nurses should write down pertinent information about each patient, and hand each patient's medical history to the doctors, who will add to it. Use the following medical history form. (All this information should be turned in to your instructor.)

HISTORIA CLÍNICA

Paciente _____   Fecha de nacimiento _____

Enfermedades y fechas

Tos ferina _____	Paperas _____	Diabetes _____
Rubéola _____	Sarampión _____	Asma _____
Varicela _____	Difteria _____	Ataque al corazón _____
Escarlatina _____	Poliomielitis _____	Pulmonía _____

Acccidentes (dar fechas y especificar) _____

_____

Impedimentos y anomalías (especificar) _____

_____

Otras enfermedades (especificar) _____

_____

Operaciones (especificar) _____

_____

Defectos de los sentidos (especificar) _____

_____

Alergias (especificar) _____

_____

Inmunizaciones

Vacuna contra la viruela _____
                                                                    fecha

Vacuna contra la difteria, la tos ferina y el tétano _____
                                                                    fecha

Vacuna contra la poliomielitis _____
                                                                    fecha

Comentarios: _____

_____

_____

© Cengage Learning

Un paso más Review the **Vocabulario adicional** in this **lección,** and complete the following sentences with the appropriate word or phrase.

1. Tengo _____. Voy a tomar dos aspirinas.

2. Mi abuelo sufre del _____ y mi abuela tiene la _____ baja.

3. Tiene apendicitis. Necesita una _____.

4. Ella no se siente débil; se siente muy _____.

5. Roberto es _____ a la penicilina.

6. Lo van a llevar al hospital porque la herida le _____ mucho.

7. Tiene mucha _____; tose todo el día.

8. Está muy enfermo; la doctora dice que tiene que _____.

9. Le di la medicina, pero en vez de (*instead of*) mejorar, ¡_____!

10. Toma la medicina y acuéstate. Bueno ¡_____!

UN PROVERBIO

Es mejor prevenir que curar.   *An ounce of prevention is worth a pound of cure.*

Respira hondo...

HACIENDO DILIGENCIAS

OBJECTIVES

Structures

- The imperfect subjunctive
- Uses of the imperfect subjunctive
- *If* clauses

Communication

- At the post office and at the bank

Culture: Los cubanoamericanos

- National currencies of different Spanish-speaking countries

🌐 Aprenda estas palabras
Audio

1. la oficina de correos, el correo

2. la ventanilla

3. la carta

4. la tarjeta postal

5. la estampilla (el sello)

6. el sobre

7. el buzón

8. el paquete de regalo

9. la fotocopiadora

10. la fotocopia
11. fotocopiar, hacer fotocopias

13. la felicitación

¡Feliz cumpleaños!

¡Gracias!

12. regalar

🔊 Haciendo diligencias

La familia Torres es cubana, pero ahora todos viven en Miami. Ayer, la Sra. Torres le pidió a su hijo Luis que hiciera varias diligencias, de modo que él salió hoy muy temprano. Primero fue a la oficina de correos que queda muy cerca de su casa.

En el correo.

Luis	—Quiero enviar este paquete a Los Ángeles, por vía aérea y certificado.
Empleado	—Muy bien. (*Lo pesa.*) Son diez dólares. ¿Algo más?
Luis	—Sí, necesito estampillas para tres tarjetas postales.
Empleado	—El total es de once dólares.
Luis	—Ah, ¿adónde debo ir para enviar un giro postal?
Empleado	—Vaya a la ventanilla número dos.

Como su mamá le había dado un cheque para que lo depositara en el banco, Luis tomó el autobús y fue al Banco Central.

En el banco.

Luis	—Quiero depositar este cheque en la cuenta corriente de Beatriz Torres.
Cajero	—¿Tiene Ud. el número de la cuenta?
Luis	—Sí, ¿Podría decirme cuál es el saldo de la cuenta?
Cajero	—No puedo darle esa información; la cuenta no está a su nombre.
Luis	—Mi madre también quiere alquilar una caja de seguridad. ¿Puede darme los papeles necesarias para que se los lleve a ella?
Cajero	—Si Ud. puede esperar unos minutos, la Srta. Paz atenderá en seguida.

Cuando Luis salió del banco fue primero a la biblioteca para devolver un libro y hacer unas fotocopias. Después fue a varias tiendas para comprarle un regalo de cumpleaños a su novia, pero no encontró nada que le gustara. Luis pensó que, si no tuviera que trabajar, podría ir a otras tiendas.

🔊 **¡Escuchemos!** While listening to the dialogue, circle **V (verdadero)** if the statement is true and **F (falso)** if it is false.

1. La mamá de Luis es mexicana.   V   F

2. Hoy Luis tiene que hacer varias diligencias.   V   F

3. Luis fue primero a la oficina de correos.   V   F

4. Luis va a mandar varias cartas por vía aérea y certificadas.   V   F

5. Luis sacó dinero de su cuenta corriente.   V   F

6. La cuenta está a nombre de la mamá de Luis.   V   F

7. Luis quiere alquilar una caja de seguridad.   V   F

8. Luis llevó un libro a la biblioteca.   V   F

9. Luis estuvo en varias tiendas buscando un regalo.   V   F

10. Luis compró un regalo muy bonito para su novia.   V   F

🌐 **VOCABULARIO**
Audio

Cognado

la oficina

Nombres

la caja de seguridad *safe deposit box*
el (la) cajero(a) *cashier, teller*
la cuenta *account*
   la cuenta corriente *checking account*
el día feriado *holiday*
la gente *people*
el giro postal *money order*
la letra de molde *print*
la planilla, el formulario *form*
el saldo *balance*

Verbos

devolver (o:ue) *to return (something)*
enviar *to send*
fechar *to date*

Adjetivos

brillante *brilliant*
certificado(a) *registered*

Otras palabras y expresiones

¿Algo más? *Anything else?*
estar apurado(a) *to be in a hurry*
por vía aérea *by air mail*

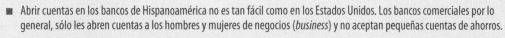

🌐 VOCABULARIO ADICIONAL
Audio

Para hablar de diligencias (*To talk about errands*)

el apartado postal, la casilla de correos *post office box*

el cajero automático *automatic teller machine*

el casillero *mailbox* (*i.e., in an office*)

el correo *mail*

echar al correo *to mail*

navegar la red *to navigate the Web*

pagar cuentas *to pay bills*

recoger *to pick up*

solicitar un préstamo *to apply for a loan*

el talonario de cheques *checkbook*

el teléfono celular *cellular phone*

Search

iLrn

Notas Culturales

■ Abrir cuentas en los bancos de Hispanoamérica no es tan fácil como en los Estados Unidos. Los bancos comerciales por lo general, sólo les abren cuentas a los hombres y mujeres de negocios (*business*) y no aceptan pequeñas cuentas de ahorros.

■ En casi toda Hispanoamérica, en las oficinas de correos, hay Cajas Postales de Ahorros que operan como (*act as*) bancos para las personas pobres. En algunos países estas Cajas trabajan en relación con las escuelas, y los niños pueden ahorrar haciendo depósitos o comprando estampillas de ahorro.

■ MONEDAS NACIONALES DE LOS PAÍSES DE HABLA HISPANA

País	Moneda	País	Moneda
Argentina	el peso	Honduras	el lempira
Bolivia	el boliviano	México	el peso
Chile	el peso	Nicaragua	el córdoba
Colombia	el peso	Panamá	el balboa
Costa Rica	el colón	Paraguay	el guaraní
Cuba	el peso	Perú	el nuevo sol
Ecuador	el sucre	Puerto Rico	el dólar
El Salvador	el colón	Rep. Dominicana	el peso
España	el euro	Uruguay	el peso
Guatemala	el quetzal	Venezuela	el bolívar

■ El cambio de moneda (*rate of exchange*) entre el dólar y las monedas extranjeras varía mucho. Por ejemplo, un dólar equivale a (*is equal to*) unos trece pesos mexicanos y a unos 2,015 pesos colombianos.

EN TU MUNDO...

1. ¿Es difícil abrir una cuenta de ahorros en los Estados Unidos?

2. En este país, ¿qué pueden hacer los niños que desean ahorrar?

3. Si una persona viene a los Estados Unidos con 9,000 pesos mexicanos y los cambia por dólares, ¿cuánto dinero va a recibir?

ACTIVIDADES

Dígame... Answer the following questions, basing your answers on the dialogue.

1. ¿Qué le pidió la señora Torres a su hijo ayer? ¿Adónde fue él primero?

_____

2. ¿Qué diligencias hizo Luis en el correo?

_____

3. ¿Qué quería la mamá que Luis depositara en el banco?

_____

4. ¿Le dice el cajero a Luis el saldo de la cuenta? ¿Por qué o por qué no?

_____

5. ¿Qué quiere alquilar Beatriz en el banco?

_____

6. ¿Para qué fue Luis a la biblioteca?

_____

7. ¿Para quién quiere él comprar un regalo?

_____

8. ¿Qué haría Luis si no tuviera que trabajar?

_____

👥 **Hablemos** Interview a classmate, using the following questions. When you have finished, switch roles.

1. ¿En qué calle queda la oficina de correos que está más cerca de tu casa?

2. Cuando tú viajas, ¿les mandas cartas o tarjetas postales a tus amigos? ¿Por qué o por qué no?

3. ¿Qué tipos de cuentas tienes? ¿En qué banco?

4. ¿Recuerdas el número de tu cuenta corriente?

5. ¿Sabes cuál es el saldo de tu cuenta de ahorros?

6. ¿Tienes una caja de seguridad en el banco? (¿En qué banco?)

7. Cuando tienes que ir al banco, ¿tomas el ómnibus o vas en coche?

8. ¿Tienes algún libro de la biblioteca que tengas que devolver? (¿Cuándo tienes que devolverlo?)

9. ¿Adónde vas a hacer fotocopias?

10. ¿Cuándo es tu cumpleaños?

11. ¿Qué quieres que te regalen?

12. ¿Qué harías tú si no tuvieras que trabajar el próximo viernes?

¿Cómo lo decimos? Complete the following sentences, using the Spanish equivalent of the words in parentheses.

1. Le pedí _____ las tarjetas postales y las estampillas. (*to bring me*)

2. Yo esperaba que ellos _____ una fotocopiadora para mi cumpleaños. (*give me*)

3. Si _____ mi novia, yo te regalaría un teléfono celular. (*you were*)

4. Si Uds. _____, podrían comprar un coche. (*were to apply for a loan*)

5. Te dije que _____. (*pay the bills*)

6. Yo le aconsejé que _____ un giro postal a su hermano. (*she send*)

7. Ella nos sugirió que _____ una cuenta corriente. (*we open*)

8. Yo no creí que ella _____ navegar la red. (*knew*)

9. Yo compraría el regalo _____ mi talonario de cheques. (*if I had*)

10. Yo les recomendé que _____ los documentos en la caja de seguridad. (*they put*)

© 2014 Heinle, Cengage Learning

👥 **¿Qué pasa aquí?** With a partner, answer the following questions according to what you see in the pictures.

A.

1. ¿A quién le envía Pilar las cartas?
2. ¿Cree Ud. que las cartas son importantes? ¿Por qué o por qué no?
3. ¿A qué país (*country*) van las cartas?

B.

1. ¿Dónde está Carlos?
2. ¿Con quién está hablando?
3. ¿Qué quiere hacer Carlos?

C.

1. ¿Dónde están Teresa y Luisa?
2. ¿Qué está haciendo Teresa?
3. ¿Cree Ud. que Teresa tendrá que pagar una multa? ¿Por qué o por qué no?
4. ¿Para qué fue Luisa a la biblioteca?
5. ¿Cuánto va a tener que pagar Luisa?

D.

1. ¿A qué tienda fue Daniel?

2. ¿Cree Ud. que Daniel va a comprar un regalo para su mamá o para su papá? ¿Por qué?

3. ¿Qué tiene que decidir Daniel?

4. ¿Qué le sugirió el empleado?

5. Si Daniel comprara las dos cosas, ¿cuánto tendría que pagar?

6. ¿Cree Ud. que Daniel va a comprar un regalo de cumpleaños o un regalo de Navidad? ¿Cómo lo sabe?

Una encuesta Survey your classmates and your instructor to find someone who fits each of the following descriptions and write the person's name in the space provided. Remember to use the **tú** form when speaking to your classmates and the **Ud.** form when speaking to your instructor. Then, in groups of three, discuss the results of the survey.

ESTA PERSONA...

1. ☐ les manda tarjetas postales a sus amigos cuando viaja. _____

2. ☐ vive cerca de una oficina de correos. _____

3. ☐ tiene un casillero en el lugar donde trabaja. _____

4. ☐ le regaló algo a un amigo (a una amiga) el mes pasado. _____

5. ☐ hace muchas fotocopias. _____

6. ☐ fue a la biblioteca para devolver un libro el mes pasado. _____

7.	☐	usa mucho su teléfono celular.	_____
8.	☐	tiene una cuenta corriente en el banco.	_____
9.	☐	sabe cuál es el saldo de su cuenta.	_____
10.	☐	tiene una caja de seguridad en el banco.	_____
11.	☐	usa mucho el cajero automático.	_____
12.	☐	usa su talonario de cheques todos los días.	_____

En estas situaciones With a partner, act out the following situations in Spanish.

1. You are at the post office. You want to send three letters by registered air mail, and you want to know where to go to send a money order.

2. You and a friend are discussing the errands that each of you has run this week.

3. You are a bank teller. A customer at your window is asking the balance of his/her savings and checking accounts, and also wants to know how to obtain a safe deposit box.

4. You tell a friend that you are at the bank. Add that there are many people in line, but you have to wait because tomorrow is a holiday, so you can´t return.

¿Qué dice aquí? With a partner, use the ad on the following page to answer these questions to evaluate the benefit of opening a checking account.

1. ¿Hay que pagar algo por las cuentas en el Banco Continental?

2. Tengo un depósito de $400 en el banco. ¿Tengo que pagar por los cheques? ¿Por qué?

3. Cuando uso el cajero automático, ¿cuánto debo pagar?

4. ¿Puedo tener una caja de seguridad en el banco? ¿Cuesta mucho alquilar una?

5. ¿Se encarga (*takes charge*) el banco de hacer el pago de mis cuentas? ¿Es gratuito ese servicio?

6. Si quiero ahorrar, ¿en qué tipo (*type*) de cuenta puedo poner el dinero?

7. ¿Puedo ir al banco el sábado a las dos de la tarde para depositar un cheque? ¿Por qué o por qué no?

8. Si quiero saber el saldo de mi cuenta un domingo por la noche, ¿qué puedo hacer?

9. ¿Tiene sucursales el Banco Continental?

El Banco Continental ofrece ahora:

Cuenta corriente gratis

Cheques gratis con un depósito mínimo de 500 dólares

Uso del cajero automático gratis

Depósito directo de sus cheques en su cuenta corriente
o de ahorros

Caja de seguridad gratis

Pago de sus cuentas sin cargos adicionales

Certificados de depósito a plazo fijo

Abierto de lunes a viernes de 9 a 3, sábados de 9 a 12

Línea de información las 24 horas del día, 7 días a la semana
(Ud. puede saber su saldo en cualquier momento, por teléfono o por Internet.)

Para más información visite una de nuestras sucursales.

¡Lo esperamos!

© Cengage Learning

 Una actividad especial You and your classmates turn the classroom into a mini-downtown with a bank and a post office. Each establishment should have three or four service windows, with students playing the roles of tellers and clerks. The rest of the students should do a variety of errands, such as purchasing stamps to send different types of mail to various countries, purchasing money orders, opening bank accounts and obtaining balances, and inquiring about safe deposit boxes. Students should also ask directions to the library and other downtown locations.

Un paso más Review the **Vocabulario adicional** in this **lección,** and complete the following sentences with the appropriate word or phrase.

1. El número de mi _____ es 342.

2. Voy a _____ para comprar un coche.

3. Tengo varias cartas que quiero _____.

4. Teresa va a ir a la tintorería para _____ mis pantalones.

5. No puedo pagarte con un cheque porque no tengo mi _____ aquí.

6. Voy a ver si las cartas están en mi _____.

7. Ana tiene que pagar _____ y no tiene dinero.

8. ¿Ya vino el _____? Espero una carta de Miguel.

9. El banco está cerrado, pero puedo sacar dinero del _____.

10. Necesito hablar con mi hermano. Lo voy a llamar por mi _____.

UN PROVERBIO

El tiempo es oro.   *Time is money* (*gold*).

 **REPASO**

Práctica de vocabulario

A Match the questions in column **A** with the corresponding answers in column **B**.

A

1. ¿Te dieron un descuento?
2. ¿Qué me aconsejas que haga?
3. ¿Qué clase vas a tomar?
4. ¿Vas a tomar esa asignatura?
5. ¿Cuándo tengo que hacerlo?
6. ¿Qué nota sacaste en la clase?
7. ¿No vas a bailar?
8. ¿Qué me pongo?
9. ¿Cómo te lastimaste?
10. ¿Dónde está el doctor?
11. ¿Perdió el conocimiento?
12. ¿Está embarazada?
13. ¿Qué medicina te recetó el médico?
14. ¿Cuánto pesas?
15. ¿Cuándo llegaste?
16. ¿Qué te dijo el médico?
17. ¿Cómo te sientes?
18. ¿Tienes fiebre?

B

_____ **a.** No, porque no es un requisito.
_____ **b.** Me caí.
_____ **c.** Sí, va a tener un hijo en mayo.
_____ **d.** No, me duelen los pies.
_____ **e.** Ciento veinte libras.
_____ **f.** En su consultorio.
_____ **g.** Que tomes una pastilla.
_____ **h.** Que tenía pulmonía.
_____ **i.** Una B.
_____ **j.** No sé. No tengo termómetro.
_____ **k.** Mejor.
_____ **l.** Anteayer.
_____ **m.** Sí, del veinte por ciento.
_____ **n.** Lo más pronto posible.
_____ **o.** Este jarabe.
_____ **p.** Esta bata.
_____ **q.** Sí, se desmayó.
_____ **r.** Química.

B Circle the word or phrase that does not belong in each group.

1. paperas, sarampión, cartera
2. gripe, anillo, pulmonía
3. tan pronto como, en cuanto, hasta que
4. romperse, respirar, fracturarse
5. radiografía, hora, sala de rayos X
6. cortarse, curita, corazón
7. pierna, lengua, brazo
8. dedos, mano, nariz
9. informática, educación física, contabilidad
10. graduarse, título, fechar
11. lentes de contacto, compañero de estudios, anteojos

12. materia, asignatura, informe   15. sur, este, fácil

13. buenas notas, desgraciadamente, es una lástima   16. sugerir, despegar, aterrizar

14. litera, horario, itinerario   17. coche-cama, expreso, rápido

C Circle the word or phrase that best completes each sentence.

1. Hay mucha gente. Tienen que (hacer cola, volar, sugerir).

2. El tren sale (de la litera, del andén, del despacho) número cuatro.

3. Vamos de Los Ángeles a Buenos Aires. Tenemos que (transbordar, aconsejar, caernos) en Panamá.

4. No voy en avión porque no me gusta (sacar, volar, volver).

5. ¿Tengo que doblar o (graduarme, seguir derecho, matricularme)?

6. No tengo dinero para pagar la matrícula. Espero que me den una (suerte, materia, beca).

7. Quiero tomar administración de (literatura, empresas, arte).

8. Tiene (ojos, inviernos, tobillos) azules.

9. Me duele mucho (la bata, el pecho, el celular).

10. Me van a hacer una radiografía de la (curita, asignatura, espalda).

11. La enfermera le va a (dar, poner, golpear) una inyección antitetánica.

12. Me fracturé la pierna y ahora necesito (muletas, saldos, giros postales).

13. Tengo que desinfectarle (las paperas, la matrícula, la herida).

14. No me enyesaron el brazo porque no me lo (rompí, quité, lastimé).

15. ¿Qué te (pasó, dolió, sugirió)? ¿Te caíste?

16. Camine por el pasillo hasta (temer, llegar, recetar) a la parada de ómnibus.

17. No vas a sacar una buena nota porque has (faltado, avisado, enviado) mucho a clase.

18. Mañana almorzamos (fáciles, difíciles, juntos). ¡Nos vemos!

19. No me van a dar la beca porque mi (carrera, salida, promedio) no es muy bueno.

20. Tiene que llenar (la planilla, las gafas, la silla de ruedas) con letra de molde.

21. Hoy no trabajo porque es día (brillante, apurado, feriado).

22. Voy a (esperar, facturar, aprobar) el equipaje inmediatamente.

23. Tiene una enfermedad (difícil, contagiosa, fácil).

24. Vamos a hacerle un análisis de sangre porque tiene el (consejero, colesterol, requisito) muy alto.

Nombre _____   Sección _____   Fecha _____

D Crucigrama. Use the cues provided below to complete the crossword puzzle on page 301.

HORIZONTAL

1.

4.

6.

9.

12.

14.

15.

16.

18.

20.

24.

25.

26.

27.

28.

Nombre _____ Sección _____ Fecha _____

VERTICAL

2.

3.

5.

7.

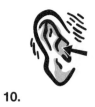

8.

10.

11.

13.

14.

17.

19.

21.

22.

23.
```
A+
B-
C
D+
F
```

25.

🔊 **Práctica oral**

Listen to the following exercise in the review section of the audio program. The speaker will ask you some questions. Answer each question, using the cue provided. The speaker will verify your response. Repeat the correct answer.

1. ¿Le gusta a Ud. viajar? (sí, mucho)

2. ¿Le dan a Ud. algún descuento cuando viaja? (no)

3. ¿Prefiere Ud. viajar en tren, en ómnibus o en avión? (en avión)

4. ¿Se marea Ud. cuando el avión despega o aterriza? (no)

5. ¿Ha visitado Ud. México? (sí)

6. ¿Le gusta a Ud. que sus amigos conozcan a su familia? (sí)

7. ¿Ya pagó Ud. la matrícula en la universidad? (sí)

8. ¿Piensa Ud. solicitar una beca el próximo semestre? (no)

9. ¿Espera Ud. que su profesor le dé una buena nota o una mala nota este semestre? (buena)

10. ¿Qué asignatura le gusta más? (el español)

11. En su opinión, ¿el español es fácil o difícil? (difícil)

12. ¿Cuál es su especialización? (administración de empresas)

13. ¿Ya tomó Ud. todos los requisitos? (no, todavía)

14. ¿Estudia Ud. en su casa o en la biblioteca? (en mi casa)

15. ¿Cuándo va a graduarse Ud.? (el año próximo)

16. ¿Qué enfermedades tuvo Ud. de niño? (paperas y sarampión)

17. ¿Hay alguien en su familia que sufra del corazón? (no)

18. ¿Tiene Ud. la presión alta o normal? (normal)

19. Cuando Ud. fue al médico, ¿le recetó pastillas o cápsulas? (cápsulas)

20. Cuando Ud. toma jarabe, ¿toma una cucharada o una cucharadita? (una cucharada)

21. ¿Cuándo debe Ud. volver al consultorio del médico? (la semana próxima)

22. ¿Qué usa Ud. para saber si tiene fiebre? (un termómetro)

23. ¿Cuánto pesa Ud.? (ciento cincuenta libras)

24. ¿Se ha roto Ud. una pierna alguna vez? (no)

25. ¿Qué toma Ud. cuando le duele la cabeza? (dos aspirinas)

26. ¿Qué quería su amiga que Ud. hiciera? (unas diligencias)

27. ¿Adónde quería que Ud. fuera con ella? (al banco y a la tienda)

28. ¿Qué querían sus padres que Ud. hiciera? (devolver los libros a la biblioteca)

29. Cuando Ud. envía cartas, ¿cómo las envía? (por vía aérea)

30. ¿Qué haría Ud. si no tuviera que estudiar? (salir con mis amigos)

🔊 **Para leer y entender** Listen to the following reading in the review section of the audio program, paying special attention to intonation and pronunciation. Make sure you understand and remember as much as you can.

El viaje de José Luis y Teresa

José Luis y su esposa Teresa visitaron el sur de España el verano pasado. Fueron en tren porque a ella no le gusta viajar en avión. Los padres de Teresa les aconsejaron que viajaran en el tren de la noche, que es el expreso.

En Granada, fueron a visitar a Ana María, la sobrina de José Luis, que asiste a la universidad. Por desgracia, la muchacha no pudo pasar mucho tiempo con ellos porque tuvo que estudiar para un examen parcial en su clase de administración de empresas. Ana María espera que le den una beca para el año próximo.

Estuvieron en Granada por cuatro días y después fueron a Sevilla. Allí, José Luis se cayó en la escalera del hotel y se fracturó un brazo. Tuvieron que enyesárselo. El médico le recetó unas cápsulas para el dolor. Al día siguiente fueron a visitar a Carmen, una amiga de Teresa, pero la muchacha no estaba en su casa; estaba en el hospital porque la habían operado de apendicitis. Carmen no se sentía muy bien y tenía un poco de fiebre, pero se alegró mucho de ver a Teresa.

Por la tarde fueron a la oficina de correos para mandarle un paquete a la mamá de José Luis. Era un regalo de cumpleaños.

Now answer the following questions.

1. ¿Qué parte de España visitaron José Luis y Teresa?

_____

2. ¿Por qué no fueron en avión?

_____

3. ¿Qué les dijeron los padres de Teresa que hicieran?

_____

4. ¿Por qué cree Ud. que la sobrina de José Luis quiere sacar muy buenas notas?

_____

5. ¿Estuvieron en Granada por más o por menos de una semana?

_____

6. ¿Cómo se fracturó un brazo José Luis?

_____

7. ¿Cree Ud. que el brazo le dolía mucho? ¿Cómo lo sabe?

_____

8. ¿Por qué tuvieron que ir al hospital para ver a Carmen?

_____

9. ¿Cómo estaba Carmen?

_____

10. ¿Cuál fue la reacción de Carmen al ver a Teresa?

_____

11. ¿Adónde tuvieron que ir ese mismo día? ¿Para qué?

_____

12. ¿Por qué le mandó José Luis un regalo a su mamá?

_____

APPENDIX A

INTRODUCTION TO SPANISH SOUNDS AND THE ALPHABET

Sections marked with a Web-audio icon are recorded on the website that supplements this text. Repeat each Spanish word after the speaker, imitating as closely as possible the correct pronunciation.

THE ALPHABET

Letter	Name	Letter	Name	Letter	Name	Letter	Name
a	a	h	hache	ñ	eñe	t	te
b	be	i	i	o	o	u	u
c	ce	j	jota	p	pe	v	ve
d	de	k	ka	q	cu	w	doble ve
e	e	l	ele	r	ere	x	equis
f	efe	m	eme	rr	erre	y	i griega
g	ge	n	ene	s	ese	z	zeta

THE VOWELS

Audio

1. The Spanish **a** has a sound similar to the English *a* in the word *father.* Repeat:

   Ana   casa   banana   mala   dama   mata

2. The Spanish **e** is pronounced like the English *e* in the word *eight.* Repeat:

   este   René   teme   deme   entre   bebe

3. The Spanish **i** is pronounced like the English *ee* in the word *see.* Repeat:

   sí   difícil   Mimí   ir   dividir   Fifí

4. The Spanish **o** is similar to the English *o* in the word *no,* but without the glide. Repeat:

   solo   poco   como   toco   con   monólogo

5. The Spanish **u** is similar to the English *ue* sound in the word *Sue.* Repeat:

   Lulú   un   su   universo   murciélago

THE CONSONANTS

1. The Spanish **p** is pronounced like the English *p* in the word *spot.* Repeat:

   pan   papá   Pepe   pila   poco   pude

2. The Spanish **c** in front of **a, o, u, l,** or **r** sounds similar to the English *k.* Repeat:

   casa   como   cuna   clima   crimen   cromo

3. The Spanish **q** is only used in the combinations **que** and **qui,** in which the **u** is silent, and also has a sound similar to the English *k.* Repeat:

   que   queso   Quique   quinto   quema   quiso

4. The Spanish **t** is pronounced like the English *t* in the word *stop.* Repeat:

   toma   mata   tela   tipo   atún   Tito

5. The Spanish **d** at the beginning of an utterance or after **n** or **l** sounds somewhat similar to the English *d* in the word *David.* Repeat:

   día   dedo   duelo   anda   Aldo

   In all other positions, the **d** has a sound similar to the English *th* in the word *they.* Repeat:

   medida   todo   nada   Ana dice   Eva duda

6. The Spanish **g** also has two sounds. At the beginning of an utterance and in all other positions, except before **e** or **i,** the Spanish **g** sounds similar to the English *g* in the word *sugar.* Repeat:

   goma   gato   tengo   lago   algo   aguja

   In the combinations **gue** and **gui,** the **u** is silent. Repeat:

   Águeda   guineo   guiso   ligue   la guía

7. The Spanish **j,** and **g** before **e** or **i,** sounds similar to the English *h* in the word *home.* Repeat:

   jamás   juego   jota   Julio   gente   Genaro   gime

8. The Spanish **b** and the **v** have no difference in sound. Both are pronounced alike. At the beginning of the utterance or after **m** or **n,** they sound similar to the English *b* in the word *obey.* Repeat:

   Beto   vaga   bote   vela   también   un vaso

   Between vowels, they are pronounced with the lips barely closed. Repeat:

   sábado   yo voy   sabe   Ávalos   Eso vale

9. In most Spanish-speaking countries, the **y** and the **ll** are similar to the English *y* in the word *yet.* Repeat:

   yo   llama   yema   lleno   ya   lluvia   llega

10. The Spanish **r (ere)** is pronounced like the English *tt* in the word *gutter*. Repeat:

| cara | pero | arena | carie | Laredo | Aruba |

The Spanish **r** in an initial position and after **l, n,** or **s,** and **rr (erre)** in the middle of a word are pronounced with a strong trill. Repeat:

| Rita | Rosa | torre | ruina | Enrique | Israel |
| perro | parra | rubio | alrededor | derrama | |

11. The Spanish **s** sound is represented in most of the Spanish-speaking world by the letters **s, z,** and **c** before **e** or **i.** The sound is very similar to the English sibilant *s* in the word *sink*. Repeat:

| sale | sitio | solo | seda | suelo |
| zapato | cerveza | ciudad | cena | |

In most of Spain, the **z,** and **c** before **e** or **i,** is pronounced like the English *th* in the word *think*. Repeat:

| zarzuela | cielo | docena |

12. The letter **h** is silent in Spanish. Repeat:

| hilo | Hugo | ahora | Hilda | almohada | hermano |

13. The Spanish **ch** is pronounced like the English *ch* in the word *chief*. Repeat:

| muchacho | chico | coche | chueco | chaparro |

14. The Spanish **f** is identical in sound to the English *f*. Repeat:

| famoso | feo | difícil | fuego | foto |

15. The Spanish **l** is pronounced like the English *l* in the word *lean*. Repeat:

| dolor | ángel | fácil | sueldo | salgo | chaval |

16. The Spanish **m** is pronounced like the English *m* in the word *mother*. Repeat:

| mamá | moda | multa | médico | mima |

17. In most cases, the Spanish **n** has a sound similar to the English *n*. Repeat:

| nada | norte | nunca | entra | nene |

The sound of the Spanish **n** is often affected by the sounds that occur around it. When it appears before **b, v,** or **p,** it is pronounced like the English *m*. Repeat:

| invierno | tan bueno | un vaso | un bebé | un perro |

18. The Spanish **ñ (eñe)** has a sound similar to the English *ny* in the word *canyon*. Repeat:

| muñeca | leña | año | señorita | piña | señor |

19. The Spanish **x** has two pronunciations, depending on its position. Between vowels, the sound is similar to the English *ks.* Repeat:

examen   boxeo   exigente   éxito

Before a consonant, the Spanish **x** sounds like the English *s.* Repeat:

expreso   excusa   exquisito   extraño

LINKING

In spoken Spanish, the various words in a phrase or sentence are not pronounced as isolated elements, but they are combined. This is called *linking*.

1. The final consonant of a word is pronounced together with the initial vowel of the following word. Repeat:

Carlos anda   un ángel   el otoño   unos estudiantes

2. The final vowel of a word is pronounced together with the initial vowel of the following word. Repeat:

su esposo   la hermana   ardua empresa   la invita

3. When the final vowel of a word and the initial vowel of the following word are identical, they are pronounced slightly longer than one vowel. Repeat:

Ana alcanza   me espera   mi hijo   lo olvida

The same rule applies when two identical vowels appear within a word. Repeat:

cooperación   crees   leemos   coordinación

4. When the final consonant of a word and the initial consonant of the following word are the same, they are pronounced as one consonant with slightly longer-than-normal duration. Repeat:

el lado   un novio   Carlos salta   tienes sed   al leer

RHYTHM

Rhythm is the variation of sound intensity that we usually associate with music. Spanish and English each regulate these variations in speech differently, because they have different patterns of syllable length. In Spanish the length of the stressed and unstressed syllables remains almost the same, while in English stressed syllables are considerably longer than unstressed ones. Pronounce the following Spanish words, enunciating each syllable clearly.

es-tu-dian-te	bue-no	Úr-su-la
com-po-si-ción	di-fí-cil	ki-ló-me-tro
po-li-cí-a	Pa-ra-guay	

© 2014 Heinle, Cengage Learning

Because the length of the Spanish syllables remains constant, the greater the number of syllables in a given word or phrase, the longer the phrase will be.

INTONATION

Intonation is the rise and fall of pitch in the delivery of a phrase or a sentence. In general, Spanish pitch tends to change less than English, giving the impression that the language is less emphatic.

As a rule, the intonation for normal statements in Spanish starts in a low tone, raises to a higher one on the first stressed syllable, maintains that tone until the last stressed syllable, and then goes back to the initial low tone, with still another drop at the very end.

Tu amigo viene mañana.   José come pan.
Ada está en casa.   Carlos toma café.

SYLLABLE FORMATION IN SPANISH

General rules for dividing words into syllables are as follows.

Vowels

1. A vowel or a vowel combination can constitute a syllable.

   a-lum-no   a-bue-la   Eu-ro-pa

2. Diphthongs and triphthongs are considered single vowels and cannot be divided.

   bai-le   puen-te   Dia-na   es-tu-diáis   an-ti-guo

3. Two strong vowels (**a, e, o**) do not form a diphthong and are separated into two syllables.

   em-ple-ar   vol-te-ar   lo-a

4. A written accent on a weak vowel (**i** or **u**) breaks the diphthong, thus the vowels are separated into two syllables.

   trí-o   dú-o   Ma-rí-a

Consonants

1. A single consonant forms a syllable with the vowel that follows it.

   po-der   ma-no   mi-nu-to

   NOTE: **rr** is considered a single consonant: **pe-rro.**

2. When two consonants appear between two vowels, they are separated into two syllables.

   al-fa-be-to   cam-pe-ón   me-ter-se   mo-les-tia

   EXCEPTION: When a consonant cluster composed of **b, c, d, f, g, p,** or **t** with **l** or **r** appears between two vowels, the cluster joins the following vowel: **so-bre, o-tros, ca-ble, te-lé-gra-fo.**

3. When three consonants appear between two vowels, only the last one goes with the following vowel.

ins-pec-tor   trans-por-te   trans-for-mar

EXCEPTION: When there is a cluster of three consonants in the combinations described in rule 2, the first consonant joins the preceding vowel, and the cluster joins the following vowel: **es-cri-bir, ex-tran-je-ro, im-plo-rar, es-tre-cho.**

ACCENTUATION

In Spanish, all words are stressed according to specific rules. Words that do not follow the rules must have a written accent to indicate the change of stress. The basic rules for accentuation are as follows.

1. Words ending in a vowel, **n,** or **s** are stressed on the next-to-the-last syllable.

hi-jo	**ca**-lle	**me**-sa	fa-**mo**-sos
flo-**re**-cen	**pla**-ya	**ve**-ces	

2. Words ending in a consonant, except **n** or **s,** are stressed on the last syllable.

ma-**yor**   a-**mor**   tro-pi-**cal**   na-**riz**   re-**loj**   co-rre-**dor**

3. All words that do not follow these rules must have the written accent.

ca-**fé**	**lá**-piz	**mú**-si-ca	sa-**lón**
án-gel	**lí**-qui-do	fran-**cés**	**Víc**-tor
sim-**pá**-ti-co	rin-**cón**	a-**zú**-car	**dár**-se-lo
sa-**lió**	**dé**-bil	e-**xá**-me-nes	**dí**-me-lo

4. Pronouns and adverbs of interrogation and exclamation have a written accent to distinguish them from relative pronouns.

—¿**Qué** comes?	*"What are you eating?"*
—La pera que él no comió.	*"The pear that he did not eat."*
—¿**Quién** está ahí?	*"Who is there?"*
—El hombre a quien tú llamaste.	*"The man whom you called."*
—¿**Dónde** está?	*"Where is he?"*
—En el lugar donde trabaja.	*"At the place where he works."*

5. Words that have the same spelling but different meanings take a written accent to differentiate one from the other.

el	*the*	**él**	*he, him*	**te**	*you*	**té**	*tea*
mi	*my*	**mí**	*me*	**si**	*if*	**sí**	*yes*
tu	*your*	**tú**	*you*	**mas**	*but*	**más**	*more*

APPENDIX B

VERBS

REGULAR VERBS

Model -ar, -er, -ir verbs

INFINITIVE		
amar (*to love*)	**comer** (*to eat*)	**vivir** (*to live*)
GERUND		
amando (*loving*)	**comiendo** (*eating*)	**viviendo** (*living*)
PAST PARTICIPLE		
amado (*loved*)	**comido** (*eaten*)	**vivido** (*lived*)

SIMPLE TENSES

Indicative Mood

PRESENT		
(*I love*)	(*I eat*)	(*I live*)
am**o**	com**o**	viv**o**
am**as**	com**es**	viv**es**
am**a**	com**e**	viv**e**
am**amos**	com**emos**	viv**imos**
am**áis**[1]	com**éis**	viv**ís**
am**an**	com**en**	viv**en**

IMPERFECT		
(*I used to love*)	(*I used to eat*)	(*I used to live*)
am**aba**	com**ía**	viv**ía**
am**abas**	com**ías**	viv**ías**
am**aba**	com**ía**	viv**ía**
am**ábamos**	com**íamos**	viv**íamos**
am**abais**	com**íais**	viv**íais**
am**aban**	com**ían**	viv**ían**

---

[1] **Vosotros amáis:** The **vosotros** form of the verb is used primarily in Spain. This form has not been used in this text.

PRETERIT

(*I love*)	(*I ate*)	(*I lived*)
am**é**	com**í**	viv**í**
am**aste**	com**iste**	viv**iste**
am**ó**	com**ió**	viv**ió**
am**amos**	com**imos**	viv**imos**
am**asteis**	com**isteis**	viv**isteis**
am**aron**	com**ieron**	viv**ieron**

FUTURE

(*I will love*)	(*I will eat*)	(*I will live*)
amar**é**	comer**é**	vivir**é**
amar**ás**	comer**ás**	vivir**ás**
amar**á**	comer**á**	vivir**á**
amar**emos**	comer**emos**	vivir**emos**
amar**éis**	comer**éis**	vivir**éis**
amar**án**	comer**án**	vivir**án**

CONDITIONAL

(*I would love*)	(*I would eat*)	(*I would live*)
amar**ía**	comer**ía**	vivir**ía**
amar**ías**	comer**ías**	vivir**ías**
amar**ía**	comer**ía**	vivir**ía**
amar**íamos**	comer**íamos**	vivir**íamos**
amar**íais**	comer**íais**	vivir**íais**
amar**ían**	comer**ían**	vivir**ían**

Subjunctive Mood

PRESENT

(*[that] I [may] love*)	(*[that] I [may] eat*)	(*[that] I [may] live*)
am**e**	com**a**	viv**a**
am**es**	com**as**	viv**as**
am**e**	com**a**	viv**a**
am**emos**	com**amos**	viv**amos**
am**éis**	com**áis**	viv**áis**
am**en**	com**an**	viv**an**

IMPERFECT (two forms: **-ra, -se**)

([*that*] I [*might*] *love*)	([*that*] I [*might*] *eat*)	([*that*] I [*might*] *live*)
am**ara(-ase)**	com**iera(-iese)**	viv**iera(-iese)**
am**aras(-ases)**	com**ieras(-ieses)**	viv**ieras(-ieses)**
am**ara(-ase)**	com**iera(-iese)**	viv**iera(-iese)**
am**áramos** (**-ásemos**)	com**iéramos** (**-iésemos**)	viv**iéramos** (**-iésemos**)
am**arais(-aseis)**	com**ierais(-ieseis)**	viv**ierais(-ieseis)**
am**aran(-asen)**	com**ieran(-iesen)**	viv**ieran(-iesen)**

Imperative Mood (*Command Forms*)

(*love*)	(*eat*)	(*live*)
am**a** (tú)	com**e** (tú)	viv**e** (tú)
am**e** (Ud.)	com**a** (Ud.)	viv**a** (Ud.)
am**emos** (nosotros)	com**amos** (nosotros)	viv**amos** (nosotros)
am**ad** (vosotros)	com**ed** (vosotros)	viv**id** (vosotros)
am**en** (Uds.)	com**an** (Uds.)	viv**an** (Uds.)

COMPOUND TENSES

PERFECT INFINITIVE

haber amado	**haber comido**	**haber vivido**

PERFECT PARTICIPLE

habiendo amado	**habiendo comido**	**habiendo vivido**

Indicative Mood

PRESENT PERFECT

(*I have loved*)	(*I have eaten*)	(*I have lived*)
he amado	he comido	he vivido
has amado	has comido	has vivido
ha amado	ha comido	ha vivido
hemos amado	hemos comido	hemos vivido
habéis amado	habéis comido	habéis vivido
han amado	han comido	han vivido

© 2014 Heinle, Cengage Learning

(*I had loved*)	(*I had eaten*)	(*I had lived*)
había amado	había comido	había vivido
habías amado	habías comido	habías vivido
había amado	había comido	había vivido
habíamos amado	habíamos comido	habíamos vivido
habíais amado	habíais comido	habíais vivido
habían amado	habían comido	habían vivido

FUTURE PERFECT

(*I will have loved*)	(*I will have eaten*)	(*I will have lived*)
habré amado	habré comido	habré vivido
habrás amado	habrás comido	habrás vivido
habrá amado	habrá comido	habrá vivido
habremos amado	habremos comido	habremos vivido
habréis amado	habréis comido	habréis vivido
habrán amado	habrán comido	habrán vivido

CONDITIONAL PERFECT

(*I would have loved*)	(*I would have eaten*)	(*I would have lived*)
habría amado	habría comido	habría vivido
habrías amado	habrías comido	habrías vivido
habría amado	habría comido	habría vivido
habríamos amado	habríamos comido	habríamos vivido
habríais amado	habríais comido	habríais vivido
habrían amado	habrían comido	habrían vivido

Subjunctive Mood

PRESENT PERFECT

([*that*] *I* [*may*] *have loved*)	([*that*] *I* [*may*] *have eaten*)	([*that*] *I* [*may*] *have lived*)
haya amado	haya comido	haya vivido
hayas amado	hayas comido	hayas vivido
haya amado	haya comido	haya vivido
hayamos amado	hayamos comido	hayamos vivido
hayáis amado	hayáis comido	hayáis vivido
hayan amado	hayan comido	hayan vivido

	PLUPERFECT (two forms: -ra, -se)	
([that] I [might]	*([that] I [might]*	*([that] I [might]*
have loved)	*have eaten)*	*have lived)*
hubiera(-iese)	hubiera(-iese)	hubiera(-iese)
amado	comido	vivido
hubieras(-ieses)	hubieras(-ieses)	hubieras(-ieses)
amado	comido	vivido
hubiera(-iese)	hubiera(-iese)	hubiera(-iese)
amado	comido	vivido
hubiéramos(-iésemos)	hubiéramos(-iésemos)	hubiéramos(-iésemos)
amado	comido	vivido
hubierais(-ieseis)	hubierais(-ieseis)	hubierais(-ieseis)
amado	comido	vivido
hubieran(-iesen)	hubieran(-iesen)	hubieran(-iesen)
amado	comido	vivido

Stem-Changing Verbs

The -ar *and* -er *stem-changing verbs*

Stem-changing verbs are those that have a change in the root of the verb. Verbs that end in **-ar** and **-er** change the stressed vowel **e** to **ie** and the stressed **o** to **ue.** These changes occur in all persons, except the first and second persons plural of the present indicative, present subjunctive, and command.

INFINITIVE	PRESENT INDICATIVE	IMPERATIVE	PRESENT SUBJUNCTIVE
cerrar	cierro	—	cierre
(to close)	cierras	cierra	cierres
	cierra	(Ud.) cierre	cierre
	cerramos	cerremos	cerremos
	cerráis	cerrad	cerréis
	cierran	(Uds.) cierren	cierren

INFINITIVE	PRESENT INDICATIVE	IMPERATIVE	PRESENT SUBJUNCTIVE
perder (*to lose*)	pierdo	—	pierda
	pierdes	pierde	pierdas
	pierde	(Ud.) pierda	pierda
	perdemos	perdamos	perdamos
	perdéis	perded	perdáis
	pierden	(Uds.) pierdan	pierdan
contar (*to count, to tell*)	cuento	—	cuente
	cuentas	cuenta	cuentes
	cuenta	(Ud.) cuente	cuente
	contamos	contemos	contemos
	contáis	contad	contéis
	cuentan	(Uds.) cuenten	cuenten
volver (*to return*)	vuelvo	—	vuelva
	vuelves	vuelve	vuelvas
	vuelve	(Ud.) vuelva	vuelva
	volvemos	volvamos	volvamos
	volvéis	volved	volváis
	vuelven	(Uds.) vuelvan	vuelvan

Verbs that follow the same pattern include the following.

acertar   *to guess right*
acordarse   *to remember*
acostar(**se**)   *to go to bed*
almorzar   *to have lunch*
atravesar   *to go through*
cegar   *to blind*
cocer   *to cook*
colgar   *to hang*
comenzar   *to begin*
confesar   *to confess*
costar   *to cost*
demostrar   *to demonstrate, to show*
despertar(**se**)   *to wake up*
empezar   *to begin*
encender   *to light, to turn on*
encontrar   *to find*

entender   *to understand*
llover   *to rain*
mostrar   *to show*
mover   *to move*
negar   *to deny*
nevar   *to snow*
pensar   *to think, to plan*
probar   *to prove, to taste*
recordar   *to remember*
resolver   *to decide on*
rogar   *to beg*
sentar(**se**)   *to sit down*
soler   *to be in the habit of*
soñar   *to dream*
tender   *to stretch, to unfold*
torcer   *to twist*

The -ir *stem-changing verbs*

There are two types of stem-changing verbs that end in **-ir:** one type changes stressed **e** to **ie** in some tenses and to **i** in others and stressed **o** to **ue** or **u;** the second type always changes stressed **e** to **i** in the irregular forms of the verb.

	Type I	**e:ie**	or	**i**
-ir:				
		o:ue	or	**u**

These changes occur as follows.

Present Indicative: all persons except the first and second plural change **e** to **ie** and **o** to **ue.** *Preterit:* third person, singular and plural, changes **e** to **i** and **o** to **u.** *Present Subjunctive:* all persons change **e** to **ie** and **o** to **ue,** except the first and second persons plural, which change **e** to **i** and **o** to **u.** *Imperfect Subjunctive:* all persons change **e** to **i** and **o** to **u.** *Imperative:* all persons except the second person plural change **e** to **ie** and **o** to **ue;** first person plural changes **e** to **i** and **o** to **u.** *Present Participle:* changes **e** to **i** and **o** to **u.**

	Indicative		Imperative	Subjunctive	
INFINITIVE	**PRESENT**	**PRETERIT**		**PRESENT**	**IMPERFECT**
sentir	siento	sentí	—	sienta	sintiera(-iese)
(*to feel*)	sientes	sentiste	siente	sientas	sintieras
	siente	sintió	(Ud.) sienta	sienta	sintiera
PRESENT	sentimos	sentimos	sintamos	sintamos	sintiéramos
PARTICIPLE	sentís	sentisteis	sentid	sintáis	sintierais
sintiendo	sienten	sintieron	(Uds.) sientan	sientan	sintieran
dormir	duermo	dormí	—	duerma	durmiera(-iese)
(*to sleep*)	duermes	dormiste	duerme	duermas	durmieras
	duerme	durmió	(Ud.) duerma	duerma	durmiera
PRESENT	dormimos	dormimos	durmamos	durmamos	durmiéramos
PARTICIPLE	dormís	dormisteis	dormid	durmáis	durmierais
durmiendo	duermen	durmieron	(Uds.) duerman	duerman	durmieran

Other verbs that follow the same pattern include the following.

advertir	*to warn*	**herir**	*to wound, to hurt*
arrepentir(**se**)	*to repent*	**mentir**	*to lie*
consentir	*to consent, to pamper*	**morir**	*to die*
convertir(**se**)	*to turn into*	**preferir**	*to prefer*
discernir	*to discern*	**referir**	*to refer*
divertir(**se**)	*to amuse oneself*	**sugerir**	*to suggest*

Type II   **-ir: e:i**

The verbs in this second category are irregular in the same tenses as those of the first type. The only difference is that they only have one change: **e:i** in all irregular persons.

	Indicative		*Imperative*	*Subjunctive*	
INFINITIVE	PRESENT	PRETERIT		PRESENT	IMPERFECT
pedir	pido	pedí	—	pida	pidiera(-iese)
(*to ask for,*	pides	pediste	pide	pidas	pidieras
to request)	pide	pidió	(Ud.) pida	pida	pidiera
PRESENT	pedimos	pedimos	pidamos	pidamos	pidiéramos
PARTICIPLE	pedís	pedisteis	pedid	pidáis	pidierais
pidiendo	piden	pidieron	(Uds.) pidan	pidan	pidieran

Verbs that follow this pattern include the following.

competir	*to compete*	**reír**(**se**)	*to laugh*
concebir	*to conceive*	**reñir**	*to fight*
despedir(**se**)	*to say good-bye*	**repetir**	*to repeat*
elegir	*to choose*	**seguir**	*to follow*
impedir	*to prevent*	**servir**	*to serve*
perseguir	*to pursue*	**vestir**(**se**)	*to dress*

Orthographic-Changing Verbs

Some verbs undergo a change in the spelling of the stem in certain tenses in order to maintain the original sound of the final consonant. The most common verbs of this type are those with the consonants **g** and **c.** Remember that **g** and **c** have a soft sound in front of **e** or **i** and a hard sound in front of **a, o,** or **u.** In order to maintain the soft sound in front of **a, o,** and **u, g** and **c** change to **j** and **z,** respectively. And in order to maintain the hard sound of **g** and **c** in front of **e** and **i, u** is added to the **g** (**gu**) and **c** changes to **qu.**

The following important verbs undergo spelling changes in the tenses listed below.

1. Verbs ending in **-gar** change **g** to **gu** before **e** in the first person of the preterit and in all persons of the present subjunctive.

   pagar (*to pay*)
   Preterit: pa**gu**é, pagaste, pagó, etc.
   Pres. Subj.: pa**gu**e, pa**gu**es, pa**gu**e, pa**gu**emos, pa**gu**éis, pa**gu**en

   Verbs that follow the same pattern: **colgar, jugar, llegar, navegar, negar, regar, rogar.**

2. Verbs ending in **-ger** and **-gir** change **g** to **j** before **o** and **a** in the first person of the present indicative and in all persons of the present subjunctive.

   proteger (*to protect*)
   Pres. Ind.:   prote**j**o, proteges, protege, etc.
   Pres. Subj.: prote**j**a, prote**j**as, prote**j**a, prote**j**amos, prote**j**áis, prote**j**an

   Verbs that follow the same pattern: **coger, corregir, dirigir, elegir, escoger, exigir, recoger.**

3. Verbs ending in **-guar** change **gu** to **gü** before **e** in the first person of the preterit and in all persons of the present subjunctive.

   averiguar (*to find out*)
   Preterit: averi**gü**é, averiguaste, averiguó, etc.
   Pres. Subj.: averi**gü**e, averi**gü**es, averi**gü**e, averi**gü**emos, averi**gü**éis, averi**gü**en

   The verb **apaciguar** follows the same pattern.

4. Verbs ending in **-guir** change **gu** to **g** before **o** and **a** in the first person of the present indicative and in all persons of the present subjunctive.

   conseguir (*to get*)
   Pres. Ind.:   consi**g**o, consigues, consigue, etc.
   Pres. Subj.: consi**g**a, consi**g**as, consi**g**a, consi**g**amos, consi**g**áis, consi**g**an

   Verbs that follow the same pattern: **distinguir, perseguir, proseguir, seguir.**

5. Verbs ending in **-car** change **c** to **qu** before **e** in the first person of the preterit and in all persons of the present subjunctive.

tocar (*to touch, to play* [*a musical instrument*])
Preterit: to**qu**é, tocaste, tocó, etc.
Pres. Subj.: to**qu**e, to**qu**es, to**qu**e, to**qu**emos, to**qu**éis, to**qu**en

Verbs that follow the same pattern: **atacar, buscar, comunicar, explicar, indicar, pescar, sacar.**

6. Verbs ending in **-cer** and **-cir** preceded by a consonant change **c** to **z** before **o** and **a** in the first person of the present indicative and in all persons of the present subjunctive.

torcer (*to twist*)
Pres. Ind.: tuer**z**o, tuerces, tuerce, etc.
Pres. Subj.: tuer**z**a, tuer**z**as, tuer**z**a, tor**z**amos, tor**z**áis, tuer**z**an

Verbs that follow the same pattern: **convencer, esparcir, vencer.**

7. Verbs ending in **-cer** and **-cir** preceded by a vowel change **c** to **zc** before **o** and **a** in the first person of the present indicative and in all persons of the present subjunctive.

conocer (*to know, to be acquainted with*)
Pres. Ind.: cono**zc**o, conoces, conoce, etc.
Pres. Subj.: cono**zc**a, cono**zc**as, cono**zc**a, cono**zc**amos, cono**zc**áis, cono**zc**an

Verbs that follow the same pattern: **agradecer, aparecer, carecer, entristecer, establecer, lucir, nacer, obedecer, ofrecer, padecer, parecer, pertenecer, reconocer, relucir.**

8. Verbs ending in **-zar** change **z** to **c** before **e** in the first person of the preterit and in all persons of the present subjunctive.

rezar (*to pray*)
Preterit: re**c**é, rezaste, rezó, etc.
Pres. Subj.: re**c**e, re**c**es, re**c**e, re**c**emos, re**c**éis, re**c**en

Verbs that follow the same pattern: **abrazar, alcanzar, almorzar, comenzar, cruzar, empezar, forzar, gozar.**

9. Verbs ending in **-eer** change the unstressed **i** to **y** between vowels in the third person singular and plural of the preterit, in all persons of the imperfect subjunctive, and in the present participle.

creer (*to believe*)
Preterit: creí, creíste, cre**y**ó, creímos, creísteis, cre**y**eron
Imp. Subj.: cre**y**era(ese), cre**y**eras, cre**y**era, cre**y**éramos, cre**y**erais, cre**y**eran
Pres. Part.: cre**y**endo

Leer and **poseer** follow the same pattern.

10. Verbs ending in **-uir** change the unstressed **i** to **y** between vowels (except **-quir,** which has the silent **u**) in the following tenses and persons.

huir (*to escape, to flee*)
Pres. Part.: huyendo
Past Part.: huido
Pres. Ind.: huyo, huyes, huye, huimos, huís, huyen
Preterit: huí, huiste, huyó, huimos, huisteis, huyeron
Imperative: huye, huya, huyamos, huid, huyan
Pres. Subj.: huya, huyas, huya, huyamos, huyáis, huyan
Imp. Subj.: huyera(ese), huyeras, huyera, huyéramos, huyerais, huyeran

Verbs that follow the same pattern: **atribuir, concluir, constituir, construir, contribuir, destituir, destruir, disminuir, distribuir, excluir, incluir, influir, instruir, restituir, sustituir.**

11. Verbs ending in **-eír** lose one **e** in the third person singular and plural of the preterit, in all persons of the imperfect subjunctive, and in the present participle.

reír(se) (*to laugh*)
Preterit: reí, reíste, rió, reímos, reísteis, rieron
Imp. Subj.: riera(ese), rieras, riera, riéramos, rierais, rieran
Pres. Part.: riendo

Freír and **sonreír** follow the same pattern.

12. Verbs ending in **-iar** add a written accent to the **i,** except in the first and second persons plural of the present indicative and subjunctive.

fiar(se) (*to trust*)
Pres. Ind.: fío, fías, fía, fiamos, fiáis, fían
Pres. Subj.: fíe, fíes, fíe, fiemos, fiéis, fíen

Verbs that follow the same pattern: **ampliar, criar, desviar, enfriar, enviar, esquiar, guiar, telegrafiar, vaciar, variar.**

13. Verbs ending in **-uar** (except **-guar**) add a written accent to the **u,** except in the first and second persons plural of the present indicative and subjunctive.

actuar (*to act*)
Pres. Ind.: actúo, actúas, actúa, actuamos, actuáis, actúan
Pres. Subj.: actúe, actúes, actúe, actuemos, actuéis, actúen

Verbs that follow the same pattern: **acentuar, continuar, efectuar, exceptuar, graduar, habituar, insinuar, situar.**

14. Verbs ending in **-ñir** remove the **i** of the diphthongs **ie** and **ió** in the third person singular and plural of the preterit and in all persons of the imperfect subjunctive. They also change the **e** of the stem to **i** in the same persons.

teñir (*to dye*)
Preterit: teñí, teñiste, **tiñó,** teñimos, teñisteis, **tiñeron**
Imp. Subj.: **tiñe**ra(ese), **tiñe**ras, **tiñe**ra, **tiñé**ramos, **tiñe**rais, **tiñe**ran

Verbs that follow the same pattern: **ceñir, constreñir, desteñir, estreñir, reñir.**

Some Common Irregular Verbs

Only those tenses with irregular forms are given below.

adquirir (*to acquire*)
    Pres. Ind.:   adquiero, adquieres, adquiere, adquirimos, adquirís, adquieren
    Pres. Subj.:   adquiera, adquieras, adquiera, adquiramos, adquiráis, adquieran
    Imperative: adquiere, adquiera, adquiramos, adquirid, adquieran

andar (*to walk*)
    Preterit: anduve, anduviste, anduvo, anduvimos, anduvisteis, anduvieron
    Imp. Subj.:   anduviera (anduviese), anduvieras, anduviera, anduviéramos, anduvierais, anduvieran

avergonzarse (*to be ashamed, to be embarrassed*)
    Pres. Ind.:   me avergüenzo, te avergüenzas, se avergüenza, nos avergonzamos, os avergonzáis, se avergüenzan
    Pres. Subj.:   me avergüence, te avergüences, se avergüence, nos avergoncemos, os avergoncéis, se avergüencen
    Imperative: avergüénzate, avergüéncese, avergoncémonos, avergonzaos, avergüéncense

caber (*to fit, to have enough room*)
    Pres. Ind.:   quepo, cabes, cabe, cabemos, cabéis, caben
    Preterit: cupe, cupiste, cupo, cupimos, cupisteis, cupieron
    Future: cabré, cabrás, cabrá, cabremos, cabréis, cabrán
    Conditional: cabría, cabrías, cabría, cabríamos, cabríais, cabrían
    Imperative: cabe, quepa, quepamos, cabed, quepan
    Pres. Subj.:   quepa, quepas, quepa, quepamos, quepáis, quepan
    Imp. Subj.:   cupiera (cupiese), cupieras, cupiera, cupiéramos, cupierais, cupieran

caer (*to fall*)
    Pres. Ind.:   caigo, caes, cae, caemos, caéis, caen
    Preterit: caí, caíste, cayó, caímos, caísteis, cayeron
    Imperative: cae, caiga, caigamos, caed, caigan
    Pres. Subj.:   caiga, caigas, caiga, caigamos, caigáis, caigan
    Imp. Subj.:   cayera (cayese), cayeras, cayera, cayéramos, cayerais, cayeran
    Past Part.:   caído

conducir (*to guide, to drive*)

Pres. Ind.:	conduzco, conduces, conduce, conducimos, conducís, conducen
Preterit:	conduje, condujiste, condujo, condujimos, condujisteis, condujeron
Imperative:	conduce, conduzca, conduzcamos, conducid, conduzcan
Pres. Subj.:	conduzca, conduzcas, conduzca, conduzcamos, conduzcáis, conduzcan
Imp. Subj.:	condujera (condujese), condujeras, condujera, condujéramos, condujerais, condujeran

(All verbs ending in **-ducir** follow this pattern.)

convenir (*to agree*) See **venir.**

dar (*to give*)

Pres. Ind.:	doy, das, da, damos, dais, dan
Preterit:	di, diste, dio, dimos, disteis, dieron
Imperative:	da, dé, demos, dad, den
Pres. Subj.:	dé, des, dé, demos, deis, den
Imp. Subj.:	diera (diese), dieras, diera, diéramos, dierais, dieran

decir (*to say, to tell*)

Pres. Ind.:	digo, dices, dice, decimos, decís, dicen
Preterit:	dije, dijiste, dijo, dijimos, dijisteis, dijeron
Future:	diré, dirás, dirá, diremos, diréis, dirán
Conditional:	diría, dirías, diría, diríamos, diríais, dirían
Imperative:	di, diga, digamos, decid, digan
Pres. Subj.:	diga, digas, diga, digamos, digáis, digan
Imp. Subj.:	dijera (dijese), dijeras, dijera, dijéramos, dijerais, dijeran
Pres. Part.:	diciendo
Past Part.:	dicho

detener (*to stop, to hold, to arrest*) See **tener.**

entretener (*to entertain, to amuse*) See **tener.**

errar (*to err, to miss*)

Pres. Ind.:	yerro, yerras, yerra, erramos, erráis, yerran
Imperative:	yerra, yerre, erremos, errad, yerren
Pres. Subj.:	yerre, yerres, yerre, erremos, erréis, yerren

estar (*to be*)

Pres. Ind.:	estoy, estás, está, estamos, estáis, están
Preterit:	estuve, estuviste, estuvo, estuvimos, estuvisteis, estuvieron
Imperative:	está, esté, estemos, estad, estén
Pres. Subj.:	esté, estés, esté, estemos, estéis, estén
Imp. Subj.:	estuviera (estuviese), estuvieras, estuviera, estuviéramos, estuvierais, estuvieran

haber (*to have*)

Pres. Ind.:	he, has, ha, hemos, habéis, han
Preterit:	hube, hubiste, hubo, hubimos, hubisteis, hubieron
Future:	habré, habrás, habrá, habremos, habréis, habrán
Conditional:	habría, habrías, habría, habríamos, habríais, habrían

Imperative:	he, haya, hayamos, habed, hayan
Pres. Subj.:	haya, hayas, haya, hayamos, hayáis, hayan
Imp. Subj.:	hubiera (hubiese), hubieras, hubiera, hubiéramos, hubierais, hubieran

hacer (*to do, to make*)

Pres. Ind.:	hago, haces, hace, hacemos, hacéis, hacen
Preterit:	hice, hiciste, hizo, hicimos, hicisteis, hicieron
Future:	haré, harás, hará, haremos, haréis, harán
Conditional:	haría, harías, haría, haríamos, haríais, harían
Imperative:	haz, haga, hagamos, haced, hagan
Pres. Subj.:	haga, hagas, haga, hagamos, hagáis, hagan
Imp. Subj.:	hiciera (hiciese), hicieras, hiciera, hiciéramos, hicierais, hicieran
Past Part.:	hecho

imponer (*to impose, to deposit*) See **poner.**

introducir (*to introduce, to insert, to gain access*) See **conducir.**

ir (*to go*)

Pres. Ind.:	voy, vas, va, vamos, vais, van
Imp. Ind.:	iba, ibas, iba, íbamos, ibais, iban
Preterit:	fui, fuiste, fue, fuimos, fuisteis, fueron
Imperative:	ve, vaya, vayamos, id, vayan
Pres. Subj.:	vaya, vayas, vaya, vayamos, vayáis, vayan
Imp. Subj.:	fuera (fuese), fueras, fuera, fuéramos, fuerais, fueran

jugar (*to play*)

Pres. Ind.:	juego, juegas, juega, jugamos, jugáis, juegan
Imperative:	juega, juegue, juguemos, jugad, jueguen
Pres. Subj.:	juegue, juegues, juegue, juguemos, juguéis, jueguen

obtener (*to obtain*) See **tener.**

oír (*to hear*)

Pres. Ind.:	oigo, oyes, oye, oímos, oís, oyen
Preterit:	oí, oíste, oyó, oímos, oísteis, oyeron
Imperative:	oye, oiga, oigamos, oíd, oigan
Pres. Subj.:	oiga, oigas, oiga, oigamos, oigáis, oigan
Imp. Subj.:	oyera (oyese), oyeras, oyera, oyéramos, oyerais, oyeran
Pres. Part.:	oyendo
Past Part.:	oído

oler (*to smell*)

Pres. Ind.:	huelo, hueles, huele, olemos, oléis, huelen
Imperative:	huele, huela, olamos, oled, huelan
Pres. Subj.:	huela, huelas, huela, olamos, oláis, huelan

poder (*to be able*)

| *Pres. Ind.:* | puedo, puedes, puede, podemos, podéis, pueden |

Preterit:	pude, pudiste, pudo, pudimos, pudisteis, pudieron
Future:	podré, podrás, podrá, podremos, podréis, podrán
Conditional:	podría, podrías, podría, podríamos, podríais, podrían
Imperative:	puede, pueda, podamos, poded, puedan
Pres. Subj.:	pueda, puedas, pueda, podamos, podáis, puedan
Imp. Subj.:	pudiera (pudiese), pudieras, pudiera, pudiéramos, pudierais, pudieran
Pres. Part.:	pudiendo

poner (*to place, to put*)

Pres. Ind.:	pongo, pones, pone, ponemos, ponéis, ponen
Preterit:	puse, pusiste, puso, pusimos, pusisteis, pusieron
Future:	pondré, pondrás, pondrá, pondremos, pondréis, pondrán
Conditional:	pondría, pondrías, pondría, pondríamos, pondríais, pondrían
Imperative:	pon, ponga, pongamos, poned, pongan
Pres. Subj.:	ponga, pongas, ponga, pongamos, pongáis, pongan
Imp. Subj.:	pusiera (pusiese), pusieras, pusiera, pusiéramos, pusierais, pusieran
Past Part.:	puesto

querer (*to want, to wish, to like*)

Pres. Ind.:	quiero, quieres, quiere, queremos, queréis, quieren
Preterit:	quise, quisiste, quiso, quisimos, quisisteis, quisieron
Future:	querré, querrás, querrá, querremos, querréis, querrán
Conditional:	querría, querrías, querría, querríamos, querríais, querrían
Imperative:	quiere, quiera, queramos, quered, quieran
Pres. Subj.:	quiera, quieras, quiera, queramos, queráis, quieran
Imp. Subj.:	quisiera (quisiese), quisieras, quisiera, quisiéramos, quisierais, quisieran

resolver (*to decide on*)

| *Past Part.:* | resuelto |

saber (*to know*)

Pres. Ind.:	sé, sabes, sabe, sabemos, sabéis, saben
Preterit:	supe, supiste, supo, supimos, supisteis, supieron
Future:	sabré, sabrás, sabrá, sabremos, sabréis, sabrán
Conditional:	sabría, sabrías, sabría, sabríamos, sabríais, sabrían
Imperative:	sabe, sepa, sepamos, sabed, sepan
Pres. Subj.:	sepa, sepas, sepa, sepamos, sepáis, sepan
Imp. Subj.:	supiera (supiese), supieras, supiera, supiéramos, supierais, supieran

salir (*to leave, to go out*)

Pres. Ind.:	salgo, sales, sale, salimos, salís, salen
Future:	saldré, saldrás, saldrá, saldremos, saldréis, saldrán
Conditional:	saldría, saldrías, saldría, saldríamos, saldríais, saldrían
Imperative:	sal, salga, salgamos, salid, salgan
Pres. Subj.:	salga, salgas, salga, salgamos, salgáis, salgan

ser (*to be*)

Pres. Ind.:	soy, eres, es, somos, sois, son
Imp. Ind.:	era, eras, era, éramos, erais, eran
Preterit:	fui, fuiste, fue, fuimos, fuisteis, fueron
Imperative:	sé, sea, seamos, sed, sean
Pres. Subj.:	sea, seas, sea, seamos, seáis, sean
Imp. Subj.:	fuera (fuese), fueras, fuera, fuéramos, fuerais, fueran

suponer (*to assume*) See **poner.**

tener (*to have*)

Pres. Ind.:	tengo, tienes, tiene, tenemos, tenéis, tienen
Preterit:	tuve, tuviste, tuvo, tuvimos, tuvisteis, tuvieron
Future:	tendré, tendrás, tendrá, tendremos, tendréis, tendrán
Conditional:	tendría, tendrías, tendría, tendríamos, tendríais, tendrían
Imperative:	ten, tenga, tengamos, tened, tengan
Pres. Subj.:	tenga, tengas, tenga, tengamos, tengáis, tengan
Imp. Subj.:	tuviera (tuviese), tuvieras, tuviera, tuviéramos, tuvierais, tuvieran

traducir (*to translate*) See **conducir.**

traer (*to bring*)

Pres. Ind.:	traigo, traes, trae, traemos, traéis, traen
Preterit:	traje, trajiste, trajo, trajimos, trajisteis, trajeron
Imperative:	trae, traiga, traigamos, traed, traigan
Pres. Subj.:	traiga, traigas, traiga, traigamos, traigáis, traigan
Imp. Subj.:	trajera (trajese), trajeras, trajera, trajéramos, trajerais, trajeran
Pres. Part.:	trayendo
Past Part.:	traído

valer (*to be worth*)

Pres. Ind.:	valgo, vales, vale, valemos, valéis, valen
Future:	valdré, valdrás, valdrá, valdremos, valdréis, valdrán
Conditional:	valdría, valdrías, valdría, valdríamos, valdríais, valdrían
Imperative:	vale, valga, valgamos, valed, valgan
Pres. Subj.:	valga, valgas, valga, valgamos, valgáis, valgan

venir (*to come*)

Pres. Ind.:	vengo, vienes, viene, venimos, venís, vienen
Preterit:	vine, viniste, vino, vinimos, vinisteis, vinieron
Future:	vendré, vendrás, vendrá, vendremos, vendréis, vendrán
Conditional:	vendría, vendrías, vendría, vendríamos, vendríais, vendrían
Imperative:	ven, venga, vengamos, venid, vengan
Pres. Subj.:	venga, vengas, venga, vengamos, vengáis, vengan
Imp. Subj.:	viniera (viniese), vinieras, viniera, viniéramos, vinierais, vinieran
Pres. Part.:	viniendo

ver (*to see*)

Pres. Ind.:	veo, ves, ve, vemos, veis, ven
Imp. Ind.:	veía, veías, veía, veíamos, veíais, veían
Preterit:	vi, viste, vio, vimos, visteis, vieron
Imperative:	ve, vea, veamos, ved, vean
Pres. Subj.:	vea, veas, vea, veamos, veáis, vean
Imp. Subj.:	viera (viese), vieras, viera, viéramos, vierais, vieran
Past. Part.:	visto

volver (*to return*)

Past Part.:	vuelto

Lección 1

EN EL RESTAURANTE

El camarero (La camarera) *Waiter (Waitress)*

1. ¿Una mesa para _____? *A table for _____?*

2. ¿Desean sentarse en el bar? *Do you want to sit at the bar?*

3. Puedo traerle _____ en vez de _____. *I can bring you _____ instead of _____.*

4. ¿Más agua? *More water?*
   ¿Más pan? *More bread?*
   ¿Más panecillos? *More rolls?*

5. ¿Desean ver la lista de vinos? *Do you want to see the wine list?*

6. ¿Desean ver la lista de postres? *Do you want to see the dessert list?*

Necesito…*I need…*

1. ketchup/cátsup *ketchup*

2. una cucharita *a teaspoon*

3. mostaza *mustard*

4. pimienta *pepper*

5. sal *salt*

6. servilletas *napkins*

7. una sillita alta *a high chair*

8. un sorbete, un popote *a straw*

Más vegetales *More vegetables*

1. el ajo *garlic*

2. el apio *celery*

3. la berenjena *eggplant*

4. el brócoli *broccoli*

5. la espinaca *spinach*

6. los frijoles *beans*

7. las verduras mixtas *mixed vegetables*

8. las zanahorias *carrots*

En el restaurante *In the restaurant*

1. el ayudante de camarero *busboy*
2. la barra, el bar *bar*
3. el, la cantinero(a) *barman, bartender*
4. el, la cocinero(a) *cook*

En el menú *On the menu*

1. las alas de pollo *chicken wings*
2. cocinado(a) al vapor *steamed*
3. las costillas *ribs*
4. la galleta, la galletita *cookie*
5. la pechuga de pollo *chicken breast*
6. el rosbif *roastbeef*

Lección 2

FELIZ ANIVERSARIO

En un restaurante elegante *In an elegant restaurant*

1. ¿Tienen reservación? *Do you have a reservation?*

2. ¿Desean una mesa (*Do you want a table*)
   - cerca del piano? *near the piano?*
   - lejos de la música? *far from the music?*
   - cerca de la ventana? *by the window?*
   - en la terraza (afuera)? *on the terrace (outdoors)?*

3. ¿Desean esperar en el bar? *Do you want to wait at the bar?*

4. La especialidad de hoy es _____. *Today's special is _____.*

5. Yo recomiendo _____. *I recommend _____.*

6. ¿Desean algún aperitivo? *Do you want any appetizers?*

7. ¿Están listos para ordenar (pedir)? *Are you ready to order?*

8. ¿Desean algo más? *Would you like anything else?*

9. ¿Desean tomar algún licor después del café? *Do you want any liquor after coffee?*

10. ¿Todo está bien? *Is everything all right?*

Los clientes *The customers*

1. Tenemos prisa. ¿Cuánto demora la comida? *We are in a hurry. How long is the meal going to take?*

2. ¿Puede traernos más pan? *Can you bring us more bread?*

3. ¿Cuál es la sopa del día? *What is the soup of the day?*

4. ¿La comida está lista? *Is the food ready?*

5. ¿Podemos ver el menú de los postres? *May we see the dessert menu?*

6. ¿El servicio está incluido? *Is service included?*

Quejas *Complaints*

1. Esto no es lo que yo ordené (pedí). *This is not what I ordered.*

2. La comida no sabe bien. *The food doesn't taste good.*

3. El pan está viejo. *The bread is stale.*

4. La comida está
(*Food is*)
{
demasiado caliente. *too hot.*
fría. *cold.*
quemada. *burnt.*
muy picante. *too spicy.*
muy salada. *too salty.*

Si le gustó la comida *If you enjoyed the food*

1. La comida estuvo
(The food was)
{
excelente. *excellent.*
muy buena. *very good.*
fantástica. *fantastic.*
deliciosa. *delicious.*

2. Mis felicitaciones para el cocinero. *My compliments to the chef.*

En un restaurante de comida rápida *In a fast food restaurant*

1. Deseo
I want
{
un perro caliente y una orden pequeña de papas fritas. *a hot dog and a small order of French fries.*
un sándwich de pescado y un refresco de dieta mediano. *a fish sandwich and a medium diet soda.*
cinco piezas de pollo y un batido (licuado) de chocolate. *five chicken strips and a chocolate shake.*

2. ¿Es para comer aquí o para llevar? *Is it to eat here or to go?*

3. ¿Cuánto es? *How much is it?*

4. Aquí tiene su vuelto / cambio. *Here is your change.*

5. Quédese con el cambio. *Keep the change.*

6. Su pedido va a estar listo en un momento. *Your order will be ready in a moment.*

7. ¿Puede darme una caja para esto? *May I get a box for this?*

Algunos aniversarios de boda *Some wedding anniversaries*

1 año (*1st. year*) bodas de papel (*paper*)
5 años (*5th. year*) bodas de madera (*wood*)
10 años (*10th. year*) bodas de aluminio (*aluminum*)
15 años (*15th. year*) bodas de cristal (*crystal*)
20 años (*20th year*) bodas de porcelana (*porcelain*)
25 años (*25th.year*) bodas de plata (*silver*)
30 años (*30th. year*) bodas de perla (*pearl*)
50 años (*50th. year*) bodas de oro (*gold*)

Lección 3

NAVIDAD EN GUATEMALA

Para describir a las personas *To describe people*

1. amable *polite*
2. antipático(a) *unpleasant*
3. atlético(a) *athletic*
4. cómico(a) *comical*
5. conservador(a) *conservative*
6. divertido(a) *amusing*
7. eficiente *efficient*
8. encantador(a) *charming*
9. estudioso(a) *studious*
10. feo(a) *ugly*
11. hermoso(a) *beautiful*
12. honesto(a) *honest*
13. impaciente *impatient*
14. liberal *liberal*
15. mandón(ona) *bossy*
16. optimista *optimistic*
17. paciente *patient*
18. pelirrojo(a) *redhead*
19. perezoso(a) *lazy*
20. pesimista *pessimistic*

21. realista *realistic*

22. romántico(a) *romantic*

23. sarcástico(a) *sarcastic*

24. terco(a) *stubborn*

25. tímido(a) *shy*

26. tonto(a) *silly*

Para describir cómo estamos *To describe how we are*

1. cansado(a) *tired*

2. celoso(a) *jealous*

3. contento(a) *happy, glad*

4. deprimido(a) *depressed*

5. enamorado(a) *in love*

6. enfermo(a) *sick*

7. enojado(a), enfadado(a) *angry*

8. entusiasmado(a) *enthused*

9. frustrado(a) *frustrated*

10. furioso(a) *furious*

11. nervioso(a) *nervous*

12. ocupado(a) *busy*

13. orgulloso(a) *proud*

14. preocupado(a) *worried*

15. sorprendido(a) *surprised*

Celebraciones *Celebrations*

1. Año Nuevo *New Year*

2. Día de Acción de Gracias *Thanksgiving*

3. Día del Trabajo *Labor Day*

4. Día de la Independencia *Independence Day*

5. Día de los Enamorados *Valentine's Day*

6. Día de los Veteranos *Veteran's Day*

7. Nochebuena *Christmas Eve*

8. Pascua Florida *Easter*

9. San Patricio *Saint Patrick's Day*

Lección 4

EN EL HOTEL

Cómo reservar habitaciones de hotel *How to reserve rooms at a hotel*

Si va a hacer una reservación en un hotel, usted debe… *If you are going to make a hotel reservation, you should…*

1. …decidir el tipo y la calidad de los hoteles que mejor se ajustan a su presupuesto y preferencias. …*decide on the type and quality of hotels that best suit your budget and preferences.*

2. …recordar que clasifican los hoteles por el número de estrellas, pero que las estrellas no significan lo mismo en todos los países. …*remember that hotels are classified by the number of stars, but that the stars don't mean the same thing in every country.*

3. …usar Internet para comparar precios y servicios que el hotel ofrece. …*use the Internet to compare prices and services that the hotel offers.*

4. …leer en Internet los comentarios de personas que se hospedaron allí. …*read on the Internet comments by people who stayed there.*

5. …hacer la reservación lo antes posible. …*make the reservation as soon as possible.*

6. …especificar bien el tipo de habitación que desea. …*specify the type of room you want.*

7. …averiguar si los impuestos están incluidos en el precio de la habitación. …*find out whether taxes are included in the price of the room.*

8. …preguntar si el hotel ofrece transporte gratis desde y hasta el aeropuerto. …*ask whether the hotel offers free transportation from and to the airport.*

9. …confirmar la reservación varios días antes de iniciar el viaje. …*confirm the reservation several days before starting the trip.*

10. …notificar al hotel si va a llegar tarde. En este caso, por lo general, los hoteles cobran por adelantado. …*notify the hotel if you are going to be late. In this case, hotels generally charge in advance.*

11. …averiguar cuándo se puede cancelar la reservación sin tener que pagar extra. …*find out when the reservation can be cancelled without having to pay extra.*

12. …averiguar las horas de llegada y salida de la habitación. …*find out the times to check in and check out of the room.*

El hotel ofrece *The hotel offers*

acceso para minusválidos *access for the disabled*

descuentos en todas las excursiones *discounts on all tours*

estacionamiento gratuito *free parking*

estancia gratuita para menores de 12 años *children under 12 stay free*

salón de convenciones *convention center*

servicio de lavado *laundry service*

Más sobre hoteles *More about hotels*

una oferta especial *a special offer*

El paquete es válido hasta… *The package is valid until…*

Los precios pueden cambiar. *The prices are subject to change.*

Esta oferta puede cesar en cualquier momento. *This offer may be discontinued at any time.*

Ofrecemos varias opciones. *We offer several options.*

Lea lo que dicen los huéspedes. *Read what the guests say.*

Los cuartos tienen Wi-Fi gratis. *The rooms have free Wi-Fi.*

a partir del día _____ (fecha) *as of the _____ (date).*

Lección 5

DE VACACIONES EN MANAGUA

Preguntas del huésped *The guest's questions*

1. ¿Los cuartos tienen conexión a Internet? *Do the rooms have Internet connection?*
2. ¿Es una habitación de fumar (de no fumar)? *Is it a smoking (non-smoking) room?*
3. ¿Hay refrigerador en el cuarto? *Is there a refrigerator in the room?*
4. ¿Hay microondas en el cuarto? *Is there a microwave in the room?*
5. ¿A qué hora sirven el desayuno (el almuerzo, la cena)? *What time do you serve breakfast (lunch, dinner)?*
6. ¿Hasta qué hora sirven…? *How late do you serve…?*
7. ¿Hacen algún descuento? *Do you give any discount?*

Quejas *Complaints*

1. En el baño no hay *In the bathroom there (is/are) no*

   — jabón *soap*
   — champú *shampoo*
   — toallas *towels*
   — papel higiénico *toilet paper*
   — alfombra de baño *bath mat*

2. El ascensor no funciona. *The elevator is out of service.*
3. El inodoro está sucio. *The toilet is dirty.*
4. La llave del agua caliente no funciona. *The hot water faucet doesn't work.*
5. Este no es un cuarto de no fumar. *This is not a non-smoking room.*

Más sobre el desayuno *More about breakfast*

1. la avena *oatmeal*

2. los bizcochos *biscuits*

3. los huevos *eggs*

   — estrellados *sunny-side up*
   — fritos *fried*
   — revueltos *scrambled*
   — pasados por agua *soft boiled*
   — duros *hard boiled*

4. el pan blanco *white bread*

   — de centeno *rye bread*
   — de trigo *wheat bread*

5. los panecillos *rolls*

Lección 6

EN UNA PENSIÓN EN SAN JOSÉ

El cliente pregunta *The customer asks*

1. ¿Tienen habitaciones desocupadas? *Do you have vacant rooms?*

2. ¿Puedo ver el cuarto? *May I see the room?*

3. ¿Cuánto cobran por la habitación (el cuarto) *How much do you charge for the room?*

   a. con desayuno incluido? *with breakfast?*

   b. sin comida? *without meals?*

4. ¿Cuánto debo pagar por otra persona en el cuarto? *How much extra do I need to pay for another person in the room?*

5. ¿Puede usted poner otra cama en la habitación? *Can you put another bed in the room?*

6. ¿La electricidad está incluida en el precio? *Is the electricity included in the price?*

7. ¿El baño tiene bañera y ducha? *Does the bathroom have a bathtub and a shower?*

8. ¿Debo pagar por mes o por semana? *Do I have to pay monthly or weekly?*

9. ¿El precio incluye las comidas? *Does the price include meals?*

10. ¿Es pensión completa o media pensión? *Is it room and board or breakfast and lunch only?*

11. ¿Qué tarjetas de crédito aceptan ustedes? *What credit cards do you accept?*

Acerca de la pensión *About the boarding house*

1. La pensión está situada *The pension is located*

   a. en el centro de la ciudad. *in the center of the city.*

   b. cerca de los centros turísticos. *near to tourist centers.*

   c. cerca de un centro comercial. *near a mall.*

   d. cerca de una estación de metro (una parada de autobuses.) *near a subway station (a bus stop.)*

   e. en un barrio tranquilo. *in a quiet neighborhood.*

   f. cerca de lugares de interés. *near places of interest.*

2. Todos los cuartos son modernos y muy limpios. *All rooms are modern and very clean.*

3. La recepción está abierta las 24 horas del día. *The reception is open 24 hours a day.*

4. Hay personal de seguridad las 24 horas. *24 hours security.*

5. El equipaje se puede dejar en la pensión, sin pagar extra. *The luggage can be left at the boarding house with no extra charge.*

6. Algunos cuartos tienen balcón. *Some rooms have a balcony.*

En la pensión *At the boarding house*

Necesito (*I need*)
- un rollo de papel higiénico. *a roll of toilet paper.*
- otro ventilador. *another fan.*
- una sobrecama *a bedspread.*
- un despertador. *an alarm clock.*
- un cenicero. *an ashtray.*
- percheros (perchas). *hangers.*
- cubitos de hielo. *ice cubes.*
- pañuelos de papel. *tissues.*
- un transformador. *an adaptor.*

Quejas *Complaints*

1. El sillón no es cómodo. *The armchair is not comfortable.*

2. El inodoro está tupido. *The toiled is blocked.*

3. No hay agua caliente en la ducha. *There's no hot water in the shower.*

4. Las sábanas están sucias. *The sheets are dirty.*

5. No cambian las toallas todos los días. *They don't change the towels everyday.*

6. No limpian el cuarto. *They don't clean the room.*

Lección 7

¡BUEN VIAJE!

En el aeropuerto *At the airport*

1. aterrizar *to land*
2. despegar *to take off*
3. el detector de metales *metal detector*
4. facturar el equipaje *to check the luggage*
5. el guardia de seguridad *security guard*
6. pagar derechos de aduana *to pay customs duties*
7. ponerse en la cola *to stand in line*
8. tener _____ de retraso (atraso) *to be _____ behind schedule*

En el avión *On the plane*

1. el chaleco salvavidas *life jacket*
2. el compartimiento de equipajes *luggage compartment*
3. debajo del asiento *under the seat*
4. Favor de abrocharse el cinturón de seguridad *Please fasten your seatbelts*
5. la fila *row*
6. la máscara de oxígeno *oxygen mask*
7. la mesita *tray table*
8. la salida de emergencia *emergency exit*

Viajando *Traveling*

La excursión privada *Private tour*

1. explorar *to explore*
2. el guía *guide*
3. el itinerario *itinerary*
4. el recuerdo *souvenir*
5. el transporte *transportation*
6. viajar por aire *to travel by air*
7. viajar por tierra *to travel by land*

Lugares *Places*

1. la bahía *bay*
2. el balneario *resort*
3. la selva tropical *rain forest*
4. el campo *country*
5. las cataratas *falls*
6. la costa *coast*
7. el desierto *desert*
8. la isla *island*
9. el lago *lake*
10. el país *country, nation*
11. el parque nacional *national park*
12. el río *river*
13. el volcán *volcano*

En la ciudad *In the city*

1. el castillo *castle*
2. la catedral *cathedral*
3. el consulado *consulate*
4. la embajada *embassy*
5. la galería de arte *art gallery*
6. el museo *museum*
7. el palacio *palace*
8. el puerto *port*

Lección 8

LOS DEPORTES Y LAS ACTIVIDADES AL AIRE LIBRE

Deportes *Sports*

El béisbol, la pelota *Baseball*

el (la) árbitro *umpire*
el bate *bat*
el (la) bateador(a) *batter*

© 2014 Heinle, Cengage Learning

la bola, la pelota *ball*
la careta, la máscara del receptor *catcher's mask*
el incogible *hit*
el jonrón *home room*
el (la) lanzador(a) *pitcher*
el (la) receptor(a) *catcher*

El fútbol *Soccer*

el balón *soccer ball*
el (la) delantero(a) *forward*
el gol *goal*
patear la pelota *to kick the ball*
el (la) portero(a), arquero(a) *goal keeper*
el saque de salida *kick-off*
el tiro penal *penalty kick*

El fútbol americano *American football*

el balón libre *fumble*
el poste *goalpost*
el casco *helmet*
el gol de campo *field goal*
la falta *foul*
la máscara *face mask*
la zona de anotación *end zone*

El baloncesto, el básketbol *Basketball*

la canasta *basket*
la cancha *court (playing field)*
el tablero *backboard*
el tiro libre *free throw*

Otras palabras importantes *Other important words*

el (la) aficionado(a) *fan*
el (la) atleta *athlete*
el campeonato *championship*
el ciclismo *cycling*
derrotar / vencer *to beat*
empatar *to tie*
el (la) entrenador(a) *coach, trainer*
el equipo *team*
la equitación *horseback riding*
la gimnasia *gymnastics*
la liga *league*

la página deportiva *sports page*
practicar deportes *to play sports*
las reglas de juego *rules of the game*
el terreno de juego *field of play*
el uniforme *uniform*

Actividades al aire libre *Outdoor activities*

En la playa *At the beach*

ahogarse *to drown*
las aletas *flippers*
el bote *boat*
los castillos en la arena *sandcastles*
hacer surfing *to surf*
el (la) nadador(a) *swimmer*
navegar *to sail*
el parasol (la sombrilla) de playa *beach umbrella*
el respirador *snorkel*
el (la) salvavidas *lifeguard*
la tabla de mar *surfboard*
el tanque de oxígeno *scuba tank*
el traje de buceo *wet suit*
el velero *sail boat*

Acampar *Camping*

armar la tienda de campaña *to pitch the tent*
la fogata *bonfire*
la linterna *lantern*
la balsa *raft*
viajar en balsa *rafting*
línea de pesca *fishing line*
el río *river*

Lección 9

UN DÍA CON ADELA Y MARIO

Expresiones de cariño *Expressions of endearment*

1. cariño *love*
2. corazón *sweetheart*
3. mi amor *my love*

4. mi cielo *darling (my heaven)*

5. mi reina *my queen*

6. mi rey *my king*

7. mi vida *darling (my life)*

Cumplidos *Compliments*

1. Estás (Te ves) muy elegante. *You look very elegant.*

2. Estás (Te ves) guapísimo(a). *You look very handsome.*

En el teatro *At the theater*

1. el actor, la actriz *actor, actress*

2. el bailarín, la bailarina *dancer*

3. el ballet *ballet*

4. el, la concertista de piano *concert pianist*

5. el concierto *concert*

6. el coro *choir*

7. el drama *drama*

8. el escenario *stage*

9. el espectáculo *show*

10. la ópera *opera*

11. la orquesta sinfónica *symphony orchestra*

En el cine *At the movie theater*

1. el avance *preview*

2. la banda sonora *soundtrack*

3. el documental *documentary*

4. estrenar *to show for the first time*

5. estreno *premiere*

6. el festival de cine *movie festival*

7. la película *movie*

— de ciencia ficción *science fiction movie*
— de guerra *war movie*
— de misterio *mystery movie*
— de suspenso *thriller*
— de vaqueros (del oeste) *western movie*

En la taquilla *At the box office*

_____ entradas para la película… _____ *tickets for the movie…*

Lección 10

LOS QUEHACERES DE LA CASA

Otros trabajos de la casa *Other household chores*

arreglar la casa *tidy up the house*

limpiar los vidrios de las ventanas *to clean the window panels*

trapear el piso *to mop the floor*

barrer el sótano *to sweep the basement*

limpiar la estufa de gas (eléctrica) *to clean the gas (electric) stove*

cocinar *to cook*

secar los platos *to dry the dishes*

enjuagar la ropa *to rinse the clothes*

organizar el ropero *to organize the closet*

quitar las telarañas *to get rid of spider webs*

regar las plantas *to water the plants*

podar los arbustos *to trim the bushes*

lavar el coche *to wash the car*

ir de compras al supermercado *to go grocery shopping*

La lista de compras *The shopping list*

2 libras de carne molida *2 pounds ground beef*

un galón de leche sin grasa *a gallon of skim milk*

medio galón de jugo de ciruelas *half a gallon of prune juice*

un pomo (bote) de mayonesa / mustard *a jar of mayonnaise / mustard*

un pomo de mantequilla de maní (cacahuate) *a jar of peanut butter*

media docena de huevos *half a dozen eggs*

un racimo de uvas *a bunch of grapes*

una botella de cátsup *a bottle of ketchup*

una bolsa de papitas *a bag of potato chips*

una pinta de helado de vainilla *a pint of vanilla ice-cream*

un cuarto de leche con chocolate *a quart of chocolate milk*

3 latas de atún *three cans of tuna fish*

media libra de queso suizo *half a pound of Swiss cheese*

una lechuga *a head of lettuce*

un paquete de arroz *a package of rice*

2 botellas de agua mineral con (sin) gas *2 bottles of carbonated (noncarbonated) mineral water*

un pedazo de pastel de manzana *a slice (piece) of apple pie*

una caja de galletitas *a box of cookies*

Para hablar del tiempo *Weather expressions*

¿Qué tiempo hace? *What's the weather like?*

Hace sol. *It's sunny.*

Hace fresco. *It's cool.*

Hace viento. *It's windy.*

Hay relámpagos. (Está relampagueando.) *It's lightning.*

Truena. *It's thundering.*

Hay niebla. *It's foggy.*

Hay humedad. *It's humid.*

Hay muchas nubes. *It's very cloudy.*

Llueve. *It rains.*

Hay lluvias torrenciales. *It's pouring.*

Nieva. *It snows.*

Hay granizo. (Está granizando.) *There is hail.*

Hay un vendaval. *There is a wind storm.*

Parece que viene una tormenta. *It looks like a storm is coming.*

Hay una temperatura de
$$\begin{cases} \text{_____ grados. } \textit{It's _____ degrees.} \\ \text{cero grados. } \textit{It's zero degrees.} \\ \text{_____ grados bajo cero. } \textit{It is _____ below zero.} \end{cases}$$

Lección 11

HOY TENEMOS MUCHO QUE HACER

En la cocina *In the kitchen*

1. la alacena *pantry*
2. el asador *broiler*
3. la batidora *mixer*
4. el colador *colander*

5. el congelador *freezer*

6. la cubeta de hielo *ice tray*

7. el escurridor *dish drainer*

8. la licuadora *blender*

9. el mostrador *counter*

10. el paño de platos *dish towel*

11. el pelapapas *potato peeler*

12. el rodillo *rolling pin*

13. la tabla para cortar *cutting board*

14. la tapa *lid*

15. la tetera, la pava *teakettle*

Lo que hacemos en la cocina *What we do in the kitchen*

1. batir *to beat*

2. cortar *to cut*

3. echar *to pour*

4. picar *to chop*

5. rallar, moler *to grate*

6. rebanar *to slice*

En el jardín *In the garden*

Flores *Flowers*

1. la azucena *lily*

2. el clavel *carnation*

3. la gardenia *gardenia*

4. el girasol *sunflower*

5. el lirio *iris*

6. la margarita *daisy*

7. la orquídea *orchid*

8. el pensamiento *pansy*

9. la rosa *rose*

10. el tulipán *tulip*

Árboles *Trees*

1. el álamo *poplar*
2. el eucalipto *eucaliptus*
3. la magnolia *magnolia*
4. el olmo *elm*
5. la palmera *palm tree*
6. el roble *oak*
7. el sauce *willow*

Otras plantas *Other plants*

1. el arbusto *bush*
2. el cactus *cactus*
3. la enredadera *vine*

Lección 12

DE COMPRAS

Preguntas y frases útiles *Questions and useful phrases*

¿Puede ayudarme? *Can you help me?*

¿Puede enseñarme (mostrarme)…? *Can you show me…?*

¿Dónde puedo encontrar… ? *Where can I find…?*

¿Hay ventas (rebajas) hoy? *Are there any sales today?*

¿Esto tiene algún descuento? *Does this have any discount?*

Esto tiene el _____ por ciento de descuento. *This has _____ per cent off.*

¿Ud. puede arreglarlo(a)? *Can you alter it?*

Creo que esto le va a quedar mejor. *I think this will fit you better.*

¿Puede envolverlo(a)? *Can you wrap it?*

¿Cuánto le debo? *How much do I owe you?*

¿Puede darme un recibo? *Can you give me a receipt?*

¿Puedo cambiarlo(a)? *Can I exchange it?*

Quiero que me devuelva mi dinero. *I want a refund.*

Mirar vidrieras (escaparates) *To window shop*

En una tienda por departamentos *In a department store*

Quiero una blusa (camisa)
(I want a blouse / shirt)
{
- sin mangas *sleeveless*
- de cuadros *plaid*
- de lunares *with polka dots*
- de rayas *with stripes*
- estampada *print*
- hecha a mano *hand made*

¿Qué compramos… *What do we buy…*

en una joyería?
(at a jewelry store?)
{
- un anillo de compromiso *an engagement ring*
- un pasador (broche) de topacio *a topaz brooch*
- un collar de perlas *a pearl necklace*
- una cadena de oro blanco *a white gold chain*
- una pulsera de diamantes *a diamond bracelet*
- una sortija de amatista *an amethyst ring*
- unos aretes de esmeralda *emerald earrings*

en el departamento de perfumería?
(at the perfume's department?)
{
- crema para afeitar *shaving cream*
- colorete *blush*
- lápiz de cejas *eyebrow pencil*
- loción para después de afeitarse *after-shave lotion*
- rímel *mascara*
- sombra de ojos *eye shadow*

en la tienda de artículos de arte?
(at the art supply store?)
{
- una acuarela *watercolor*
- óleo *oil –paint*
- una paleta *palette*
- un pincel *brush*
- tela *lienzo, canvas*

en la tienda de música?
(at the music store?)
{
- un acordeón *accordion*
- un arpa *harp*
- una batería *drums*
- cuerdas *strings*
- una flauta *flute*
- una guitarra *guitar*
- una hoja de música *sheet music*
- un piano *piano*
- un saxofón *saxophone*
- una trompeta *trumpet*
- un violín *violin*

en la ferretería?
(at the hardware store?)
{
brocha *painter's brush*
clavo, puntilla *nail*
destornillador *screwdriver*
martillo *hammer*
pintura *paint*
tornillo *screw*
tuerca *nut, female screw*
}

Lección 13

EN UNA TIENDA POR DEPARTAMENTOS EN LA PAZ

La ropa de invierno *Winter clothing*

1. la boina *beret*
2. los calcetines largos *knee socks*
3. los calzones largos *long johns*
4. la camisa de franela *flannel shirt*
5. el chaleco de plumas de ganso *down vest*
6. el gorro de esquiar *ski cap*
7. el impermeable *raincoat*
8. las medias de invierno *tights*
9. las orejeras *earmuffs*
10. los pantalones de pana *corduroy pants*
11. el rompeviento *windbreaker*
12. el sobreabrigo, sobretodo *overcoat*
13. el suéter abierto *cardigan*
14. el suéter de cuello V *V-neck sweater*
15. la sudadera *sweatshirt*

La ropa de verano *Summer clothing*

1. la camisola, el bustillo *camisole*
2. la camiseta sin mangas *tank top*
3. la solera *sundress*
4. el traje de baño *swimsuit*

Otra ropa *Other clothing*

1. el saco sport *blazer*
2. el mameluco, el overol *overalls*
3. el traje de tres piezas *three-piece suit*
4. el uniforme *uniform*

Telas *Fabrics*

1. el algodón *cotton*
2. el encaje *lace*
3. el hilo, lino *linen*
4. el poliéster *polyester*
5. el rayón *rayon*
6. la seda *silk*

Calzado *Footwear*

1. las botas de excursionismo *hiking boots*
2. las botas de lluvia *rain boots*
3. las botas de nieve *snow boots*

Los clientes preguntan *The customers ask*

1. ¿A qué hora se cierra la tienda? *What time does the store close?*
2. ¿Dónde está el departamento de ropa para niños? *Where is the children's department?*
3. ¿Dónde se envuelven regalos? *Where do they wrap gifts?*
4. ¿Esto está en liquidación? *Is this on sale?*
5. ¿Puedo devolver…? *Can I return…?*
6. ¿Tienen… en otras tallas (en otros colores)? *Do you have… in other sizes (in other colors)?*

Lección 14

PROBLEMAS CON EL COCHE

En el taller de mecánica *At the repair shop*

1. El intermitente no funciona. *The turn signal does not work.*
2. El coche pierde mucho aceite. *The car loses a lot of oil.*
3. Hay filtraciones de aceite. *The oil is leaking.*

4. El motor hace un ruido extraño. *The engine is making a strange noise.*

5. La batería está descargada. *The battery is low.*

6. Las luces no funcionan. *The lights do not work.*

7. El motor no arranca. *The engine won't start.*

8. El tubo de escape echa mucho humo. *There is a lot of smoke coming out of the exhaust pipe.*

9. Hay algo que no anda bien en el motor. *There is something wrong with the engine.*

10. El coche necesita bujías nuevas. *The car needs new spark plugs.*

11. La presión de los neumáticos está baja. *The tire pressure is low.*

12. Necesito cambiar el cristal de la ventanilla. *I need to replace the window glass.*

13. Mi coche está muy estropeado. *My car has a lot of damage.*

14. El coche no se puede arreglar. *The car cannot be repaired.*

Otras palabras y frases importantes *Other important words and phrases*

el alineamiento *alignment*
el alternador *alternator*
el amortiguador *shock absorber*
el arranque *ignition switch*
el balance de las llantas *tire balance*
la banda de rodamiento *tire tread*
las bandas de freno *brake bands*
el cambio de velocidades *gear shift*
el carburador *carburator*
la correa del ventilador *fan belt*
el diferencial *differential*
el eje *axle*
el embrague *clutch*
el filtro de aceite *oil filter*
el filtro de aire *air filter*
el líquido de frenos *brake fluid*
la manguera *hose*
el parachoques *bumper*
el pedal del acelerador *gas pedal*
el silenciador *muffler*
la suspensión del carro *car suspension*
el tanque de la gasolina *gas tank*

Comprando un coche usado *Buying a used car*

1. ¿Está el coche en perfectas condiciones? *Is the car in perfect condition?*

2. ¿Puedo probar el coche antes de comprarlo? *Can I test drive the car before buying it?*

3. ¿Ha tenido el coche algún accidente? *Has the car been in an accident?*

4. ¿Cuántas millas por galón hace el coche? *How many miles per gallon does the car get?*

5. ¿Cuántos dueños ha tenido el coche? *How many owners has the car had?*

6. ¿Qué garantías tiene el auto? *What warranties does the car have?*

7. Si el auto se descompone en los próximos 30 días, ¿quién paga los arreglos? *If the car breaks down in the next 30 days, who pays for the repair?*

8. Si el auto necesita grandes reparaciones después de 30 días, ¿quién las paga? *If the car needs extensive repairs after 30 days, who pays for them?*

9. ¿Qué precio de reventa podrá tener el coche? *What will the resale price of the car be?*

Lección 15

ALQUILANDO UN COCHE

Partes del coche *Car parts*

1. el acelerador *accelerator*

2. la antena *antenna*

3. la bocina *horn*

4. el espejo lateral *side mirror*

5. el espejo retrovisor *rearview mirror*

6. el freno de emergencia *emergency brake*

7. el limpiaparabrisas *windshield wiper*

8. la llanta de repuesto *spare tire*

9. la luz del freno *brake light*

10. las luces delanteras *headlights*

11. las luces de estacionar *parking lights*

12. la luz trasera *tail light*

13. el respaldo *headrest*

14. el tablero *dashboard*

15. el velocímetro *speedometer*

En la carretera *On the road*

1. el área de servicio *service area*
2. la carretera interestatal *interstate highway*
3. la caseta de peaje *tollbooth*
4. el carril central *center lane*
5. el carril de entrada *entrance ramp*
6. el carril derecho *right lane*
7. el carril de salida *exit ramp*
8. el carril izquierdo *left lane*
9. la división central *central divider*
10. el letrero de carretera *road sign*
11. el letrero de límite de velocidad *speed limit sign*
12. el letrero de salida *exit sign*
13. el paso a desnivel *overpass*

Con el empleado de la agencia *With the agency employee*

1. El asiento trasero es cómodo y espacioso; puede estirar las piernas. *The back seat is comfortable and roomy; you can stretch your legs.*
2. La garantía es por… *The warranty is for…*
3. Puede conseguir más información en línea. *You can get more information online.*
4. Puede devolver el coche en… *You can return the car in (at)…*
5. ¿Quiere incluir el seguro en el contrato o usar su propio seguro? *Do you want to include insurance in the contract or use your own insurance?*
6. Tenemos autos híbridos. *We have hybrid cars.*

Lección 16

DE VIAJE

Viajando en tren *Traveling by train*

1. Quiero un billete de primera (segunda) clase. *I want a first (second) class ticket.*
2. ¿Cuántas maletas (bolsos) se pueden llevar en el tren? *How much luggage can I carry on board?*
3. Yo solo tengo equipaje de mano. *I have only carry-on luggage.*

4. ¿Cuándo sale (llega) el tren? *When does the train leave –arrive-?*

5. El tren va a llegar con retraso. *The train is going to be late.*

6. El tren va a salir a su hora. *The train is going to leave on time.*

7. ¿Hay coche comedor en todos los trenes? *Are there dining cars on all trains?*

8. ¿Sirven comida en este tren? *Are meals served on this train?*

9. ¿Este tren es local? *Is this a local train?*

10. Quiero un compartimento de (no) fumar. *I want a non-smoking compartment.*

11. ¿Desde qué edad se aplica la tarifa *senior* en los trenes? *From what age is the senior tariff available in trains?*

12. ¿Hay descuentos para los estudiantes? *Do students receive any discount?*

13. ¿Con qué anticipación puedo reservar un pasaje por tren? *How far in advance can I book a train ticket?*

14. ¿Cuál es la próxima estación? *What is the next station?*

15. ¿Por cuánto tiempo es válido el pasaje? *How long is the ticket valid for?*

16. Aquí tiene mi boleto (pasaje). *Here is my ticket.*

Al pasar seguridad *At the security point*

1. ¿Tengo que quitarme los zapatos (la chaqueta, el cinturón)? *Do I have to remove my shoes -jacket, belt-?*

2. ¿El detector de metales va a dañar mi cámara (películas, computadora portátil)? *Will the metal detector damage my camera –films, laptop-?*

3. Yo tengo un marcapasos (implante en la cadera). *I have a pacemaker -hip replacement-.*

4. Aquí tiene mi pasaje y mi pasaporte. *Here is my ticket and my passport.*

En el aeropuerto *At the airport*

los artículos prohibidos *forbidden items*

el aterrizaje *landing*

el carrito de equipaje *luggage cart*

el despegue *take off (a plane)*

entrada *entrance*

la llegada *arrival*

el mostrador *counter*

la oficina de alquiler de carros (coches) *car rental office*

la oficina de cambiar dinero *money-exchange office*

la oficina de objetos perdidos *lost and found department*

pesar las maletas *to weigh the suitcases*

BASIC SPANISH FOR GETTING ALONG

el piloto *pilot*

la puerta *gate*

salir del avión *to deplane*

tener algo que declarar *to have something to declare*

la tripulación *crew*

Viajando en metro *Traveling by subway*

1. ¿Dónde está la estación del metro más cercana? *Where is the nearest subway station?*

2. ¿Cuánto cuesta el pasaje? *How much does the ticket cost?*

3. ¿Necesito el cambio exacto? *Do I need the exact change?*

4. ¿Dónde puedo comprar un billete? *Where can I buy a ticket?*

5. ¿Cuántas paradas faltan para llegar a _____? *How many more stops before _____?*

Lección 17

EN LA SALA DE EMERGENCIA

Los órganos internos *Internal organs*

1. el cerebro *brain*
2. la espina dorsal *spine*
3. la tráquea *windpipe*
4. el esófago *esophagus*
5. el músculo *muscle*
6. el pulmón *lung*
7. el corazón *heart*
8. el hígado *liver*
9. los intestinos *intestines*
10. la vena *vein*
11. la arteria *artery*
12. el riñón *kidney*
13. el páncreas *pancreas*
14. la vejiga *bladder*

Otras partes del cuerpo *Other body parts*

1. la cintura *waist*
2. las nalgas *buttocks*
3. la cadera *hip*
4. el muslo *thigh*
5. la pantorrilla *calf*

Preguntas del médico *Doctor's questions*

1. ¿Tiene dolores de cabeza a menudo? *Do you have headaches often?*
2. ¿Tiene algún ruido en los oídos? *Do you have ringing in your ears?*
3. ¿Tiene tos o está ronco sin estar resfriado? *Do you have a cough or are you hoarse without having a cold?*
4. ¿Tiene dificultad para respirar a veces? *Do you sometimes have difficulty breathing?*
5. ¿Siente algún dolor en el pecho? *Do you have any chest pains?*
6. ¿Le duele a veces el estómago después de comer? *Do you sometimes get stomach aches after you eat?*
7. ¿Siente algún dolor en los huesos? *Do you feel any pain in your bones?*
8. ¿Siente comezón o ardor a veces? *Do you sometimes have itching or burning?*
9. ¿Cuándo fue la última vez que se hizo una mamografía? *When was the last time you had a mammogram?*
10. Si "cero" significa que no tiene dolor y "diez" significa que tiene mucho dolor, ¿qué número le asigna al dolor que usted siente? *If "zero" means you have no pain and "ten" means you have a lot of pain, what number do you assign to the pain you feel?*

Instrucciones del médico *The doctor's instructions*

1. Toma la medicina *Take your medicine*

   — entre las comidas *between meals*
   — antes de las comidas *before meals*
   — con la comida *with meals*
   — después de las comidas *after meals*

2. No debe manejar por _____ días. *You mustn't drive for _____ days.*
3. Alguien tiene que llevarlo (llevarla) a su casa. *Someone has to take you home.*
4. Necesita más pruebas. *You need more tests.*
5. No coma nada después de la medianoche. *Don't eat anything after midnight.*
6. Tome toda la medicina, aunque se sienta mejor. *Take all the medicine, even if you feel better.*
7. Siga las instrucciones al pie de la letra. *Follow the instructions to the letter.*

Lección 18

EN LA UNIVERSIDAD

El personal académico *Academic staff*

el (la) ayudante del profesor *teaching assistant*

el (la) catedrático(a) *university professor*

el (la) consejero(a) *counselor*

el (la) consejero(a) de admisiones *admission counselor*

el (la) decano(a) *dean*

el estudiantado *student body*

el (la) estudiante de tiempo completo *full time student*

los (las) estudiantes extranjeros(as) *international students*

el profesorado *faculty*

el (la) rector(a) *president of a university*

Otras palabras *Other words*

el año académico *academic year*

las artes liberales *liberal arts*

la asistencia *attendance*

la ayuda económica *financial aid*

la carrera *career*

las ciencias y letras *arts and sciences*

la ciudadanía *citizenship status*

la credencial *credential*

el crédito académico *academic credit*

el curso *course*

el doctorado *doctorate*

la escuela vocacional *vocational school*

especializarse en *to major in*

el examen de ingreso *entrance examination*

el examen final *final examination*

el expediente académico *transcript*

la facultad *school, college (e.g. medical school / college)*

inscribirse *to enroll (e.g. in a class)*

la institución de dos años *community college*

la maestría *master degree*

la minoría *minority*

la orientación *counseling*

el período académico *term*

el período de matrícula *enrollment period*

el plan de estudios *curriculum*

el préstamo para estudiantes *student loan*

el programa de doctorado *doctorate program*

el promedio de notas *grade point average*

el recinto universitario *campus*

la residencia estudiantil *dorm*

la escuela graduada *graduate school*

el sistema educativo *educational system*

la solicitud de admisión *application*

el título *degree*

el título universitario (4 años) *bachelor degree*

el título universitario en letras o artes *bachelor of arts*

la vivienda *housing*

Lección 19

LA SRA. DUARTE ESTÁ ENFERMA

A. Para dar instrucciones

1. **Quítese la ropa y póngase esta bata.** *Take off your clothes and put on this gown.*

2. **Voy a pesarlo(a). Súbase a la balanza.** *I'm going to weigh you. Get on the scale.*

3. **Debe ir al laboratorio en ayunas.** *You must be fasting when you go to the lab.*

4. **Dele esta orden a la enfermera.** *Give this order to the nurse.*

B. Algunas preguntas útiles

1. ¿Le duele cuando le aprieto así?
   Does it hurt when I press down like this?

2. ¿Tiene algún ruido en los oídos?
   Do you have any ringing in your ears?

3. ¿Siente comezón o ardor a veces?
   Do you feel itching or burning sometimes?

4. ¿Tiene dificultad al tragar?
   Do you have difficulty swallowing?

5. ¿Tiene tendencia a sangrar?
Do you have a tendency to bleed?

6. ¿Tiene tos seca?
Do you have a dry cough?

7. ¿Tiene ansiedad o angustia?
Do you have anxiety?

8. ¿Tiene usted insomnio?
Do you have insomnia?

9. ¿Tiene usted entumecimiento en los brazos (las piernas)?
Do you have numbness in your arms (legs)?

10. ¿Ha tenido una infección de hongo vaginal alguna vez?
Have you ever had a vaginal fungus infection?

C. Para dar información

1. Esta medicina tiene varios efectos secundarios.
This medicine has several side effects.

2. Tiene muy alto el azúcar.
Your blood sugar is very high.

3. Tiene que inyectarse insulina.
You have to inject insulin.

4. Tiene piedras en la vesícula biliar.
You have gallstones.

5. Vamos a hacerle una colonoscopía.
We're going to do a colonoscopy.

Lección 20

HACER DILIGENCIAS

En el banco *In the bank*

Transacciones bancarias *Banking transactions*

Quiero
(I want)
- sacar (retirar) dinero *to make a withdrawal*
- hacer un pago *to make a payment*
- cambiar divisas *to exchange foreign money*
- saber el estado de mi cuenta *to know the status of my account*
- transferir dinero a otro banco *to transfer money to another bank*

© 2014 Heinle, Cengage Learning

Preguntas del cliente *Customer questions*

¿Está disponible el cajero automático todo el tiempo? *Is the automatic teller machine available all the time?*
¿Puedo sacar dinero 24 horas al día? *Can I withdraw money 24 hours a day?*
¿De cuánto son las mensualidades? *How much are the monthly payments?*
¿Cuál es el tipo de interés? *What is the interest rate?*

Vocabulario útil *Useful vocabulary*

abrir una cuenta *to open an account*

el cheque sin fondos *bouncing check, overdrawn*

la chequera, el talonario de cheques (el libro talonario –Spain-) *checkbook*

escribir con letra de molde *to print*

los ingresos *revenue*

el modelo de depósito *deposit slip*

el número de identificación *personal identification number* (PIN)

el pago *payment*

En la oficina de correos *At the Post Office*

Quiero mandar esta carta (este paquete) por correo regular *I want to send this letter (this package) by regular mail.*

¿Cuánto pesa esta carta (este paquete)? *How much does this letter (this package) weigh?*

¿Cuándo llegará la carta? *When will the letter arrive?*

¿Cuál es la tarifa de franqueo de _____? *What is the postage rate for _____?*

Vocabulario *Vocabulary*

el (la) cartero(a) *postman, mailman (woman)*

el código postal *zip code*

el correo aéreo *air mail*

el (la) destinatario(a) *addressee*

el franqueo *postage*

la hoja de sellos (estampillas) *sheet of stamps*

el sobre *envelope*

una carta, un paquete
(a letter, a package)
{
asegurado(a) *insured*
certificado(a) *certified*
entrega especial, urgente *special delivery*
por correo aéreo *by air mail*
}

En la tintorería *At the dry cleaner's*

¿Puede lavar esto en seco? *Can you dry clean this?*

¿Puede usted remendar _____? *Can you mend _____?*

¿Puede usted planchar _____? *Can you press _____?*

Este(a) _____ tiene una mancha. *This _____ has a spot, a stain.*

Este(a) _____ tiene un hueco (agujero). *This _____ has a hole.*

¿Puede usted arreglarlo(a) hoy? *Can you fix it today?*

En el departamento de fotografía *At the photo department*

¿Puede usted revelar este rollo? *Can you develop this film?*

¿Cuándo va a estar listo? *When is it going to be ready?*

¿Puede usted arreglar esta cámara? *Can you fix this camera?*

¿Cuánto costará el arreglo? *How much will the repair cost?*

Necesito la cámara lo más pronto posible. *I need the camera as soon as possible.*

Vocabulario *Vocabulary*

cámara digital *digital camera*

película *film*

videocámara *video camera*

Otras situaciones *Other situations*

¡Fuego! *Fire!*

¡Auxilio (Socorro)! *Help!*

Alguien me asaltó. *Somebody assaulted me.*

Me robaron mi(s) _____ *They stole my _____.*

Ayúdeme, por favor. *Help me, please.*

¿Dónde queda la estación de policía más cercana? *Where is the nearest police station located?*

Yo perdí el pasaporte, ¿qué debo hacer? *I lost my passport. What must I do?*

¿Hay alguien aquí que hable inglés? *Is there anyone here who speaks English?*

Necesito un intérprete. *I need an interpreter.*

APPENDIX D

WEIGHTS AND MEASURES

Length

la pulgada = *inch*
el pie = *foot*
la yarda = *yard*
la milla = *mile*

1 centímetro (cm) = .3937 pulgadas
   (*less than 1/2 inch*)
1 metro (m) = 39.37 pulgadas
   (*1 yard, 3 inches*)
1 kilómetro (km) (1,000 metros) = .6214 millas
   (*5/8 mile*)

Weight

la onza = *ounce*
la libra = *pound*
la tonelada = *ton*

1 gramo (g) = .03527 onzas
100 gramos = 3.527 onzas
   (*less than 1/4 pound*)
1 kilogramo (kg) (1,000 gramos) = 2.2 libras

Liquid Measure

la pinta = pint
el cuarto (de galón) = quart
el galón = gallon

1 litro (l) = 1.0567 cuartos (de galón)
   (*slightly more than a quart*)

Surface

el acre = *acre*
1 hectárea = 2.471 acres

Temperature

°C = Celsius (*Celsius*) or centigrade
   (*centígrado*); °F = Fahrenheit (*Fahrenheit*)
0° C = 32° F (*freezing point of water*)
37° C = 98.6° F (*normal body temperature*)
100° C = 212° F (*boiling point of water*)

Conversión de grados Fahrenheit a grados
   centígrados °C = 5/9 (°F −32)
Conversión de grados centígrados a grados
   Fahrenheit °F = 9/5 (°C) + 32

Spanish-English Vocabulary

The end vocabularies contain all vocabulary items introduced in the *Vocabulario* and *Vocabulario adicional* lists, identified by the lesson in which they first appear. Words and expressions that are given an English gloss or a footnote in the text and certain non-cognate expressions that appear in authentic documents are also included.

The following abbreviations are used:

adj.	adjective	*Méx.*	Mexico
f.	feminine noun	*pl.*	plural
fam.	familiar	*pron.*	pronoun
form.	formal	*sing.*	singular
m.	masculine noun		

A

a at, to, on
  ¿— cómo está el cambio de moneda? What's the exchange rate?, 7
  — ... cuadras de ... blocks from, 6
  — eso de at about, 6
  — la derecha to the right, 12
  — la izquierda to the left, 12
  — las (+ *time*) at (+ time), 5
  — menudo often
  — mitad de precio at half price, 13
  — plazos on installments, 15
  ¿— qué hora? At what time?, 4
  — tiempo on time, 16
  — veces sometimes, 1
  — ver let's see, 11
abierto(a) open
abordar el avión to board the plane, 7
abrelatas (*m. sing.*) can opener, 10
abrigo (*m.*) overcoat, 12
abrir to open, 2
abrocharse el cinturón de seguridad to fasten one's seat belt, 16
abuela (*f.*) grandmother, 3
abuelo (*m.*) grandfather, 3
aburrido(a) boring, 3
acabar de (+ *inf.*) to have just (done something), 4
acampar to camp, 8
accidente (*m.*) accident, 17
aceite (*m.*) oil, 10
aceptar to accept, 1
acero (*m.*) steel
acetona (*f.*) nail polish remover, 9
acondicionador (*m.*) conditioner, 9
aconsejar to advise, 16
acostarse (o:ue) to go to bed, 9
actividad al aire libre outdoor activity, 8
acumulador (*m.*) battery, 14
además (de) besides, 5
adiós good-bye, PI
adivinanza (*f.*) riddle
administración de empresas (*f.*) business administration, 18
adónde where (to), 5

aduana (*f.*) customs, 7
aerolínea (*f.*) airline, 7
aeropuerto (*m.*) airport, 7
afeitar(se) to shave (oneself), 9
afinamiento (*m.*) tuning
agencia (*f.*) agency
  — de alquiler de automóviles (*f.*) car rental agency, 15
  — de viajes (*f.*) travel agency, 7
agente (*m., f.*) agent, 7
agua (*f.*) water, 1
  — mineral (*f.*) mineral water, 1
ahora now, 3
  — mismo right now
ahorrar to save, 15
aire acondicionado (*m.*) air conditioning, 4
al (*contraction*) to the
  — contado in full (not on installments), cash, 15
  — fin at last, finally, 12
  — final in the end
alberca (*f.*) swimming pool (*Méx.*), 4
albóndiga (*f.*) meatball
alemán(-ana) German
alérgico(a) allergic, 19
alfombra (*f.*) carpet, rug, 10
algo anything, something, 10
  ¿— más? anything else?, 20
alguien someone, somebody, 18
alguna vez ever, 17
algún, alguno(a) any, some, 6
algún mensaje any message, PII
algunos(as) some, 11
allí there, 3
almohada (*f.*) pillow, 5
almorzar (o:ue) to have lunch, 6
almuerzo (*m.*) lunch, 5
alpinismo (*m.*) mountain climbing, 8
alquilar to rent, 8
alto stop, 15
alto(a) tall, 3; high, 19
amable nice, kind, courteous, 12
amar to love
ambulancia (*f.*) ambulance, 17
americano(a) American, 3

amigo(a) (*m., f.*) friend, 3
amor (*m.*) love, 2
análisis (*m.*) analysis, medical test, 17
  — de sangre (*m.*) blood test, 17
ancho(a) wide, 12
andar a caballo to ride horseback, 8
andén (*m.*) platform (railway), 16
anillo (*m.*) ring, 13
aniversario de bodas (*m.*) wedding anniversary, 2
anoche last night, 11
anotar to write something down, 2
anteayer the day before yesterday, 19
anteojos (*m. pl.*) eyeglasses, 17
  — de sol (*m. pl.*) sunglasses, 13
antes sooner, before, 12
  — de que before, 19
antibiótico (*m.*) antibiotic, 19
anual yearly, 15
año (*m.*) year, 4
aparcar to park
apartado postal (*m.*) post office box, 20
apendicitis (*m.*) appendicitis, 19
aprender to learn, 11
aprobar (o:ue) to pass an exam, 18
apurado(a) to be in a hurry, 20
aquí here, PII
  — mismo right here, 18
  — tiene... here's ..., 4
aretes (*m. pl.*) earrings, 13
argentino(a) Argentinian, 18
armario (*m.*) cupboard, 11
aros (*m. pl.*) earrings, 13
arrancar to start (a motor), 14
arreglar to fix, 11; to arrange, 13
arroz (*m.*) rice
  — con leche (*m.*) rice pudding
  — con pollo (*m.*) chicken and rice
arte (*m.*) art, 18
artesanía (*f.*) arts and crafts, 12
artículo (*m.*) article, item, 12
  — de tocador toiletries
  —s para caballeros men's clothing, 12
  —s para señoras women's clothing, 12

arvejas (*f. pl.*) peas, 5
asado(a) roasted, 2
asar to roast, 11
ascensor (*m.*) elevator, 13
asegurado(a) insured, 15
aseguranza (*f.*) insurance (*Méx.*), 15
así que so
asiento (*m.*) seat, 7
— **de pasillo** (*m.*) aisle seat, 7
— **de ventanilla** (*f.*) window seat, 7
— **para niños** (*m.*) child seat, 15
asignatura (*f.*) (academic) subject, 18
asistir to attend, 3
asma (*f.*) asthma, 19
aspiradora (*f.*) vacuum cleaner, 10
aspirina (*f.*) aspirin, 6
ataque al corazón (*m.*) heart attack, 19
atender (e:ie) to wait on, 9
aterrizar to land (plane), 16
atún (*m.*) tuna, 5
autobús (*m.*) bus, 6
automático(a) automatic, 15
automóvil (*m.*) car, automobile, 14
autopista (*f.*) freeway, 14
auxiliar de vuelo (*m., f.*) flight attendant, 7
avenida (*f.*) avenue, 9
averiguar to find out, 7
avión (*m.*) plane, 7
ayer yesterday, 19
ayudar to help, 10
azúcar (*m.*) sugar, 1
azul blue, 12
azulejo (*m.*) tile

B

bacalao (*m.*) cod
¿Bailamos? Shall we dance?, 3
bailar to dance, 3
baile (*m.*) dance, 11
bajarse to get off, to disembark, 16
bajo(a) short (height), 3
balanza (*f.*) scale, 19
baloncesto (*m.*) basketball, 8
banana (*f.*) banana, plantain, 1
bañadera (*f.*) bathtub, 4
bañador (*m.*) bathing suit (*Spain*), 12
bañar(se) to bathe (oneself), 9
bañera (*f.*) bathtub, 4
baño (*m.*) bathroom, 4
barato(a) inexpensive, 4
barba (*f.*) beard, 9
barbería (*f.*) barbershop, 9
barbero (*m.*) barber, 9
barquito de vela (*m.*) little sailboat
barrer to sweep, 11
basquetbol (*m.*) basketball, 8
basura (*f.*) garbage, 11
bata (*f.*) bathrobe, 13; hospital gown, 17
— **de dormir** (*f.*) nightgown, 13
batería (*f.*) battery, 14
baúl (*m.*) trunk (of a car) (*Puerto Rico*), 14
beber to drink, 2
bebida (*f.*) drink
beca (*f.*) scholarship, 18

béisbol (*m.*) baseball
bello(a) beautiful
bendito(a) blessed, darn, 5
biblioteca (*f.*) library, 18
bien well, fine, PI
— **cocido** well done
bigote (*m.*) mustache, 9
billete (*m.*) ticket, 7; bill (currency), 15
billetera (*f.*) wallet, 9
biología (*f.*) biology, 18
bistec (*m.*) steak, 1
blanco(a) white, 1
blusa (*f.*) blouse, 12
boca (*f.*) mouth, 17
bocadillo (*m.*) sandwich, 5 (*Spain*)
boleto (*m.*) ticket, 16
bolsa (*f.*) purse, 12
— **de aire** (*f.*) air bag, 14
— **de dormir** (*f.*) sleeping bag, 8
bolso (*m.*) handbag, 5
— **de mano** (*m.*) carry-on bag, 7
bomba de agua (*f.*) water pump, 14
bonete (*m.*) hood (of a car) (*Puerto Rico*), 14
bonito(a) pretty, 3
bordado(a) embroidered
botas (*f. pl.*) boots, 13
botella (*f.*) bottle, 1
botiquín (*m.*) medicine cabinet, 9
botones (*m.*) bellhop, 4
boxeo (*m.*) boxing, 8
brasileño(a) Brazilian, 8
brazo (*m.*) arm, 17
brillante brilliant, 20
brindar to toast, 2
brindis (*m.*) toast, 2
bronceador (*m.*) suntan lotion, 9
bucear to dive, 8
budín (*m.*) pudding, 2
¡Buen viaje! Have a nice trip!, Bon voyage!, 7
buenas noches good evening, PI
buenas tardes good afternoon, PI
¿bueno?, hello?, PII; well, 5; okay
bueno(a) good, 4
buenos días good morning, PI
bufanda (*f.*) scarf, 12
buscar to pick up, to look for, 6; to get, 6
butaca (*f.*) armchair, 4
buzón (*m.*) mailbox, 20

C

caballo (*m.*) horse, 8
cabaña (*f.*) cabin, 8
cabeza (*f.*) head, 8
cacerola (*f.*) saucepan, 11
cada every, 19
cadena (*f.*) chain, 13
caerse to fall down, 17
café (*m.*) coffee, 1
— **al aire libre** (*m.*) outdoor cafe, 9
— **con leche** (*m.*) coffee with milk
cafetera (*f.*) coffee maker, 11
cafetería (*f.*) cafeteria, PII
caja de seguridad (*f.*) safe deposit box, 20

cajero(a) (*m., f.*) cashier, teller, 20
— **automático** (*m.*) automatic teller machine
cajita (*f.*) little box
cajuela (*f.*) trunk (of a car) (*Mex.*), 14
calcetines (*m. pl.*) socks, 13
calculadora (*f.*) calculator, 18
calefacción (*f.*) heating, 5
calidad (*f.*) quality, 13
caliente hot, 1
calor (*m.*) heat
calzar to wear a certain size of shoe, 13
calzoncillo (*m.*) undershorts (men's), 13
cama (*f.*) bed, 4
— **chica** (*f.*) single bed, 4
— **doble** (*f.*) double bed, 4
camarera (*f.*) waitress, 1
camarero (*m.*) waiter, 1
camarón (*m.*) shrimp, 2
cambiar to change, 6
— **un cheque** to cash a check, 15
cambio de moneda (*m.*) rate of exchange, 7
caminar to walk, 16
caminata (*f.*) hike, 8
camino (*m.*) road
camión (*m.*) truck, 15
camioneta (*f.*) pickup truck, van, 15
camisa (*f.*) shirt, 12
camiseta (*f.*) T-shirt, undershirt, 13
camisón (*m.*) nightgown, 13
campana (*f.*) bell
campeón (*m.*) champion, 8
campeona (*f.*) champion, 8
campo (*m.*) country
cancelar una reservación to cancel a reservation, 4
canción (*f.*) song, 3
cangrejo (*m.*) crab, 2
canoa (*f.*) canoe, 8
cansado(a) tired, 3
cantar to sing, 3
caña de pescar (*f.*) fishing pole
capital (*f.*) capital, 5
capó (*m.*) hood (of a car), 14
cápsula (*f.*) capsule, 19
cara (*f.*) face, 17
¡caramba! gee!, 6
cargado(a) (de) loaded (with), 13
carne (*f.*) meat
carnicería (*f.*) meat market, butcher's shop, 13
caro(a) expensive, 4
carrera (*f.*) career, 18
carrera de caballos (*f.*) horse race
carretera (*f.*) highway, 14
carro (*m.*) car, automobile, 14
carta (*f.*) letter, 20
cartera (*f.*) purse, 12
cartón (*m.*) cardboard, 11
casa (*f.*) house, 2
casi almost, 13
casilla de correos (*f.*) post office box, 20
casillero (*m.*) mailbox (i.e., in an office), 20
castillo (*m.*) castle, 6
catedral (*f.*) cathedral, 6
cazar to hunt, 8

"c-e" (*m.*)   e-mail, 15
cebolla (*f.*)   onion, 10
ceda el paso   yield, 15
celebrar   to celebrate, 2
cena (*f.*)   dinner, supper, 5
cenar   to have dinner (supper), 2
centro   downtown, 5
cepillar(se)   to brush, 9
   — el pelo   to brush one's hair, 9
cepillo (*m.*)   hairbrush, 9
   — de dientes (*m.*)   toothbrush, 9
cerca (de)   near, close, 6
cereal (*m.*)   cereal, 5
cerrado(a)   closed, 14
cerrar (e:ie)   to close, 5
certificado(a)   registered, 20
cerveza (*f.*)   beer, 3
chaleco (*m.*)   vest, 12
champán (*m.*)   champagne, 3
champaña (*f.*)   champagne
champiñones (*m. pl.*)   mushrooms, 10
champú (*m.*)   shampoo, 9
chapa (*f.*)   license plate, 14
chaqueta (*f.*)   jacket, sports jacket, 12
chau   bye, PI; good-bye, 18
cheque (*m.*)   check, 1
   — de viajero (*m.*)   traveler's
      check, 1
   — personal (*m.*)   personal check, 5
chequear   to check, 14
chica (*f.*)   girl, young woman, 3
chico (*m.*)   boy, young man, 3
chico(a)   small, 4
china (*f.*)   orange (*Puerto Rico*), 1
chino(a)   Chinese
chocar   to collide, 15
chocolate (*m.*)   chocolate, 1
chorizo (*m.*)   sausage, 5
chuleta de cerdo (*f.*)   pork chop, 2
cielo (*m.*)   sky, 10
cigarrillo (*m.*)   cigarette, 7
cine (*m.*)   movie theater, 3
cinto (*m.*)   belt, 12
cinturón (*m.*)   belt, 12
cirugía (*f.*)   surgery, 19
cirujano(a) (*m., f.*)   surgeon, 17
cita (*f.*)   appointment, 9
ciudad (*f.*)   city, 2
claro   of course, 8
clase (*f.*)   class, 18; kind
   — turista   tourist class, 7
cloro (*m.*)   bleach, 10
club (*m.*)   club, PII
   — automovilístico (*m.*)   automobile
      club, 14
   — náutico (*m.*)   marina club, yacht
      club, PII
   — nocturno (*m.*)   nightclub, 6
cobija (*f.*)   blanket, 5
cobrar   to charge, 4
   — por kilómetros   to charge
      mileage, 15
cocina (*f.*)   stove, 10; kitchen, 4
cocinar   to cook, 11
   — al horno   to bake, 10
   — al vapor   to steam (food), 11
coco (*m.*)   coconut, 2

coche (*m.*)   car, automobile, 14
   — cama (*m.*)   sleeping car, 16
   — comedor (*m.*)   dining car, 16
   — convertible (*m.*)   convertible
      (car), 15
   — de dos puertas   two-door car, 15
cola (*f.*)   line, 16
colchón (*m.*)   mattress, 6
colesterol (*m.*)   cholesterol, 19
colgar (o:ue)   to hang up, 10
collar (*m.*)   necklace, 13
colonia (*f.*)   cologne
combinar con   to match, 13
comedia (*f.*)   comedy, 9
comedor (*m.*)   dining room, 4
comenzar (e:ie)   to start, to begin, 5
comer   to eat, 2
   — algo   to have something to eat
comida (*f.*)   food, 2; meal, 5
como   since, being that, 10
¿cómo?   how?, 11
   ¿— está Ud.?   How are you?, PI
   ¿— estás?   How are you?, PI
   ¿— se llega a...?   How do you get
      to . . . ?, 16
cómoda (*f.*)   chest of drawers
cómodo(a)   comfortable, 6
compañero(a) de estudios (*m., f.*)   study
   partner, 18
comprar   to buy, 5
comprobante (*m.*)   claim check, claim
   ticket, 7
computadora (*f.*)   computer, 18
comunicarse   to communicate, 15
con   with, 1
   — permiso   Excuse me, PI
conducir   to drive, 15
conferencia (*f.*)   lecture, 3
confirmar una reservación   to confirm a
   reservation, 4
conmigo   with me, 7
conocer   to meet, 13
conseguir (e:i)   to get
consejero(a) (*m., f.*)   counselor, adviser, 18
consejo (*m.*)   (piece of) advice
consultorio (*m.*)   doctor's office, 17
contabilidad (*f.*)   accounting, 18
contagioso(a)   contagious, 19
contaminación del aire (*f.*)   smog
contento(a)   happy
contigo   with you (*fam.*), 6
contra   against
conversaciones breves (*f. pl.*)   brief
   conversations, PI
conversar   to talk, to chat, 2
copa (*f.*)   wine glass, 1
corazón (*m.*)   heart, 17
corbata (*f.*)   tie, 12
cordero (*m.*)   lamb, 2
correa (*f.*)   belt (*Puerto Rico*), 12
correo (*m.*)   mail, 20; post office, 20
   — "e"   e-mail, 15
   — electrónico   e-mail; 15
correr   to run, 4
cortar   to cut, 9
   — el césped   to mow the lawn, 10
corte de pelo (*m.*)   haircut, 9

cortesía (*f.*)   politeness
cortina (*f.*)   curtain, 10
corto(a)   short, 9
cosa (*f.*)   thing, 9
costar (o:ue)   to cost, 7
creer   to think, to believe, 12
crema (*f.*)   cream, 1
   — para las manos (*f.*)   hand lotion, 9
cuadra (*f.*)   city block, 6
¿cuál?   which?, what?, 13
cuando   when, 2
¿cuándo?   when?, 7
cualquier(a)   any
¿cuánto(a)?   how much?, 4
¿cuánto tiempo?   how long?, 5
¿cuántos(as)?   how many, PII
cuarto (*m.*)   room, 4
   — con vista a la calle (*m.*)   exterior
      room, 6
   — exterior (*m.*)   exterior room, 6
cubiertos (*m. pl.*)   silverware, 11
cuchara (*f.*)   spoon, 1
cucharada (*f.*)   tablespoonful, 19
cucharadita (*f.*)   teaspoonful, 19
cuchillo (*m.*)   knife, 1
cuello (*m.*)   neck, 17
cuenta (*f.*)   check, bill, 1; account, 20
   — corriente (*f.*)   checking account, 20
   — de ahorros (*f.*)   savings account, 15
cuero (*m.*)   leather, 13
cuerpo (*m.*)   body
cuidado (*m.*)   care
cultural   cultural
cumpleaños (*m.*)   birthday, 11
cumplir (años)   to turn (years old), 11
cuñada (*f.*)   sister-in-law, 3
cuñado (*m.*)   brother-in-law, 3
curandero(a) (*m., f.*)   healer
curar   to cure
curita (*f.*)   adhesive bandage, 17
curva peligrosa (*f.*)   dangerous curve, 15

D

dar   to give, 3
   — marcha atrás   to back up
      (a car), 15
   — puntos   to put in stitches, 17
de   from, PII; of, 1
   — cambios mecánicos   standard
      shift, 15
   ¿— dónde?   where from?, PII
   — estatura mediana   of medium
      height, 3
   — ida   one-way, 7
   — ida y vuelta   round-trip, 7
   — modo que   so, 20
   — nada   you're welcome, PI
   — niño(a)   as a child, 19
   — postre   for dessert, 1
   — vacaciones   on vacation, 5
   — veras   really, 11
¿De parte de quién?   Who's speaking
   (calling)?, PII
debajo de   under, 11
deber   must, should, 4
débil   weak, 19

decidir   to decide, 2
decir (e:i)   to say, to tell, 7
dedo (m.)   finger, 17
— del pie (m.)   toe, 17
dejar   to leave (behind), 1
delgado(a)   thin, 3
dentista (m., f.)   dentist, 17
departamento (m.)   department, 12
— de artículos para caba-
lleros   men's department, 13
— de artículos para señoras
women's department, 12
depender   to depend, 15
deporte (m.)   sport, 8
depositar   to deposit, 15
desayunar   to have breakfast, 11
desayuno (m.)   breakfast, 5
descapotable (m.)   convertible, 15
descuento (m.)   discount, 16
desde   since, 19
desear   to wish, to want, 1
desgraciadamente   unfortunately, 18
desinfectar   to disinfect, 17
desmayarse   to lose consciousness, to
faint, 17
desocupar   to vacate, 4
desodorante (m.)   deodorant, 9
despacho de boletos (m.)   ticket window, 16
despedida (f.)   farewell
despegar   to take off (plane), 16
después (de)   later, afterwards, 2
desvío (m.)   detour, 15
detergente (m.)   detergent, 10
devolver (o:ue)   to return (something), 20
día (m.)   day, 2
— feriado (m.)   holiday, 20
diabetes (f.)   diabetes, 19
diabético(a)   diabetic, 19
diariamente   daily, 6
diario (m.)   newspaper, 5
diario(a)   daily, 16
diarrea (f.)   diarrhea, 19
diccionario (m.)   dictionary, 18
dicho (m.)   saying
dientes (m. pl.)   teeth, 9
diferente   different
difícil   difficult, 18
difteria (f.)   diphtheria
diligencias (f. pl.)   errands
dinero (m.)   money, 2
dirección (f.)   address
discoteca (f.)   discotheque, 6
distinto(a)   different
diversión (f.)   entertainment
divertirse (e:ie)   to have fun, 11
doblar   to turn, 16
— la ropa   to fold clothing (laundry), 10
docena (f.)   dozen, 10
doctor(a) (m., f.)   doctor, PI
documento (m.)   document, 7
dólar (m.)   dollar, 4
doler (o:ue)   to hurt, to ache, 8
dolor (m.)   pain, 17
— de cabeza (m.)   headache, 19
domicilio (m.)   home

¿dónde?   where?, 4
dormir (o:ue)   to sleep, 8
dormitorio (m.)   bedroom, 4
ducha (f.)   shower, 4
dudar   to doubt, 17
dueño(a) (m., f.)   owner, proprietor, 5
dulcería (f.)   candy store, 13
durar   to last
durazno (m.)   peach, 1

E

echar al correo   to mail, 20
edificio (m.)   building, 17
educación física (f.)   physical education, 18
efectivo (m.)   cash, 5
ejecutivo(a) (m., f.)   executive, 15
el gusto es mío   the pleasure is mine, PI
elegante   elegant, 2
electrónico(a)   electronic, 6
elevador (m.)   elevator, 13
embarazada   pregnant, 19
empacar   to pack, 16
empeorar   to get worse, 19
empezar (e:ie)   to start, to begin, 5
empleado(a) (m., f.)   employee, PII;
clerk, 12
en   at, in
— cuanto   as soon as, 19
— efectivo   (in) cash, 5
¿— qué puedo servirle?   May I help
you?, How can I serve you?, 4
— seguida   right away, 2
— seguida regreso.   I'll be right
back., 2
— vez de   instead of
encargarse   to take charge
encontrar (o:ue)   to find, 9
encontrar(se) (o:ue) con   to meet, to
encounter, 9
enfermedad (f.)   disease, sickness, 19
enfermero(a) (m., f.)   nurse, 18
enjuague bucal (m.)   mouthwash, 9
ensalada (f.)   salad, 1
enseñar   to show, 8; to teach, 11
ensuciar   to get (something) dirty
entender (e:ie)   to understand, 15
entonces   then, in that case, 3
entrada (f.)   ticket (for an event), 9
entrar   to go in, to enter, 9
entre   among, 18
— semana   during the week, 7
entregar   to return
enviar   to send, 20
enyesar   to put in a cast, 17
equipaje (m.)   luggage, 5
equipo (m.)   team, 8
es difícil   it's unlikely, 18
es (una) lástima   it's a pity, 18
es verdad   it's true, 6
escalar   to climb, 8
escalera (f.)   stairs, 13
— mecánica (f.)   escalator, 13
escarlatina (f.)   scarlet fever
escoba (f.)   broom, 11
escondido(a)   hidden

escritorio (m.)   desk
escuchar   to listen, 18
escuela (f.)   school
— elemental (primaria) (f.)   grade
school, 18
— secundaria (f.)   high school, 18
esmalte para las uñas (m.)   nail polish, 9
esmoquin (m.)   tuxedo, 13
eso   that, 8
¿— incluye...?   Does that
include . . . ?, 5
espaguetis (m. pl.)   spaghetti, 5
espalda (f.)   back, 17
especialidad (f.)   specialty, 2
especialización (f.)   major, 18
espejo (m.)   mirror, 9
esperar   to wait for, 4; to hope, 17
esposa (f.)   wife, 2
esposo (m.)   husband, 2
esquí acuático (m.)   water skiing, 8
esquiar   to ski, 8
esquina (f.)   corner, 4
esta noche   tonight, 6
esta tarde   this afternoon, 10
está bien   fine, okay, 10
¿Está ... + name?   Is . . . (name) there?, PII
estación (f.)   station, season
— de servicio (f.)   service station, gas
station, 14
— de trenes (f.)   train station, 16
estacionamiento (m.)   parking
estacionar   to park, 15
estadio (m.)   stadium, 6
Estados Unidos (m., pl.)   United States, 3
estampilla (f.)   postage stamp, 20
estar   to be, 3
— apurado(a)   to be in a hurry, 20
— de acuerdo   to agree, to be in
agreement, 8
— de visita   to be visiting, 8
este (m.)   east, 16
este(a)   this, 8
estómago (m.)   stomach, 17
estrecho(a)   narrow, tight
estrella (f.)   star, 8
estudiante (m., f.)   student, 3
estudiar   to study, 6
estufa (f.)   stove, 10
exagerar   to exaggerate, 5
examen (m.)   exam, 18
— de mitad de curso   midterm
exam, 18
— parcial (m.)   midterm exam, 18
excelente   excellent, 6
exceso de equipaje (m.)   excess baggage, 7
expresión (f.)   expression
expreso (m.)   express train, 16
exterior   exterior, 6
extranjero(a)   foreign
extrañar   to miss, 15

F

fabuloso(a)   fabulous, 16
fácil   easy, 18
facsímil (m.)   fax, 15

facturar el equipaje to check the luggage, 16
falda (*f.*) skirt, 12
familia (*f.*) family, 3
farmacia (*f.*) pharmacy, 6
favor de (+ *inf.*) please (do something), 7
fax (*m.*) fax, 15
fecha (*f.*) date, P
— **de nacimiento** (*f.*) date of birth
fechar to date, 20
felicitación (*f.*) congratulations, 20
feliz happy, 2
— **cumpleaños** happy birthday, 20
ferrocarril (*m.*) railroad, 15
ferroviario(a) railway
fideos (*m. pl.*) noodles, 2
fiebre (*f.*) fever, 19
fiesta (*f.*) party, 3
fila (*f.*) line, 16
finca (*f.*) farm, ranch, farmhouse, 8
firmar to sign, 5
física (*f.*) physics, 18
físico(a) physical
flan (*m.*) caramel custard
folleto (*m.*) brochure, 7
forma (*f.*) form, 5
formulario (*m.*) form (*Spain*), 20
fotocopia (*f.*) photocopy, 20
fotocopiadora (*f.*) photocopier, 20
fotocopiar to make copies, to photocopy, 20
fractura (*f.*) fracture, 17
fracturarse to fracture, to break, 17
francés(esa) French
frase célebre (*f.*) famous phrase
frazada (*f.*) blanket, 5
fregadero (*m.*) sink, 11
fregar (e:ie) to wash, to scrub, 10
— **los platos** to wash dishes, 10
freír to fry, 11
frenos (*m. pl.*) brakes, 14
frente (*f.*) forehead, 17
fresas (*f. pl.*) strawberries, 1
frío(a) cold, 1
frito(a) fried, 1
frontera (*f.*) border, 16
fruta (*f.*) fruit, 1
frutería (*f.*) fruit store (market), 13
fuerte strong, 19
fumar to smoke, 7
función (*f.*) show, 9
funcionar to work, to function, 6
funda (*f.*) pillowcase, 6
fútbol (*m.*) soccer, 8
— **americano** (*m.*) football, 8

G

gafas (*f.*) eyeglasses (*Spain*), 17
gafas de sol (*f. pl.*) sunglasses (*Spain*), 13
gamba (*f.*) shrimp (*Spain*), 2
ganga (*f.*) bargain, 12
garaje (*f.*) garage, 11
garganta (*f.*) throat, 17
gasolina (*f.*) gasoline, 14

gasolinera (*f.*) service station, gas station, 14
gastar to consume, to spend, to use, 15
gastroenteritis (*f.*) gastroenteritis, 19
gato (*m.*) jack, 14
generalmente generally, 7
gente (*f.*) people, 20
geografía (*f.*) geography, 18
gerente (*m., f.*) manager, 4
girar to turn, 16
giro postal (*m.*) money order, 20
golpear(se) to hit (oneself), 17
goma (*f.*) tire, 14
— **pinchada (ponchada)** (*f.*) flat tire, 14
gordo(a) fat, 3
gorra (*f.*) cap, 12
grabar to tape, to record, 11
gracias thank you, PI
graduarse graduate, 18
grande big, large, 11
gratuito free
grave serious
gripe (*f.*) influenza, flu, 19
gris gray, 13
grúa (*f.*) tow truck, 14
grupo (*m.*) group, 12
guante (*m.*) glove, 12
guantera (*f.*) glove compartment, 14
guantero (*m.*) glove compartment, 14
guapo(a) handsome, 3
guardar cama to stay in bed (when one is sick), 19
guía (*m.*) steering wheel (*Puerto Rico*), 14; (*m., f.*) guide, 6
guiar to drive (*Puerto Rico*), 15
guisado (*m.*) stew
guisantes (*m. pl.*) peas, 5
guiso (*m.*) stew
gustar to like, to be pleasing to, 8
gustarle más a uno to like better, 8

H

habitación (*f.*) room, 4
hablar to talk, to speak, 4
hacer to do, to make, 8
— **calor** to be hot, 10
— **cola** to wait in line, 16
— **diligencias** to run errands, 9
— **escala** to make a stopover, 7
— **falta** to need, to lack, 8
— **fila** to wait in line, 16
— **fotocopias** to make copies, to photocopy, 20
— **juego (con)** to match, 12
— **la cama** to make the bed, 10
— **preguntas** to ask questions, 19
— **sol** to be sunny, 10
— **un crucero** to take a cruise, 10
— **una caminata** to take a hike, 8
— **una reservación** to make a reservation, 4
— **viento** to be windy, 10
haciendo doing
hamburguesa (*f.*) hamburger, 5

hasta until, 8
— **la vista.** I'll see you around. (until we meet again), PI
— **llegar a** until you get to, 16
— **luego.** I'll see you later., PI
— **mañana.** I'll see you tomorrow., PI
— **que** until, 19
hay there is, there are, PII
hecho(a) ready-made
heladera (*f.*) refrigerator, 10
helado (*m.*) ice cream, 1
— **de vainilla** (*m.*) vanilla ice cream, 1
herida (*f.*) wound, 17
hermana (*f.*) sister, 3
hermanastra (*f.*) stepsister, 3
hermanastro (*m.*) stepbrother, 3
hermano (*m.*) brother, 3
hermoso(a) beautiful, 15
hervir (e:ie) to boil, 11
híbrido(a) hybrid, 14
hielo (*m.*) ice, 1
hija (*f.*) daughter, 3
hijastra (*f.*) stepdaughter, 3
hijastro (*m.*) stepson, 3
hijo (*m.*) son, 3
hijos (*m. pl.*) children (sons and daughters), 3
hipódromo (*m.*) racetrack, 6
historia (*f.*) history, 18
hogar (*m.*) home
hoja de afeitar (*f.*) razor blade, 9
hola hello, hi, PI
hongos (*m. pl.*) mushrooms, 10
horario de clases (*m.*) class schedule, 18
horario de trenes (*m.*) train schedule, 16
hornear to bake, 10
horno (*m.*) oven, 10
hospital (*m.*) hospital, 18
hotel (*m.*) hotel, 4
hoy today, PI
— **mismo** today, this very day, 7
huevo (*m.*) egg, 5
— **frito** (*m.*) fried egg, 11
— **pasado por agua** (*m.*) soft-boiled egg, 11
— **revuelto** (*m.*) scrambled egg, 11

I

idea (*f.*) idea, 8
impedimento (*m.*) disability
impermeable (*m.*) raincoat, 12
incluir to include, 15
incómodo(a) uncomfortable, 6
infarto (*m.*) heart attack, 19
infección (*f.*) infection, 19
información (*f.*) information, 7
informática (*f.*) computer science, 18
informe (*m.*) report, 18
ingresar to enter
inmediatamente immediately, 17
instalar to install, 14
inteligente intelligent, 3
interesante interesting, 8
interior interior, 6

internacional international, 18
Internet (*f.*) Internet, 4
invierno (*m.*) winter, 16
invitado(a) (*m., f.*) guest, 11
inyección injection, shot, 17
— **antitetánica** tetanus shot, 17
ir to go, 2
— **de caza** to go hunting, 8
— **de compras** to go shopping, 12
— **de excursión** to go on a tour, excursion, 5
— **de pesca** to go fishing, 8
irse to leave, 9
italiano(a) Italian

J

jabón (*m.*) soap, 5
jamón (*m.*) ham, 5
japonés (*m.*) Japanese
japonesa (*f.*) Japanese
jarabe (*m.*) syrup, 19
jardín (*m.*) garden
jardinero (*m.*) gardener, 10
jarra (*f.*) pitcher, 11
jefe(a) (*m., f.*) boss, 10
jeringuilla (*f.*) syringe
joven young, 9
joyas (*f., pl.*) jewelry
joyería (*f.*) jewelry store, 13
jueves Thursday
jugador(a) (*m., f.*) player, 8
jugar (u:ue) to play (i.e., a game), 8
jugo (*m.*) juice, 1
junto a near, next to, 8
juntos(as) together, 18

K

kilómetro (*m.*) kilometer, 15

L

lacio straight (hair), 9
lago (*m.*) lake, 5
lana (*f.*) wool, 13
langosta (*f.*) lobster, 2
lápiz de labios (*m.*) lipstick, 9
largo(a) long, 9
lastimarse to get hurt, 17
lata de la basura (*f.*) garbage can, 11
lavado (*m.*) shampoo, 9
lavadora (*f.*) washing machine, 10
lavaplatos (*m. sing.*) dishwasher, 10
lavar(se) to wash (oneself), 9
leche (*f.*) milk, 5
lechería (*f.*) dairy
lechuga (*f.*) lettuce
leer to read, 2
lejía (*f.*) bleach, 10
lema (*m.*) slogan
lengua (*f.*) tongue, 17
lentejas (*f. pl.*) lentils, 5

lentes de contacto (*m., pl.*) contact lenses, 17
letra (*f.*) lyric, 4
letra de molde (*f.*) print, 20
letrero (*m.*) sign
levantar to raise, to lift, 14
levantarse to get up, 9
libra (*f.*) pound, 19
librería (*f.*) bookstore, 18
licencia para conducir (manejar), guiar (*Puerto Rico*) (*f.*) driver's license, 15
limpiaparabrisas (*m. sing.*) windshield wiper, 14
limpiar to clean, 10
— **en seco** to dry clean, 10
liquidación (*f.*) sale, 12
líquido (*m.*) liquid, 19
lista (*f.*) list, 2
listo(a) ready, 13
litera alta (*f.*) upper berth, 16
litera baja (*f.*) lower berth, 16
literatura (*f.*) literature, 18
llamada (*f.*) call, 7
llamar to call, 4
— **por teléfono** to phone, 15
Llamo más tarde. I'll call later. PII
llano (*m.*) plain
llanta (*f.*) tire, 14
— **de repuesto** (*f.*) spare tire, 14
llave (*f.*) key, 4
llegadas y salidas (*f. pl.*) arrivals and departures, 7
llegar to arrive, 6
— **a casa** to arrive home, 13
llenar to fill out, 5
lleno(a) full, 14
llevar to take (something or someone someplace), 2; to carry, 4; to wear, 12
llover (o:ue) to rain, 10
lloviznar to drizzle
lluvia (*f.*) rain
lo más pronto posible as soon as possible, 18
Lo siento. I'm sorry., PII
los (las) dos both, 3
lugar (*m.*) place, 6
— **de interés** (*m.*) place of interest, 6
luna (*f.*) moon, 8
lunes Monday, PI
luz (*f.*) light, 14

M

madrastra (*f.*) stepmother, 3
madre (*f.*) mother, 3
madrina (*f.*) godmother, 2
madrugada (*f.*) dawn, 11
magnífico(a) magnificent, 8
maleta (*f.*) suitcase, 4
maletero (*m.*) trunk (of a car), 14
maletín (*m.*) handbag, carry-on bag, 7
malo(a) bad, 6
mamá (*f.*) mother, 3
mandar to send, 6
manejar to drive, 15

manicura (*f.*) manicure, 9
mano (*f.*) hand, 17
manta (*f.*) blanket, 5
mantecado (*m.*) ice cream (*Puerto Rico*), 1
mantel (*m.*) tablecloth, 11
mantelerías (*f., pl.*) table linens
mantequilla (*f.*) butter, 5
manzana (*f.*) apple, 1
mañana tomorrow, 3; (*f.*) morning, 10
maquillaje (*m.*) makeup, 9
máquina de afeitar (*f.*) razor, 9
— **eléctrica** (*f.*) electric razor, 9
marca (*f.*) brand, 14
marearse to become dizzy, 16
mareo (*m.*) dizziness, dizzy spell, 16
margarina (*f.*) margarine, 5
marido (*m.*) husband, 2
mariposa (*f.*) butterfly, 6
mariscos (*m. pl.*) shellfish, 2
martes Tuesday, PI
más more, most, 8
— **sano** (*m.*) healthiest
— **tarde** later, 1
matemáticas (*f. pl.*) mathematics, 18
materia (*f.*) (academic) subject, 18
matrícula (*f.*) license plate, 14; tuition, 18
matricularse to register, 18
me gusta I like, 2
me llamo my name is, PI
mecánico(a) (*m., f.*) mechanic, 14
media botella half a bottle, 2
media hora half an hour, 12
mediano(a) medium, 12
medias (*f. pl.*) socks, 13
medicina (*f.*) medicine, 19
médico(a) (*m., f.*) medical doctor, M.D., 17
medida (*f.*) size, 12
medio(a) half, 2
medio crudo rare
medios (*m. pl.*) means
mediodía (*m.*) noon, 4
medir (e:i) to measure
mejor better, best, 4
mejorar(se) to improve, to get better, 19
melocotón (*m.*) peach, 1
melón (*m.*) melon, 1
— **de agua** (*m.*) watermelon (*Cuba*), 1
memorizar to memorize, 2
mencionar to mention
menos less, 7
— **sano(a)** least healthy
mensaje (*m.*) message, PII
— **electrónico** (*m.*) email, 6
mensual monthly, 15
mente (*f.*) mind
menú (*m.*) menu, 1
merienda (*f.*) afternoon snack
mermelada (*f.*) marmalade, jam, 5
mes (*m.*) month, 7
mesa (*f.*) table, PII
— **de centro** (*m.*) coffee table, 4
mesera (*f.*) waitress, 1
mesero (*m.*) waiter, 1
mesita de noche (*f.*) nightstand, 4
metro (*m.*) subway, 18

mexicano(a) Mexican
mezquita (*f.*) mosque
mi amor darling, my love, 2
miembros (*m., pl.*) members
mientras while, 4
   — **tanto** meanwhile
milla (*f.*) mile, 14
minuto (*m.*) minute, 1
mío(a) mine, 9
mirar to look, 8
mirarse en el espejo to look at oneself
   in the mirror, 9
misa del gallo (*f.*) midnight Mass
mismo(a) same
mitad (*f.*) half, 13
mixto(a) mixed, tossed, 1
mochila (*f.*) backpack, 8
moda (*f.*) fashion
modelo compacto (*m.*) compact car, 15
modista (*f.*) dressmaker, 13
momento (*m.*) moment, 8
monasterio (*m.*) monastery, 6
mono(a) (*m., f.*) monkey
montaña (*f.*) mountain, 8
montar a caballo to ride a horse, 8
montar en bicicleta to ride a bicycle, 8
monumento (*m.*) monument, 6
moreno(a) dark, brunette, 3
morir (o:ue) to die, 19
mostrar (o:ue) to show, 8
motoneta (*f.*) motor scooter
motor (*m.*) motor, 14
mozo (*m.*) waiter, 1
muchacha (*f.*) girl, young woman, 3
muchacho (*m.*) boy, young man, 3
mucho much, a lot, PI
   — **gusto.** It's a pleasure to meet
   you., PI
muchos(as) many, 3
mudarse to move, 14
mueblería (*f.*) furniture store, 13
muebles (*m. pl.*) furniture, 10
mujer (*f.*) wife, 2; woman, 5
muletas (*f. pl.*) crutches, 17
multa (*f.*) fine, ticket, 15
muñeca (*f.*) wrist, 17
museo (*m.*) museum, 6
musical musical, 9
muy very, PI
   — **bien** very well, fine, PI

N

nada nothing, 10
nadar to swim, 8
nadie nobody, 19
naranja (*f.*) orange, 1
nariz (*f.*) nose, 17
natación (*f.*) swimming, 8
náusea (*f.*) nausea, 19
navajita (*f.*) razor blade, 13
navegar la red to navigate the Web
Navidad (*f.*) Christmas, 3
necesario(a) necessary, 18
necesitar to need, 4
negro(a) black, 9

neumático (*m.*) tire, 14
nevar (e:ie) to snow, 10
nevera (*f.*) refrigerator, 10
nieta (*f.*) granddaughter, 3
nieto (*m.*) grandson, 3
nieve (*f.*) ice cream (*Méx.*), 1; snow
ninguno(a) none, not any, 6
niña (*f.*) girl, child, 4
niño (*m.*) boy, child, 4
niños (*m. pl.*) children
no no, not, PI
   — **está** he (she) is not here, PII
   — **fumar** no smoking, 7
   — **tire basura** don't litter, 15
noche (*f.*) night, 4
Nochebuena (*f.*) Christmas Eve
nombre (*m.*) name, noun
norte (*m.*) north, 10
norteamericano(a) North American
   (from the U.S.), 3
nos vemos we'll see you, PI
nota (*f.*) grade, 18; note
novia (*f.*) girlfriend, 3
novio (*m.*) boyfriend, 3
nublado(a) cloudy, 10
nuera (*f.*) daughter-in-law, 3
nuevo(a) new, 8
número (*m.*) number, 16
nunca never, 6

O

o or, 1
objeto (*m.*) object, 12
obra (*f.*) play
oculista (*m., f.*) oculist, eye specialist, 17
ocupado(a) busy, 9
odiar to hate, 18
oeste (*m.*) west, 16
oficina (*f.*) office, 20
   — **de correos** (*f.*) post office, 20
oído (*m.*) inner ear, 17
ojalá... I hope . . . , 17
ojo (*m.*) eye, 17
olla (*f.*) pot, 11
olvidarse (de) to forget, 13
ómnibus (*m.*) bus, 6
operación (*f.*) operation, 19
operar to operate, 19
ordenador (*m.*) computer (*Spain*), 18
oreja (*f.*) ear, 17
oro (*m.*) gold, 6
ortopédico(a) (*m., f.*) orthopedist
otra vez again, 13
otro(a) other, another, 4
¡oye! listen!, 3

P

padrastro (*m.*) stepfather, 3
padre (*m.*) father, 3
padres (*m. pl.*) parents, 3
padrino (*m.*) godfather, 2
pagar to pay, 1
   — **cuentas** to pay bills, 20

pago (*m.*) payment, 15
país (*m.*) country
palabra (*f.*) word
palacio (*m.*) palace, 6
palita (*f.*) dustpan, 11
pan (*m.*) bread, 5
   — **tostado** (*m.*) toast, 5
panadería (*f.*) bakery, 13
panqueque (*m.*) pancake, 5
pantalón (*m.*) pants, trousers, 12
pantalones (*m. pl.*) pants, trousers, 12
pantimedias (*f. pl.*) pantyhose, 13
pantuflas (*f. pl.*) slippers, 12
pañuelo (*m.*) handkerchief, 12
papa (*f.*) potato, 1
   — **al horno** (*f.*) baked potato, 2
   —**s fritas** (*f. pl.*) French fries, 1
papá (*m.*) father, 3
papel (*m.*) paper, 11
paperas (*f. pl.*) mumps, 19
papitas (*f. pl.*) potato chips, 5
paquete (*m.*) package, 20
par (*m.*) pair, 13
para for, 4; in order to, 2; for, to, 16
   ¿— **qué?** What for?
parabrisas (*m. sing.*) windshield, 14
parada de autobuses (*f.*) bus stop, 16
parada de taxis (*f.*) taxi stand, 16
paraguas (*m.*) umbrella, 12
parar to stop
pariente (*m.*) relative
   — **político** (*m.*) in-law
parque (*m.*) park, 6
   — **de diversiones** (*m.*) amusement
   park, 6
parquear to park, 15
partera (*f.*) midwife
partido (*m.*) game, 8
pasado(a) last, 14
   — **por agua** soft-boiled, 11
pasado mañana the day after tomorrow, 7
pasaje (*m.*) ticket, 7
pasajero(a) (*m., f.*) passenger, 7
pasaporte (*m.*) passport, 7
pasar to happen, 17; to spend time, 2
   — **la aspiradora** to vacuum, 10
   — **por** to go through
pasarlo bien to have a good time, 8
Pase. Come in., PI
pasillo (*m.*) hallway, corridor, 16
paso de peatones (*m.*) pedestrian
   crossing, 15
pasta de dientes (dentífrica) (*f.*)
   toothpaste, 9
pastel (*m.*) pie, 2
pastilla (*f.*) pill, 16
patata (*f.*) potato (*Spain*), 1
patinar to skate, 8
patines (*m. pl.*) skates, 8
pato (*m.*) duck, 2
pavo (relleno) (*m.*) (stuffed) turkey, 5
peatón(-ona) (*m., f.*) pedestrian, 15
pecho (*m.*) chest, 17
pedido (*m.*) order, 2
pedir (e:i) to order, to ask for, 2
   — **prestado(a)** to borrow, 14

peinado (*m.*)   hairstyle, 9
peinarse   to comb one's hair, 9
peine (*m.*)   comb, 9
pelar   to peel, 11
pelea (*f.*)   fight, 8
película (*f.*)   film, 3
peligro (*m.*)   danger, 15
peligroso(a)   dangerous, 15
pelo (*m.*)   hair, 9
   — corto (*m.*)   short hair, 9
   — lacio (*m.*)   straight hair, 9
   — largo (*m.*)   long hair, 9
   — rizado (*m.*)   curly hair, 9
pelota (*f.*)   ball, 8; baseball (*Cuba, Puerto Rico*)
peluquería (*f.*)   beauty salon, hair salon, 9
peluquero(a) (*m., f.*)   beautician, hair stylist, 9
pensar (e:ie)   to think, to intend, to plan, 5
pensión (*f.*)   boarding house, 1
pera (*f.*)   pear, 1
perder (e:ie)   to lose, 5; to miss
   — el conocimiento   to lose consciousness, to faint, 17
   — el tren (avión, autobús)   to miss the train (plane, bus), 16
Perdón.   Excuse me., 13
perdonar   to forgive, 12
perfecto(a)   perfect, 8
perfume (*m.*)   perfume, 9
periódico (*m.*)   newspaper, 5
permanente (*f.*)   permanent wave, 9
pero   but, 1
perro caliente (*m.*)   hot dog, 5
persona (*f.*)   person, 4
pesar   to weigh, 19
pescadería (*f.*)   fish market, 13
pescado (*m.*)   fish, 2
pescar   to fish, 8
   — una pulmonía   to catch pneumonia, 19
peso (*m.*)   weight, 19
pie (*m.*)   foot, 17
pierna (*f.*)   leg, 17
pieza de repuesto (*f.*)   spare part, 14
pijama (*m.*)   pajamas, 13
píldora (*f.*)   pill, 19
pileta (*f.*)   sink, 11
   — de natación (*f.*)   swimming pool (*South America*), 4
pimienta (*f.*)   pepper, 10
pintalabios (*m.*)   lipstick (*Spain*), 9
pintura de uñas (*f.*)   nail polish (*Puerto Rico*), 9
piña (*f.*)   pineapple, 1
piscina (*f.*)   swimming pool, 4
piso (*m.*)   floor, 5
placa (*f.*)   license plate, 14
planchar   to iron, 10
planear   to plan, 8
planilla (*f.*)   form, 20
planta baja (*f.*)   ground (first) floor, 13
plata (*f.*)   silver
plátano (*m.*)   banana, 1
plato (*m.*)   plate, dish, 1
   — de cartón (*m.*)   paper plate, 11

playa (*f.*)   beach, 7
poder (o:ue)   to be able, 6
poema (*m.*)   poem
poliomielitis (*f.*)   polio
pollitos   chicks
pollo (*m.*)   chicken, 1
   — frito (*m.*)   fried chicken
pomelo (*m.*)   grapefruit (*Spain*), 1
ponche (*m.*)   punch, 3
poner   to put, 10
   — la mesa   to set the table, 11
   — puntos   to put in stitches, 17
   — una inyección   to give an injection, 17
ponerse   to put on, 9
por   for, 4; through, 10
   — adelantado   in advance, 5
   — aquí   this way, 2
   — ciento (*m.*)   percent, 16
   ¿— cuánto tiempo es válido el pasaje?   How long is the ticket valid for?, 16
   — desgracia   unfortunately, 18
   — día   by the day, per day, 15
   — eso   that's why, 12
   — favor   please, PI
   — fin   at last, 13
   — lo menos   at least
   — mes   monthly, 15
   — noche   per night, 4
   ¿— qué?   why?, 4
   — semana   by the week, per week, 15
   — supuesto   of course, 8
   — teléfono   on the phone, PII
   — vía aérea   by air mail, 20
porque   because, 2
portaguantes (*m.*)   glove compartment, 14
postre (*m.*)   dessert
practicar   to play, to practice (a sport), 8
precio (*m.*)   price, 5
precioso(a)   beautiful, 8
preferir (e:ie)   to prefer, 6
preguntar   to ask (a question), 8
preocupado(a)   worried, 12
preocuparse   to worry, 10
preparar   to prepare, 10
prepararse   to get ready, 9
presión (*f.*)   blood pressure, 19
   — de aire (*f.*)   air pressure, 14
prestar   to lend, 8
prevenir   to prevent
primera clase (*f.*)   first class, 7
primo(a) (*m., f.*)   cousin, 3
privado(a)   private, 4
probablemente   probably, 6
probador (*m.*)   fitting room, 12
probarse (o:ue)   to try on, 12
problema (*m.*)   problem, 6
profesor(a), (*m., f.*)   professor, teacher, PI
prohibido estacionar   no parking, 15
promedio (*m.*)   grade point average, 18
propina (*f.*)   tip, 1
próximo(a)   next, 5
psicología (*f.*)   psychology, 18
pudín (*m.*)   pudding, 2
pueblo (*m.*)   town
puente angosto (*m.*)   narrow bridge, 15

puerta de salida (*f.*)   departure gate, 7
puertorriqueño(a)   Puerto Rican, 18
pues   therefore
pulmonía (*f.*)   pneumonia, 19
pulsera (*f.*)   bracelet, 13
puré de papas (*m.*)   mashed potatoes, 2
puro(a)   pure, 13

Q

que   who, that, 10
   ¡— se (te) mejore(s)!   Get well soon!, 19
   — viene   next, coming, 18
   — yo sepa, no.   Not that I know of., 19
qué   what, 1; how, 10
   ¡— amable!   How nice!, 12
   ¡— bien!   That's great!, 13
   ¿— fecha es hoy?   What's the date today?, PI
   ¿— hay de nuevo?   What's new?, PI
   ¿— más?   What else?
   ¿— número calza?   What size shoe do you wear?, 13
   ¿— tal?   How's it going? (*informal*), PI
   ¿— tal es...?   What is . . . like?, 6
   ¿— te parece...?   What do you think of . . . ?, 8
quedar   to be located, 4
quedarle ancho(a), [estrecho(a)] a uno   to be (too) wide, loose (narrow, tight) on one, 12
quedarle bien   to fit
quedarle chico (grande) a uno   to be too small (big) on one, 12
quedarse   to stay, 9
quehaceres de la casa (*m. pl.*)   household chores, 10
querer (e:ie)   to want, to wish, 5
querido(a)   dear, darling, 9
queso (*m.*)   cheese, 1
¿quién?   who?, whom?, 3
química (*f.*)   chemistry, 18
quitaesmalte (*m.*)   nail polish remover, 9
quitarse   to take off, 17
quizá(s)   perhaps, 3

R

rabanitos (*m. pl.*)   radishes, 10
radiografía (*f.*)   X-ray, 17
rápido (*m.*)   express train, 16
raqueta (*f.*)   racquet, 8
rebaja (*f.*)   sale
rebajado(a)   marked down
recado (*m.*)   message, 15
recámara (*f.*)   bedroom (*Mex.*)
recepcionista (*m., f.*)   receptionist, PII
receta (*f.*)   recipe, 11
recetar   to prescribe, 17
recibo (*m.*)   receipt, 15
recientemente   recently
reclinadora (*f.*)   recliner, 4
recogedor (*m.*)   dustpan, 11
recoger   to pick up, 20

recordar (o:ue) to remember, 6
refresco (*m.*) soda
refrigerador (*m.*) refrigerator, 10
regalar to give (as a gift), 20
regalo (*m.*) gift, present, 12
registro (*m.*) register, 4
regresar to return, 1
reír(se) (e:i) to laugh, 12
reloj de pulsera (*m.*) wristwatch, 13
remar to row, to paddle, 8
remolacha (*f.*) beet, 10
remolcador (*m.*) tow truck, 14
remolcar to tow, 14
repollo (*m.*) cabbage, 10
requisito (*m.*) requirement, 18
reservación (*f.*) reservation, 4
reservar to reserve, 7
respirar to breathe, 19
   — hondo to take a deep breath, 19
restaurante (*m.*) restaurant, 1
reunión (*f.*) meeting, 9
revisar to check, 14
revista (*f.*) magazine, 5
revuelto(a) scrambled (i.e., egg), 11
Reyes Magos (*m. pl.*) Wise Men
rico(a) tasty, 2
río abajo down the river
rizado(a) curly, 9
rizador (*m.*) curling iron, 9
rodilla (*f.*) knee, 17
rojo(a) red, 10
romperse to fracture, to break, 17
ron (*m.*) rum, 2
ropa (*f.*) clothes, 10
   — interior (*f.*) underwear, 13
ropero (*m.*) closet, 10
rosado(a) pink, 12
rubéola (*f.*) German measles (rubella), 19
rubio(a) blond, 3
ruido (*m.*) noise, 14

S

sábado Saturday
sábana (*f.*) sheet, 6
saber to know (a fact), 7
sabroso(a) tasty, 2
sacar to get (a grade), 18
   — buenas (malas) notas to get good (bad) grades, 18
   — la basura to take out the garbage, 11
   — la lengua to stick out one's tongue, 19
sacudir to dust, 10
sal (*f.*) salt, 10
sala (*f.*) living room, 3
   — de emergencia (*f.*) emergency room, 17
   — de equipaje (*f.*) baggage area, 7
   — de espera (*f.*) waiting room, 17
   — de estar (*f.*) den, family room, 4
   — de rayos X (*f.*) X-ray room, 17
salchicha (*f.*) sausage, 5
saldo (*m.*) balance, 20

salida (*f.*) exit, 7; departure, 16
salir to go out, to leave, 9
salón de belleza (*m.*) beauty salon, 9
salón de estar (*m.*) den, family room, 4
salsa (*f.*) sauce, 2
salud (*f.*) health, 2
¡salud! cheers!, 2
saludos (*m. pl.*) greetings
   — a... say hello to . . . , PI
sandalias (*f. pl.*) sandals, 13
sandía (*f.*) watermelon, 1
sangrar to bleed, 19
sano(a) healthy
santa (*f.*) saint, 2
santo (*m.*) saint, 2
sarampión (*m.*) measles, 19
sartén (*f.*) frying pan, 11
sastre (*m.*) tailor
saya (*f.*) skirt (*Cuba*), 12
secador (*m.*) hair dryer, 9
secadora (*f.*) dryer, 10
sección de (no) fumar (*f.*) (non-) smoking section
seco(a) dry, 9
seda (*f.*) silk
seguir derecho to go straight ahead, 16
según according to, 16
segundo(a) second, 5
seguro (*m.*) insurance, 15
seguro(a) sure, 6
sello (*m.*) stamp, 20
semana (*f.*) week, 5
semestre (*m.*) semester, 18
sentar(se) (e:ie) to sit down, 9
sentido (*m.*) sense
sentirse (e:ie) to feel, 17
señal de tráfico (*f.*) traffic sign, 15
señor Mr., sir, gentleman, PI
señora Mrs., madam, lady, PI
señorita Miss, young lady, PI
ser to be, PII
   — necesario to be necessary, 17
   — operado(a) to be operated on, 19
servicio (*m.*) service
   — de cuarto (*m.*) room service, 4
   — de habitación (*m.*) room service, 4
servilleta (*f.*) napkin, 11
servir (e:i) to serve, 5
si if, whether, 5
sí yes, 1
siempre always, 3
silla (*f.*) chair, PII
   — de ruedas (*f.*) wheelchair, 17
simpático(a) nice, charming, 2
sin without, 15
   — embargo however
   — plomo unleaded, 14
síntoma (*m.*) symptom, 19
situación (*f.*) situation
sobre (*m.*) about, 7; envelope, 20
sobrenombre (*m.*) nickname
sobrina (*f.*) niece, 3
sobrino (*m.*) nephew, 3
socio(a) (*m., f.*) member, 14
sociología (*f.*) sociology, 18
sofá (*m.*) sofa, couch, 4

solamente only, 5
solicitar to apply, 18
   — un préstamo to apply for a loan, 20
solo(a) by oneself, alone, 3
sólo only, 5
sombrero (*m.*) hat, 12
sonar (o:ue) to ring
sopa (*f.*) soup, 1
   — de arroz rice soup
   — de cebollas onion soup
   — de fideos noodle soup
   — de verduras (*f.*) vegetable soup, 1
Sorpresa (*f.*) surprise, 16
sortija (*f.*) ring, 13
subir al avión to board a plane, 7
subterráneo (*m.*) subway, 18
subvencionado(a) subsidized
sucio(a) dirty, 11
sucursal (*f.*) branch, 15
suegra (*f.*) mother-in-law, 3
suegro (*m.*) father-in-law, 3
suerte (*f.*) luck, 18
suéter (*m.*) sweater, 10
sufrir to suffer
   — del corazón to have heart trouble, 19
sugerir (e:ie) to suggest, 16
supermercado (*m.*) supermarket, 10
sur (*m.*) south, 16

T

talla (*f.*) size, 12
tallarines (*m. pl.*) noodles, spaghetti, 5
taller de mecánica (*m.*) repair shop, 14
talonario de cheques (*m.*) checkbook, 20
tamaño (*m.*) size
también too, also, 2
tan ... como as . . . as, 4
tan pronto como as soon as, 19
tanque (*m.*) tank, 14
tantos(as) so many, 6
tarde (*f.*) afternoon, 13, late, 6
tarea (*f.*) homework, 18
tarifa (*f.*) rate, 16
tarjeta (*f.*) card
   — de crédito (*f.*) credit card, 1
   — de embarque (embarco) (*f.*) boarding pass, 7
   — postal (*f.*) postcard, 20
taza (*f.*) cup, 4
tazón (*m.*) bowl, 11
te gusta you like, 2
té (*m.*) tea, 1
   — frío (helado) iced tea, 1
teatro (*m.*) theater, 5
tele (*f.*) television, 8
teléfono (*m.*) phone, PII
   — celular cellular phone, 20
telenovela (*f.*) soap opera, 11
televisión (*f.*) television, 8
televisor (*m.*) TV set, 4
temer to fear, to be afraid, 17
temperatura (*f.*) temperature, 19

temprano early, 9
tenedor (*m.*) fork, 1
tener to have, 4
   — **calor** to be hot, 4
   — **el colesterol alto** to have high cholesterol, 19
   — **éxito** to be a success, to be successful, 11
   — **(mucha) hambre** to be (very) hungry, 4
   — **... horas de retraso (atraso)** to be . . . hours behind schedule, 16
   — **la presión alta** to have high blood pressure, 19
   — **la presión baja** to have low blood presure, 19
   — **mucho que hacer** to have a lot to do, 11
   — **que** (+ *inf.*) to have to (do something), 4
   — **sed** to be thirsty, 4
   — **tos** to have a cough, 19
teñirse (e:i) to dye, to color, 9
tenis (*m.*) tennis, 8
terminar to finish, 2
término medio medium rare
termómetro (*m.*) thermometer, 19
terraza (*f.*) terrace, 10
tía (*f.*) aunt, 3
tiempo (*m.*) time, 5; weather
tienda (*f.*) store, 5
   — **de campaña** tent, 8
tijera (*f.*) scissors, 9
tinte (*m.*) dye
tinto(a) red (i.e., wine), 1
tintorería (*f.*) dry cleaners, 10
tío (*m.*) uncle, 3
tipo (*m.*) type
título (*m.*) degree, 17
toalla (*f.*) towel, 5
tobillo (*m.*) ankle, 17
tocar to play, 3
tocador (*m.*) dresser, 4
tocino (*m.*) bacon, 3
todo el mundo (*m.*) everybody, 11
todo lo necesario everything necessary, 10
todos(as) all, 3; every, 5
   — **los días** every day, 6
todos (*m. pl.*) everybody, 11
tomar to drink, 1; to take, 14
   — **algo** to have something to drink, 2
tomate (*m.*) tomato, 1
Tome asiento. Have a seat., PI
toronja (*f.*) grapefruit, 1
torre (*f.*) tower
torta (*f.*) cake, 2
   — **al ron** (*f.*) rum cake, 2
tos (*f.*) cough
   — **ferina** (*f.*) whooping cough
toser to cough, 19
tostada (*f.*) toast, 11
tostadora (*f.*) toaster, 11

trabajar to work, 10
trabajos de la casa (*m. pl.*) household chores, 10
trabalenguas (*m.*) tongue-twister
traer to bring, 2
traje (*m.*) suit, 12
   — **de baño** (*m.*) bathing suit, 8
transacción financiera (*f.*) financial transaction
transbordar to change (trains, buses, etc.), to transfer, 16
tranvía (*m.*) streetcar, local train, 16
trapear to mop, 70
tratar (de) to try (to), 8
tren (*m.*) train, 16
trimestre (*m.*) quarter, 18
triste sad
trucha (*f.*) trout
trusa (*f.*) bathing suit (*Cuba*), 12
turista (*m., f.*) tourist, 1
turnarse to take turns
turno (*m.*) appointment, 9
tuyo(a) yours, 9

U

último(a) last, 7
un momento one moment, PII
un poco a little, 3
un rato a while, 2
una vía one way, 15
universidad (*f.*) university, 3
unos(as) some, 7
usar to use, 6; to wear, 12
uvas (*f. pl.*) grapes, 1

V

va a haber there's going to be, 11
vacaciones (*f. pl.*) vacation, 5
vacío(a) empty, 14
vacuna (*f.*) vaccination
vajilla (*f.*) china, 11
válido(a) valid
vamos let's go, 5
varicela (*f.*) chicken pox
varios(as) several, 9
vaso (*m.*) glass, 1
vegetales (*m. pl.*) vegetables, 1
velocidad máxima (*f.*) speed limit, 14
vendar to bandage, 17
vendedor(a) ambulante (*m., f.*) street vendor, 12
vender to sell, 13
venir to come, 4
venta (*f.*) sale, 12
ventaja (*f.*) advantage
ventana (*f.*) window, 10
ventanilla (*f.*) window (of a car or plane), 7; ticket window, 16; post office window, 20

ver to see, 3
verano (*m.*) summer, 10
verbo (*m.*) verb
verdad (*f.*) right, 5; true, truth, 6
verde green, 12
verdulería (*f.*) vegetable market
verduras (*f.*) vegetables, 1
vermut (*m.*) vermouth, 2
verse to look, to appear, 9
vestíbulo (*m.*) lobby, 6
vestido (*m.*) dress, 9
   — **de noche** (*m.*) evening gown, 13
vestir(se) (e:i) to get dressed, 9
vez time (in a series; as equivalent of *occasion*), 10
viajar to travel, 7
viaje (*m.*) trip, 4
   — **de negocios** (*m.*) business trip, 4
viajero(a) (*m., f.*) traveler, 7
vida (*f.*) life
vidriera (*f.*) shop window, 12
viernes Friday
vinagre (*m.*) vinegar, 10
vino (*m.*) wine, 1
viruela (*f.*) smallpox
visa (*f.*) visa, 7
visado (*m.*) visa (*Spain*), 7
visitar to visit, 6
vitrina (*f.*) shop window, 12
vivir to live, 3
vocabulario (*m.*) vocabulary
volante (*m.*) steering wheel, 14
volar (o:ue) to fly, 16
volcán (*m.*) volcano, 6
volver (o:ue) to return, to come (go) back, 6
vomitar to vomit, to throw up, 19
vuelo (*m.*) flight, 7
   — **directo** direct flight, 7

Y

y and, PI
ya already, now, 6
   ¡— lo creo! I'll say!, 6
   — **que** since, 12
yerno (*m.*) son-in-law, 3

Z

zanahoria (*f.*) carrot, 10
zapatería (*f.*) shoe store, 13
zapatillas (*f. pl.*) slippers, 12
zapatos (*m. pl.*) shoes, 13
   — **de tenis** (*m. pl.*) sneakers, tennis shoes, 13
zona de estacionamiento (*f.*) parking lot, 15
zoológico (*m.*) zoo, 6
zumo (*m.*) juice (*Spain*), 1

English-Spanish Vocabulary

A

a little un poco, 3
a lot mucho, PI
a while un rato, 2
accept aceptar, 1
accident accidente (*m.*), 17
account cuenta (*f.*), 20
accounting contabilidad (*f.*), 18
ache doler (o:ue), 8
address dirección (*f.*)
advantage ventaja (*f.*)
advice consejo (*m.*)
advise aconsejar, 16
adviser consejero(a) (*m., f.*), 18
afternoon snack merienda (*f.*)
afterwards después (de), 2
again otra vez, 13
against contra
agency agencia (*f.*)
agent agente (*m., f.*), 7
agree estar de acuerdo, 8
air conditioning aire acondicionado
  (*m.*), 4
air pressure presión de aire (*f.*), 14
airbag bolsa de aire (*f.*), 14
airline aerolínea (*f.*), 7
airport aeropuerto (*m.*), 7
aisle seat asiento de pasillo (*m.*), 7
all todos(as), 3
allergic alérgico(a), 19
almost casi, 13
alone solo(a), 3
already ya, 6
also también, 2
always siempre, 8
ambulance ambulancia (*f.*), 17
among entre
amusement park parque de
  diversiones (*m.*)
analysis análisis (*m.*)
and y, PI
ankle tobillo (*m.*), 18
another otro(a), 4
antibiotic antibiótico (*m.*), 19
any algún, alguno(a), 6; cualquier(a)
  — message? ¿algún mensaje?, PII
anything algo, 10
  — else? ¿algo más?, 20
appear verse, 9
appendicitis apendicitis (*m.*), 19
apple manzana (*f.*), 1
apply solicitar, 17
  — for a loan solicitar un préstamo, 20
appointment cita (*f.*), 9; turno (*m.*), 9
Argentinian argentino(a), 18
arm brazo (*m.*), 17
armchair butaca (*f.*), sillón (*m.*), 4
arrange arreglar, 13
arrivals and departures llegadas y
  salidas (*f. pl.*)

arrive llegar, 9
  — home llegar a casa, 13
art arte (*m.*), 18
article artículo (*m.*), 12
as . . . as tan... como, 4
as a child de niño(a), 19
as long as ya que, 12
as soon as en cuanto, tan pronto como, 19
  — possible lo más pronto posible, 17
ask (questions) preguntar, 8; hacer preguntas, 19; (for) pedir (e:i), 2
aspirin aspirina (*f.*), 6
asthma asma (*f.*), 19
at en, a
  — about a eso de, 6
  — half price a mitad de precio, 13
  — last por fin, 13
  — least por lo menos
  — what time? ¿a qué hora?, 4
attend asistir, 3
aunt tía (*f.*)
automatic automático(a), 15
  — teller machine cajero
    automático (*m.*)
automobile automóvil (*m.*), carro (*m.*),
  coche (*m.*), 14
  — club club automovilístico (*m.*), 14
avenue avenida (*f.*), 9
average promedio (*m.*), 18

B

back espalda (*f.*), 18
  — up (a car) dar marcha atrás, 15
backpack mochila (*f.*), 8
bacon tocino (*m.*)
bad malo(a), 6
baggage claim area sala de
  equipaje (*f.*)
bake cocinar al horno, hornear, 10
baked potato papa al horno (*f.*), 2
bakery panadería (*f.*)
balance saldo (*m.*), 20
ball pelota (*f.*), 8
banana banana (*f.*), plátano (*m.*), 1
bandage curita (*f.*), 18; vendar
barber barbero (*m.*), 9
barbershop barbería (*f.*), 9
bargain ganga (*f.*), 12
baseball béisbol (*m.*), pelota (*f.*) (*Cuba,
  Puerto Rico*)
basketball baloncesto (*m.*), 8; basquetbol (*m.*), 8
bathe (oneself) bañar(se), 9
bathing suit traje de baño (*m.*), bañador
  (*m.*) (*Spain*), trusa (*f.*) (*Cuba*), 12
bathrobe bata (*f.*), 13
bathroom baño (*m.*), 4
bathtub bañera (*f.*), bañadera (*f.*), 4

battery acumulador (*m.*), batería (*f.*), 14
be ser, PII; estar, 3
  — a success tener éxito, 11
  — able poder (o:ue), 6
  — afraid temer, 17
  — (too) big on one quedarle grande
    a uno, 12
  — hot hacer calor, 4; tener calor, 8
  — . . . hours behind schedule tener
    ... horas de retraso (atraso), 16
  — (very) hungry tener (mucha)
    hambre, 4
  — in a hurry apurado(a), 20
  — located quedar, 4
  — (too) loose on one quedarle
    ancho(a) a uno
  — (too) narrow on one quedarle
    estrecho(a) a uno
  — necessary ser necesario, 18
  — operated on ser operado(a), 19
  — pleasing to gustar, 8
  — (too) small on one quedarle
    chico(a) a uno, 12
  — successful tener éxito, 11
  — sunny hacer sol, 10
  — thirsty tener sed, 4
  — (too) tight on one quedarle
    estrecho(a) a uno
  — (too) wide on one quedarle
    ancho(a), a uno, 12
  — windy hacer viento, 10
beach playa (*f.*), 7
beard barba (*f.*), 9
beautician peluquero(a) (*m., f.*), 9
beautiful precioso(a), 8; hermoso(a),
  15; bello(a)
beauty salon peluquería (*f.*), salón de
  belleza (*m.*), 9
because porque, 4
become dizzy marearse, 16
bed cama (*f.*), 4
bedroom dormitorio (*m.*), recámara (*f.*)
  (*Méx.*), 4
beer cerveza (*f.*), 3
beet remolacha (*f.*)
before antes, 12; antes de que, 19
begin empezar (e:ie), 5
believe creer, 12
bell campana (*f.*)
bellhop botones (*m.*), 4
belt cinto (*m.*), cinturón (*m.*), correa (*f.*)
  (*Puerto Rico*), 12
besides además (de), 5
best mejor, 4
better mejor, 4
big grande, 12
bill (*in a restaurant*) cuenta (*f.*), 1;
  (*currency*) billete (*m.*)
biology biología (*f.*), 18
birthday cumpleaños (*m.*), 11
black negro(a), 9

blanket cobija (*f.*), frazada (*f.*), manta (*f.*), 5
bleach lejía (*f.*)
bleed sangrar
blessed bendito(a), 5
blond rubio(a), 3
blood pressure presión (*f.*), 19
blood test análisis de sangre (*m.*), 17
blouse blusa (*f.*), 12
blue azul, 12
board abordar, 7; subirse, 17
　— the plane abordar el avión, subir al avión, 7
boarding house pensión (*f.*), 5
boarding pass tarjeta de embarque (embarco) (*f.*)
body cuerpo (*m.*)
boil hervir (e:ie)
bon voyage! ¡buen viaje!, 7
bookstore librería (*f.*)
boots botas (*f. pl.*), 13
border frontera (*f.*), 16
boring aburrido(a), 3
borrow pedir prestado(a), 14
both los dos, 3
bottle botella (*f.*), 1
bowl tazón (*m.*)
box cajita (*f.*)
boxing boxeo (*m.*), 8
boy chico (*m.*), muchacho (*m.*), niño (*m.*), 3
boyfriend novio (*m.*), 3
bracelet pulsera (*f.*)
brakes frenos (*m. pl.*), 14
branch sucursal (*f.*)
brand marca (*f.*), 14
Brazilian brasileño(a), 8
bread pan (*m.*), 10
break fracturarse, romperse, 18
breakfast desayuno (*m.*), 5
breathe respirar, 19
brief conversations conversaciones breves (*f. pl.*), PI
brilliant brillante, 20
bring traer, 2
brochure folleto (*m.*), 7
broom escoba (*f.*), 11
brother hermano (*m.*), 3
brother-in-law cuñado (*m.*), 3
brunette morena(a), 3
brush cepillar(se), 9
　— one's hair cepillarse el pelo, 9
building edificio (*m.*)
bus autobús (*m.*), ómnibus (*m.*), 6
　— stop parada de autobuses (*f.*), 16
business administration administración de empresas (*f.*), 18
but pero, 1
butcher's shop carnicería (*f.*)
butter mantequilla (*f.*)
buy comprar, 5
by por
　— air mail por vía aérea, 20
　— oneself solo(a), 3
　— the day por día, 15
　— the week por semana, 15
bye adiós, chau, PI

C

cabbage repollo (*m.*)
cabin cabaña (*f.*), 8
cafeteria cafetería (*f.*), PII
cake torta (*f.*), 2
calculator calculadora (*f.*), 18
call llamar, 4; llamada (*f.*), 7
camp acampar, 8
can opener abrelatas (*m. sing.*), 10
cancel a reservation cancelar una reservación, 4
candy shop dulcería (*f.*)
canoe canoa (*f.*), 8
cap gorra (*f.*)
capsule cápsula (*f.*), 19
car automóvil (*m.*), carro (*m.*), coche (*m.*), 14
　— rental agency agencia de alquiler de automóviles (*f.*), 15
caramel custard flan (*m.*)
cardboard cartón (*m.*), 11
care cuidado (*m.*)
career carrera (*f.*), 18
carpet alfombra (*f.*), 10
carrot zanahoria (*f.*), 10
carry llevar, 2
carry-on bag maletín (*m.*), bolso de mano (*m.*), 7
cash en efectivo, 5; al contado
　— a check cambiar un cheque, 15
cashier cajero(a) (*m., f.*), 20
castle castillo (*m.*)
catch pneumonia pescar una pulmonía, 19
cathedral catedral (*f.*), 6
cellular phone teléfono celular (*m.*)
cereal cereal (*m.*), 5
chain cadena (*f.*), 13
chair silla (*f.*), PII
champagne champán (*m.*), 3; champaña (*f.*)
champion campeón (*m.*), campeona (*f.*), 8
change cambiar, 6; (*trains, buses, etc.*) transbordar, 16
charge cobrar, 4
　— mileage cobrar por kilómetros, 15
chat conversar, 2
check (*in a restaurant*) cuenta (*f.*), 1; (*personal*) cheque (*m.*), 1; revisar, chequear, 14
　— book talonario de cheques (*m.*)
　— the luggage facturar el equipaje, 16
checking account cuenta corriente (*f.*)
cheers! ¡salud!, 2
cheese queso (*m.*), 2
chemistry química (*f.*), 17
chest pecho (*m.*), 18
　— of drawers cómoda (*f.*)
chicken pollo (*m.*), 1
　— and rice arroz con pollo (*m.*)
　— pox varicela (*f.*)
chicks pollitos (*m. pl.*)
child niña (*f.*), niño (*m.*)
child seat asiento para niños (*m.*), 15

children (*sons and daughters*) hijos (*m. pl.*), 3; niños (*m. pl.*)
china vajilla (*f.*)
Chinese chino(a)
chocolate chocolate (*m.*), 1
cholesterol colesterol (*m.*), 19
Christmas Navidad (*f.*), 3
　— Eve Nochebuena (*f.*)
cigarette cigarrillo (*m.*), 7
city ciudad (*f.*), 2
　— block cuadra (*f.*), 6
claim check (ticket) comprobante (*m.*), 7
class clase (*f.*), 18
　— schedule horario de clases (*m.*)
clean limpiar, 10
clerk empleado(a) (*m., f.*), 12
climb escalar, 8
close cerca (de), 6; cerrar (e:ie), 6
closed cerrado(a), 14
closet ropero (*m.*), 10
clothes ropa (*f.*), 10
cloudy nublado(a), 10
club club (*m.*), PII
coconut coco (*m.*), 2
cod bacalao (*m.*)
coffee café (*m.*), 1
　— maker cafetera (*f.*), 11
　— table mesa de centro (*f.*)
　— with milk café con leche (*m.*)
cold frío(a), 1
collide chocar, 15
cologne colonia (*f.*)
comb peine (*m.*), 9
　— one's hair peinarse, 9
come venir, 4
　— back volver (o:ue), 6
　— in Pase, PI
comedy comedia (*f.*), 9
comfortable cómodo(a), 6
coming que viene, 17
communicate comunicarse, 15
compact car modelo compacto (*m.*), 15
computer computadora (*f.*), ordenador (*m.*) (*Spain*), 18
　— science informática (*f.*), 17
conditioner acondicionador (*m.*), 9
confirm a reservation confirmar una reservación, 4
congratulations felicitaciones (*f.*), 20
consume gastar, 15
contact lenses lentes de contacto, (*m.*), 17
contagious contagioso(a), 19
convertible coche convertible (*m.*), descapotable (*m.*), 15
cook cocinar, 11
corner esquina (*f.*), 4
cost costar (o:ue), 7
couch sofá (*m.*)
cough toser, 19
counselor consejero(a) (*m., f.*), 18
country país (*m.*), campo (*m.*)
courteous amable, 12
cousin primo(a) (*m., f.*), 3
crab cangrejo (*m.*), 2
cream crema (*f.*), 1
credit card tarjeta de crédito (*f.*), 1

crutches muletas (*f. pl.*), 18
cultural cultural
cup taza (*f.*), 1
cupboard armario (*m.*), 11
cure curar
curling iron rizador (*m.*), 9
curly hair pelo rizado (*m.*), 9
curtain cortina (*f.*), 10
customs aduana (*f.*), 7
cut cortar, 9

D

daily por día, 15; diario(a), 16
dairy lechería (*f.*)
dance bailar, 3; baile (*m.*), 11
danger peligro (*m.*), 15
dangerous peligroso(a), 15
— **curve** curva peligrosa (*f.*), 15
dark moreno(a), 3
darling mi amor (*m., f.*), 2; querido(a) (*m., f.*), 9
darn bendito(a), 5
date fecha (*f.*), P; fechar, 20
— **of birth** fecha de nacimiento (*f.*)
daughter hija (*f.*), 3
— **-in-law** nuera (*f.*)
dawn madrugada (*f.*), 11
day after tomorrow pasado mañana, 7
day before yesterday anteayer, 19
dear querido(a), 9
decide decidir, 2
degree título (*m.*), 17
den sala de estar (*f.*), salón de estar (*m.*)
dentist dentista (*m., f.*), 17
deodorant desodorante (*m.*), 9
department departamento (*m.*), 12
departure salida (*f.*), 7
— **gate** puerta de salida (*f.*), 7
depend depender, 15
deposit depositar, 15
desk escritorio (*m.*)
dessert postre (*m.*)
detergent detergente (*m.*), 10
detour desvío (*m.*), 15
diabetes diabetes (*f.*), 19
diabetic diabético(a), 19
diarrhea diarrea (*f.*), 19
dictionary diccionario (*m.*)
die morir (o:ue), 19
different diferente, distinto(a)
difficult difícil, 18
dining car coche-comedor (*m.*), 16
dining room comedor (*m.*), 4
dinner cena (*f.*), 5
diphtheria difteria (*f.*)
dirty sucio(a), 11
disability impedimento (*m.*)
discotheque discoteca (*f.*), 6
discount descuento (*m.*), 16
disease enfermedad (*f.*), 19
disembark bajarse, 16
dish plato (*m.*), 1
dishwasher lavaplatos (*m. sing.*)
disinfect desinfectar, 17
dizziness mareo (*m.*), 16

dizzy spell mareo (*m.*), 16
do hacer, 8
doctor doctor(a) (*m., f.*), PI; médico(a) (*m., f.*), 18
doctor's office consultorio (*m.*), 17
document documento (*m.*), 7
does that include...? ¿eso incluye . . . ?, 5
doing haciendo
dollar dólar (*m.*), 4
don't litter no tire basura, 15
double bed cama doble (*f.*), 4
doubt dudar, 17
down abajo
downtown centro (*m.*), 5
dozen docena (*f.*), 10
dress vestido (*m.*), 9; vestirse (e:i)
dresser tocador (*m.*)
dressmaker modista (*f.*)
drink tomar, 1; beber, 2; bebida (*f.*), 2
drive conducir, manejar, guiar (*Puerto Rico*), 15
driver's license licencia para conducir (manejar), guiar (*Puerto Rico*) (*f.*), 15
drizzle lloviznar
dry seco(a), 9
— **clean** limpiar en seco, 10
— **cleaners** tintorería (*f.*), 10
dryer secadora (*f.*), 10
duck pato (*m.*), 2
dust sacudir, 10
dustpan palita (*f.*), recogedor (*m.*), 11
dye tinte (*m.*), teñir (e:i)

E

early temprano, 9
earrings aretes (*m. pl.*), aros (*m. pl.*), 13
east este (*m.*), 16
easy fácil, 17
eat comer, 2
egg huevo (*m.*)
electric razor máquina de afeitar eléctrica (*f.*), 9
electronic electrónico(a), 6
elegant elegante, 2
elementary school escuela elemental (primaria) (*f.*)
elevator ascensor (*m.*), elevador (*m.*), 13
e-mail correo electrónico (*m.*), correo "e" (*m.*), "c-e" (*m.*), 15; mensaje electrónico (*m.*), 6
emergency room sala de emergencia (*f.*), 18
employee empleado(a) (*m., f.*), PII
empty vacío(a), 14
encounter encontrarse con (o:ue), 9
enter entrar, 9; ingresar
entertainment diversión (*f.*)
envelope sobre (*m.*), 20
errand diligencia (*f.*)
escalator escalera mecánica (*f.*), 13
evening gown vestido de noche (*m.*)
ever alguna vez, 17
every todos(as), 5; cada, 19
— **day** todos los días, 6

everybody todos (*m. pl.*), 11
everything necessary todo lo necesario, 10
exaggerate exagerar, 5
exam examen (*m.*), 17
excellent excelente, 6
excess baggage exceso de equipaje (*m.*), 7
Excuse me. Perdón., 13
exit salida (*f.*), 7
expensive caro(a), 4
express train expreso (*m.*), rápido (*m.*), 16
exterior exterior, 6
— **room** cuarto con vista a la calle (*m.*), cuarto exterior (*m.*), 6
eye ojo (*m.*), 18
— **doctor** oculista (*m., f.*)
eyeglasses anteojos (*m.*), gafas (*f.*) (*Spain*), espejuelos (*m.*) (*Cuba*), 17

F

face cara (*f.*), 17
facsimile fax (*m.*), facsímil (*m.*), 15
faint desmayarse, perder (e:ie) el conocimiento, 17
fall down caerse, 17
family familia (*f.*), 3
— **room** sala de estar (*f.*), salón de estar (*m.*)
famous phrase frase célebre (*f.*)
farm(house) finca (*f.*), 8
fashion moda (*f.*)
fasten one's seat belt abrocharse el cinturón de seguridad, 16
fat gordo(a), 3
father padre (*m.*), papá (*m.*), 3
— **-in-law** suegro (*m.*)
fax fax (*m.*), facsímil (*m.*), 15
fear temer, 17
feel sentirse (e:ie), 19
fever fiebre (*f.*), 19
fight pelea (*f.*), 8
fill llenar, 5
fill out llenar, 5
finally al fin, 12
financial transaction transacción financiera (*f.*)
find encontrar (o:ue), 9
— **out** averiguar, 7
fine bien, PI; está bien, 10; (*penalty*) multa (*f.*), 15
finger dedo (*m.*), 17
finish terminar, 2
first class primera clase (*f.*), 7
fish pescado (*m.*), 2; pescar, 8
— **market** pescadería (*f.*)
fishing pole caña de pescar (*f.*)
fit quedarle bien
fitting room probador (*m.*), 12
fix arreglar, 11
flat tire goma pinchada (ponchada) (*f.*), 14
flight vuelo (*m.*), 7
— **attendant** auxiliar de vuelo (*m., f.*), 7
floor piso (*m.*), 5
flu gripe (*f.*)
fly volar (o:ue), 16

fold clothing (laundry) doblar la ropa, 10
food comida·(f.), 2
foot pie (m.), 18
football fútbol americano (m.)
for para, por, 4
— **dessert** de postre, 1
forehead frente (f.), 18
foreigner extranjero(a)
forget olvidarse (de), 13
forgive perdonar, 12
fork tenedor (m.), 1
form forma (f.), 5, formulario (m.) (*Spain*), 20; planilla (f.), 5
fracture fractura (f.), 18; fracturarse, romperse, 18
free gratis
freeway autopista (f.), 14
French francés(-esa)
— **fries** papas fritas (f. pl.), 1
Friday viernes
fried frito(a), 1
— **chicken** pollo frito (m.)
— **egg** huevo frito (m.), 11
friend amigo(a) (m., f.)
from de, PII
fruit fruta (f.), 1
— **market (store)** frutería (f.)
fry freír (e:i)
frying pan sartén (f.), 11
full lleno(a)
function funcionar, 6
furniture muebles (m. pl.), 10
— **store** mueblería (f.)

G

game partido (m.), 8
garage garaje (f.), 11
garbage basura (f.), 11
— **can** lata de la basura (f.), 11
garden jardín (m.)
gas station estación de servicio (f.), gasolinera (f.), 14
gasoline gasolina (f.), 14
gastroenteritis gastroenteritis (f.), 19
gee! ¡caramba!, 6
generally generalmente, 7
gentleman señor, PI, caballero
geography geografía (f.), 17
German alemán(ana)
— **measles** rubéola (f.)
get buscar, 6, conseguir (e:i)
— **bad grades** sacar malas notas, 17
— **better** mejorar(se)
— **(something) dirty** ensuciar, 11
— **dressed** vestir(se) (e:i), 9
— **good grades** sacar buenas notas, 17
— **hurt** lastimarse, 18
— **off** bajarse, 16
— **ready** prepararse, 9
— **up** levantarse, 9
— **well soon!** ¡que se (te) mejore(s)!
— **worse** empeorar
gift regalo (m.), 12

girl chica (f.), muchacha (f.), 3, niña (f.), 3
girlfriend novia (f.), 3
give dar, 3; (*as a gift*) regalar, 20
— **an injection** poner una inyección, 18
— **back** devolver (o:ue), 20
glass vaso (m.), 1
glove guante (m.), 12
— **compartment** guantera (f.), guantero (m.), portaguantes (m.)
go ir, 2
— **back** volver (o:ue), 6
— **fishing** ir de pesca
— **hunting** ir de caza
— **in** entrar, 9
— **on a tour** ir de excursión, 5
— **out** salir, 9
— **shopping** ir de compras, 12
— **straight ahead** seguir (e:i) derecho, 16
— **through** pasar por
— **to bed** acostarse (o:ue), 9
gold oro (m.)
good bueno(a), 4
— **afternoon** buenas tardes, PI
— **evening** buenas noches, PI
— **morning** buenos días, PI
good-bye adiós, PI; chau, 18
grade nota (f.), 17
— **point average** promedio (m.), 18
— **school** escuela elemental (primaria) (f.), 17
graduate graduarse, 17
granddaughter nieta (f.)
grandfather abuelo (m.), 3
grandmother abuela (f.), 3
grandson nieto (m.)
grapefruit toronja (f.), pomelo (m.) (*Spain*), 1
grapes uvas (f. pl.), 1
gray gris, 13
green verde, 12
greeting felicitación (m.), 20
guest invitado(a) (m., f.), 11
guide guía (m.)

H

hair pelo (m.), 9
— **dryer** secador (m.), 9
— **salon** peluquería (f.), 9
— **stylist** peluquero(a) (m., f.), 9
hairbrush cepillo (m.), 9
haircut corte de pelo (m.), 9
hairstyle peinado (m.), 9
half medio(a), 2; mitad (f.), 13
— **a bottle** media botella, 2
— **an hour** media hora, 12
hallway pasillo (m.), 16
ham jamón (m.)
hamburger hamburguesa (f.)
hand mano (f.), 18
— **lotion** crema para las manos (f.), 9
handbag bolso (m.), 5; maletín (m.), 7
handkerchief pañuelo (m.)

handsome guapo(a), 3
hang colgar (o:ue), 10
happen pasar, 18
happy contento(a), feliz
— **birthday** feliz cumpleaños, 20
hat sombrero (m.), 12
hate odiar, 8
have tener, 4
— **a cough** tener tos
— **a good time** pasarlo bien, 8, divertirse (e:ie)
— **a lot to do** tener mucho que hacer, 11
— **a nice trip!** ¡buen viaje!, 7
— **a seat.** Tome asiento., PI
— **breakfast** desayunar, 11
— **dinner (supper)** cenar, 2
— **fun** divertirse (e:ie), 11
— **heart trouble** sufrir del corazón
— **high blood pressure** tener la presión alta, 19
— **high cholesterol** tener el colesterol alto, 19
— **just (done something)** acabar de (+ inf.), 4
— **low blood pressure** tener la presión baja
— **lunch** almorzar (o:ue), 6
— **something to drink (eat)** tomar (comer) algo, 2
— **to (do something)** tener que (+ inf.), 4
head cabeza (f.), 8
headache dolor de cabeza (m.), 19
healer curandero(a) (m., f.)
health salud (f.), 2
healthiest más sano(a)
healthy sano(a)
heart corazón (m.), 17
— **attack** ataque al corazón (m.), infarto (m.), 19
heating calefacción (f.), 5
hello hola, PI, Bueno, PII
help ayudar, 10
here aquí, PII
— **is . . .** aquí tiene..., 4
— **is the menu** aquí está el menú, 2
hi hola, PI
hidden escondido(a)
high alto(a), 19
— **school** escuela secundaria (f.)
highway carretera (f.), 14
hike caminata (f.), 8
history historia (f.), 17
hit (oneself) golpear(se), 18
holiday día feriado (m.), 20
home hogar (m.)
homework tarea (f.), asignación (f.) (*Puerto Rico*), 17
hood (of a car) capó (m.), bonete (m.) (*Puerto Rico*), 14
hope esperar, 17
horse caballo (m.), 8
— **race** carrera de caballos (f.)
hospital hospital (m.), 18
— **gown** bata (f.), 17

hot dog   perro caliente (*m.*)
hotel   hotel (*m.*), 4
house   casa (*f.*), 2
household chores   quehaceres de la casa
  (*m. pl.*), trabajos de la casa (*m. pl.*), 10
housework   quehaceres de la casa
  (*m. pl.*), trabajos de la casa (*m. pl.*), 10
how   cómo, PI
  — are you?   ¿Cómo está Ud.?, PI
  — can I serve you?   ¿en qué puedo
    servirle?, 4
  — do you get to...?   ¿cómo se llega a
    . . .?, 16
  — long?   ¿cuánto tiempo?, 5
  — many?   ¿cuántos(as)?, PII
  — much?   ¿cuánto?, 4
  — nice!   ¡qué amable!, 12
how's it going?   ¿qué tal?, PI
however   sin embargo
hunt   cazar, 8
hurt   doler (o:ue)
husband   esposo (*m.*), marido (*m.*), 2
hybrid   híbrido(a), 14

I

I like   me gusta, 2
I hope . . .   ojalá..., 17
I'll be right back   en seguida regreso, 2
I'll call later.   Llamo más tarde., PII
I'll say!   ¡Ya lo creo!, 6
I'll see you around.   Hasta la vista., PI
I'll see you later.   Hasta luego., PI
I'm sorry.   Lo siento., PII
ice cream   helado (*m.*), nieve (*f.*) (*Méx.*),
  mantecado (*m.*) (*Puerto Rico*), 1
iced tea   té frío (helado) (*m.*), 1
idea   idea (*f.*), 8
if   si, 5
improve   mejorar(se)
in   en, a
  — a hurry   apurado(a), 20
  — advance   por adelantado, 5
  — full (not on installments)   al
    contado
  — order to   para, 8
  — that case   entonces, 6
  — the end   al final
in-law   pariente político (*m.*)
inexpensive   barato(a), 4
infection   infección (*f.*), 19
influenza   gripe (*f.*), 19
information   información (*f.*), 7
injection   inyección (*f.*), 18
inner ear   oído (*m.*), 18
instead of   en vez de
insurance   seguro (*m.*), aseguranza (*f.*)
  (*Méx.*), 15
insured   asegurado(a), 15
intelligent   inteligente, 3
intend   pensar (e:ie), 5
interesting   interesante, 8
interior   interior, 6
international   internacional, 17
Internet   Internet (*f.*), 4

iron   planchar, 10
Is . . . (name) there?   ¿Está... + (*name*)?,
  PII
It's a pity.   Es (una) lástima., 17
It's a pleasure to meet you.   Mucho
  gusto., PI
it's true   es verdad, 6
it's unlikely   es difícil, 17
Italian   italiano(a)
item   artículo (*m.*), 12

J

jack   gato (*m.*), 14
jacket, sports jacket   chaqueta (*f.*), 12
jam   mermelada (*f.*)
jewelry   joyas (*f. pl.*)
  — store   joyería (*f.*), 13
juice   jugo (*m.*), zumo (*m.*) (*Spain*), 1

K

key   llave (*f.*), 4
kilometer   kilómetro (*m.*), 15
kind   amable, 12; clase (*f.*)
kitchen   cocina (*f.*), 4
knee   rodilla (*f.*), 18
knife   cuchillo (*m.*), 1
know   (*a fact*) saber, 7

L

lack   hacer falta, 8
lady   señora, PI
lake   lago (*m.*), 8
lamb   cordero (*m.*), 2
land   (*a plane*) aterrizar, 16
large   grande, 12
last   último(a), 7; pasado(a), 17; durar
  — night   anoche, 11
late   tarde, 6
later   más tarde, 1; después, 2
laugh   reír(se) (e:i), 12
learn   aprender, 11
least healthy   menos sano(a)
leather   cuero (*m.*), 13
leave   ir(se), salir, 9
  — (behind)   dejar, 1
lecture   conferencia (*f.*), 3
leg   pierna (*f.*), 18
lend   prestar, 8
lentils   lentejas (*f. pl.*)
less   menos, 7
let's go   vamos, 5
let's see   a ver, 11
letter   carta (*f.*), 20
lettuce   lechuga (*f.*)
library   biblioteca (*f.*), 18
license   licencia (*f.*)
  — plate   chapa (*f.*), matrícula (*f.*),
    placa (*f.*), 14
life   vida (*f.*)
lift   levantar, 14
light   luz (*f.*), 14

like   gustar, 8
line   cola (*f.*), fila (*f.*), 16
lipstick   lápiz de labios (*m.*), pintalabios
  (*m.*) (*Spain*)
liquid   líquido (*m.*), 19
list   lista (*f.*), 2
listen!   ¡oye!, 3
literature   literatura (*f.*), 17
live   vivir, 3
living room   sala (*f.*), 3
loaded (with)   cargado(a) (de), 13
lobby   vestíbulo (*m.*), 6
lobster   langosta (*f.*), 2
long hair   pelo largo (*m.*), 9
look   mirar, 8; verse, 9
  — at oneself in the mirror   mirarse
    en el espejo, 9
  — for   buscar, 12
lose   perder (e:ie), 5
  — consciousness   desmayarse, per-
    der el conocimiento, 17
love   amor (*m.*), 2, amar
lower berth   litera baja (*f.*), 16
luck   suerte (*f.*), 17
luggage   equipaje (*m.*), 5
lunch   almuerzo (*m.*), 5
lyric   letra (*f.*), 4

M

madam   señora, PI
magazine   revista (*f.*), 5
magnificent   magnífico(a), 8
mail   correo (*m.*); echar al correo, 20
mailbox   buzón (*m.*), 20; (*in an office*)
  casillero (*m.*), 20
major   especialización (*f.*), 17
make   hacer, 8
  — a reservation   hacer una reser-
    vación
  — a stopover   hacer escala
  — the bed   hacer la cama, 10
makeup   maquillaje (*m.*), 9
manager   gerente (*m., f.*), 4
manicure   manicura (*f.*), 9
many   muchos(as), 3
margarine   margarina (*f.*)
marina club   club náutico (*m.*), PII
marked down   rebajado(a)
marmalade   mermelada (*f.*)
mashed potatoes   puré de papas (*m.*), 1
match   hacer juego (con), combinar
  (con), 13
mathematics   matemáticas (*f. pl.*), 17
mattress   colchón (*m.*), 6
May I help you?   ¿En qué puedo
  servirle?, 4
meal   comida (*f.*), 5
means   medios (*m. pl.*)
meanwhile   mientras tanto
measles   sarampión (*m.*), 19
measure   medir (e:i)
meat   carne (*f.*)
  — market   carnicería (*f.*)
meatball   albóndiga (*f.*)

mechanic mecánico(a) (*m., f.*), 14
medical doctor, M.D. médico(a) (*m., f.*), 18
— **test** análisis (*m.*)
medicine medicina (*f.*), 19
medicine cabinet botiquín (*m.*), 9
medium mediano(a), 12
— **height** estatura mediana, 3
— **rare** término medio
meet (*for the first time*) conocer, 13, encontrarse con (o:ue), 9
meeting reunión (*f.*), 9
melon melón (*m.*), 1
member socio(a) (*m., f.*), 14; miembro (*m.*)
memorize memorizar, 2
men's clothing artículos para caballeros (*m.*), 12
mention mencionar
menu menú (*m.*), 1
message mensaje (*m.*), PII
Mexican mexicano(a)
midnight Mass misa de gallo (*f.*)
midterm exam examen parcial (*m.*), examen de mitad de curso, 17
midwife partera (*f.*)
mile milla (*f.*)
milk leche (*f.*)
mind mente (*f.*)
mine mío(a), 9
mineral water agua mineral (*f.*), 1
minute minuto (*m.*), 1
mirror espejo (*m.*), 9
Miss señorita, PI
miss perder (e:ie)
— **the train (plane, bus)** perder el tren (avión, autobús)
mixed mixto(a), 1
moment momento (*m.*), 8
monastery monasterio (*m.*)
Monday lunes
money dinero (*m.*), 2
— **order** giro postal (*m.*), 20
monkey mono(a) (*m., f.*)
month mes (*m.*), 7
monthly mensual, por mes
monument monumento (*m.*)
moon luna (*f.*), 8
mop trapear, 70
more más
morning mañana (*f.*), 10
mosque mezquita (*f.*)
most más
mother madre (*m.*), mamá (*f.*), 3
— **-in-law** suegra (*f.*)
motor motor (*m.*), 14
— **scooter** motoneta (*f.*)
mountain montaña (*f.*), 8
— **climbing** alpinismo (*m.*)
mouth boca (*f.*), 17
mouthwash enjuague bucal (*m.*), 9
movie theater cine (*m.*), 3
mow the lawn cortar el césped, 10
Mr. señor, PI
Mrs. señora, PI
much mucho, PI
mumps paperas (*f. pl.*), 19
museum museo (*m.*), 6

mushrooms champiñones (*m. pl.*), hongos (*m. pl.*), 10
musical musical, 9
must deber, 4
mustache bigote (*m.*), 9
my love mi amor, 2

N

nail polish esmalte para las uñas (*m.*), pintura de uñas (*f.*) (*Puerto Rico*)
— **remover** acetona (*f.*), quitaesmalte (*m.*), 9
name nombre (*m.*)
napkin servilleta (*f.*), 11
narrow estrecho(a)
— **bridge** puente angosto, 15
nausea náusea (*f.*), 19
navigate the Web navegar la red
near cerca (de), 6; junto a, 8
necessary necesario(a), 18
neck cuello (*m.*), 17
necklace collar (*m.*), 13
need necesitar, 4; hacer(le) falta (a uno), 8
nephew sobrino (*m.*)
never nunca, 6
new nuevo(a), 12
newspaper diario (*m.*), periódico (*m.*), 5
next próximo(a), 5; que viene, 17
— **to** junto a, 8
nice amable, 12
nickname sobrenombre (*m.*)
niece sobrina (*f.*)
night noche (*f.*), 4
— **club** club nocturno (*m.*), 6
nightgown bata de dormir (*f.*), camisón (*m.*), 13
nightstand mesita de noche (*f.*)
no no, PI
— **parking** prohibido estacionar, 15
— **smoking** no fumar, 7
nobody nadie, 19
noise ruido (*m.*)
non-smoking section sección de no fumar (*f.*)
noodles fideos (*m. pl.*), tallarines, (*m. pl.*)
noon mediodía (*m.*), 4
north norte (*m.*), 16
North American (from the U.S.) norteamericano(a), 3
nose nariz (*f.*), 18
not no, PI
note nota (*f.*)
nothing nada, 10
noun nombre (*m.*)
now ahora, 3; ya, 6
number número (*m.*), 16
nurse enfermero(a) (*m., f.*), 18

O

oculist oculista (*m., f.*)
of de, 1
office oficina (*f.*), 9
often a menudo

oil aceite (*m.*), 10
okay bueno, 12
on a, sobre
— **installments** a plazos, 15
— **the telephone** por teléfono, PII
— **time** a tiempo, 16
— **vacation** de vacaciones, 5
one moment un momento, PII
one way (*ticket*) de ida, 7; (*street*) una vía, 15
onion cebolla (*f.*), 10
only solamente, sólo, 5
open abrir, 2; abierto(a)
operate operar, 19
operation operación (*f.*), cirugía (*f.*), 19
or o, 1
orange naranja (*f.*), china (*f.*) (*Puerto Rico*), 1
order pedir (e:i), 2; pedido (*m.*), 2
orthopedist ortopédico(a) (*m., f.*)
other otro(a), 4
outdoor activity actividad al aire libre (*f.*), 8
outdoor cafe café al aire libre, 9
oven horno (*m.*)
overcoat abrigo (*m.*), 12
owner dueño(a) (*m., f.*), 5

P

package paquete (*m.*), 13
paddle remar
pain dolor (*m.*), 17
pair par (*m.*), 13
pajamas pijama (*m.*), 13
palace palacio (*m.*)
pancake panqueque (*m.*)
pants pantalón (*m.*), pantalones (*m. pl.*), 12
pantyhose pantimedias (*f. pl.*), 13
paper papel (*m.*), 11
— **plate** plato de cartón (*m.*), 11
parents padres (*m. pl.*)
park aparcar, estacionar, parquear; parque (*m.*)
parking estacionamiento (*m.*)
— **lot** zona de estacionamiento (*f.*)
party fiesta (*f.*), 3
pass (an exam) aprobar (o:ue), 18
passenger pasajero(a) (*m., f.*), 7
passport pasaporte (*m.*), 7
pay pagar, 1
— **bills** pagar cuentas
payment pago (*m.*), 15
peach durazno (*m.*), melocotón (*m.*), 1
pear pera (*f.*), 1
peas arvejas (*f. pl.*), guisantes (*m. pl.*), 5
pedestrian crossing paso de peatones (*m.*), 15
peel pelar, 11
people gente (*f.*), 20
pepper pimienta (*f.*)
per por
— **day** por día, 15
— **night** por noche, 4
— **week** por semana, 15

percent por ciento (*m.*), 16
perfect perfecto(a), 8
perfume perfume (*m.*), 9
perhaps quizá(s), 3
permanent wave permanente (*f.*), 9
person persona (*f.*), 4
personal personal, 5
personal check cheque personal, 5
pharmacy farmacia (*f.*), 6
phone teléfono (*m.*), PII; llamar por teléfono, 15
photocopier fotocopiadora (*f.*), 20
photocopy fotocopia (*f.*), 20; fotocopiar, hacer fotocopias, 20
physical físico(a),
    — education educación física (*f.*), 17
physics física (*f.*), 17
pick up buscar, 6; recoger
pickup truck camioneta (*f.*), 15
pie pastel (*m.*), 2
pill pastilla (*f.*), 16; píldora (*f.*), 19
pillow almohada (*f.*), 5
pillowcase funda (*f.*), 6
pineapple piña (*f.*), 1
pink rosado(a), 12
pitcher jarra (*f.*)
place lugar (*m.*), 6
    — of interest lugar de interés (*m.*), 6
plan pensar (e:ie), 5; planear, 8
plane avión (*m.*), 7
plate plato (*m.*), 1
platform (railway) andén (*m.*), 16
play (*a game*) jugar (u:ue), (*a sport*) practicar, 8; obra (*f.*)
player jugador(a) (*m., f.*)
please por favor, PI; favor de (+ *inf.*), 7
pneumonia pulmonía (*f.*), 19
poem poema (*m.*)
polio poliomielitis (*f.*)
pork chop chuleta de cerdo (*f.*), 2
post office correo (*m.*), oficina de correos (*f.*), 20
    — box apartado postal (*m.*), casilla de correos (*f.*), 20
    — window ventanilla, 20
postage stamp estampilla (*f.*), sello (*m.*), 20
postcard tarjeta postal (*f.*), 20
pot olla (*f.*), 11
potato papa (*f.*), patata (*f.*) (*Spain*), 1
    — chips papitas (*f. pl.*)
pound libra (*f.*), 19
practice practicar
precious stones brillantería (*f.*)
prefer preferir (e:ie), 6
pregnant embarazada, 19
prepare preparar, 10
prescribe recetar, 19
present regalo (*m.*), 12
pretty bonito(a), 3
prevent prevenir
price precio (*m.*), 5
print letra de molde (*f.*), 20
private privado(a), 4; propio(a)
probably probablemente, 6
problem problema (*m.*), 14

professor profesor(a) (*m., f.*), PI
proprietor dueño(a) (*m., f.*), 5
psychology psicología (*f.*)
pudding budín (*m.*), pudín (*m.*), 2
Puerto Rican puertorriqueño(a), 17
punch ponche (*m.*), 3
pure puro(a), 13
purse bolsa (*f.*), cartera (*f.*), 12
put poner, 10
    — in a cast enyesar, 18
    — in stitches dar (poner) puntos, 17
    — on ponerse, 9

Q

quality calidad (*f.*), 13
quarter trimestre (*m.*)

R

race track hipódromo (*m.*)
racquet raqueta (*f.*), 8
radishes rabanitos (*m. pl.*)
railroad crossing ferrocarril (*m.*), 15
railway ferroviario(a)
rain llover (o:ue), 10; lluvia (*f.*)
raincoat impermeable (*m.*)
raise levantar, 14
ranch finca (*f.*), 8
rare medio crudo
rate tarifa (*f.*)
    — of exchange cambio de moneda (*m.*), 7
razor máquina de afeitar (*f.*), 9
    — blade navajita (*f.*), 13; hoja de afeitar (*f.*)
read leer, 2
ready listo(a), 13
ready-made hecho(a)
really de veras, 11
receipt recibo (*m.*), 15
recently recientemente
receptionist recepcionista (*m., f.*), PII
recipe receta (*f.*), 11
recliner reclinadora (*f.*)
red rojo(a), 10
    — wine vino tinto (*m.*), 1
refrigerator heladera (*f.*), nevera (*f.*), refrigerador (*m.*), 10
register registro (*m.*), 4; matricularse, 17
registered certificado(a), 20
relative pariente (*m., f.*)
remember recordar (o:ue), 6
rent alquilar, 8
repair shop taller de mecánica (*m.*), 14
report informe (*m.*), 17
requirement requisito (*m.*), 17
reservation reservación (*f.*), 4
reserve reservar, 7
restaurant restaurante (*m.*), 1
return (*to a place*) regresar, 2; volver (o:ue), 6; (*something*) devolver (o:ue), 20, entregar
rice arroz (*m.*)
    — pudding arroz con leche (*m.*)

ride a bicycle montar en bicicleta
ride horseback andar a caballo, montar a caballo, 8
riddle adivinanza (*f.*)
right? ¿verdad?, 5
    — away en seguida, 2
    — here aquí mismo, 18
    — now ahora mismo
ring anillo (*m.*), sortija (*f.*), 13; sonar (o:ue)
road camino (*m.*)
roast asar, 11
roasted asado(a), 2
room cuarto (*m.*), habitación (*f.*), 4
    — service servicio de cuarto (*m.*), servicio de habitación (*m.*)
round-trip de ida y vuelta, 7
row remar
rubella rubéola (*f.*)
rum cake torta al ron (*f.*), 2
run correr, 4
    — errands hacer diligencias, 9

S

sad triste
safe deposit box caja de seguridad (*f.*), 20
sail boat barco de vela (*m.*)
salad ensalada (*f.*), 1
sale liquidación (*f.*), venta (*f.*), 12; rebaja (*f.*)
salt sal (*f.*)
same mismo(a)
sandals sandalias (*f. pl.*), 13
Saturday sábado (*m.*)
sauce salsa (*f.*), 2
saucepan cacerola (*f.*), 11
sausage chorizo (*m.*), salchicha (*f.*), 5
save ahorrar
savings account cuenta de ahorros (*f.*), 15
say decir (e:i), 7
    — hello to . . . saludos a, PI
saying dicho (*m.*)
scale balanza (*f.*), 19
scarf bufanda (*f.*), 12
scarlet fever escarlatina (*f.*)
scholarship beca (*f.*), 18
school escuela (*f.*)
scissors tijeras (*f.*), 9
scrambled egg huevo revuelto (*m.*), 11
scrub fregar (e:ie), 11
season estación (*f.*)
seat asiento (*m.*), 7
second segundo(a), 5
see ver, 8
sell vender, 13
semester semestre (*m.*), 17
send mandar, 6; enviar, 20
sense sentido (*m.*)
serious grave
serve servir (e:i), 5
service servicio (*m.*)
    — station estación de servicio (*f.*), gasolinera (*f.*), 14
set the table poner la mesa, 11
several varios(as), 9

Shall we dance?   ¿Bailamos?, 3
shampoo   champú (*m.*), lavado (*m.*), 9
shave (oneself)   afeitar(se), 9
sheet   sábana (*f.*), 6
shellfish   mariscos (*m. pl.*), 2
shirt   camisa (*f.*), 12
shoe   zapato (*m.*), 13
   — store   zapatería (*f.*), 13
shop window   vidriera (*f.*), vitrina (*f.*), 12
short   (*height*) bajo(a), 3
   — hair   pelo corto, 9
shot   inyección (*f.*), 18
should   deber, 4
show   enseñar, mostrar (o:ue), 8;
   función (*f.*), 9
shower   ducha (*f.*), 4
shrimp   camarón (*m.*), gamba (*f.*)
   (*Spain*), 2
sickness   enfermedad (*f.*)
sign   firmar, 5; letrero (*m.*)
silk   seda (*f.*)
silver   plata (*f.*)
silverware   cubiertos (*m. pl.*), 11
since   como, 10; ya que, 12; desde, 19
sing   cantar, 3
single bed   cama chica (*f.*), 4
sink   fregadero (*m.*), pileta (*f.*), 11
sir   señor, PI
sister   hermana (*f.*), 3
   — -in-law   cuñada (*f.*), 3
sit down   sentar(se) (e:ie), 9
situation   situación (*f.*)
size   medida (*f.*), talla (*f.*), 12; tamaño (*m.*)
skate   patinar, 8
skates   patines (*m. pl.*), 8
ski   esquiar, 8
skirt   falda (*f.*), saya (*f.*) (*Cuba*), 12
sky   cielo (*m.*), 10
sleep   dormir (o:ue), 8
sleeping bag   bolsa de dormir (*f.*), 8
sleeping car   coche litera (*m.*),
   coche-cama (*m.*), 16
slippers   pantuflas (*f. pl.*), zapatillas (*f. pl.*)
slogan   lema (*m.*)
small   chico(a), 4; pequeño(a)
smallpox   viruela (*f.*)
smog   contaminación del aire (*f.*)
smoke   fumar, 7
sneakers   zapatos de tenis (*m.*)
snow   nevar (e:ie), 10; nieve (*f.*)
so   de modo que, 20; así que
   — many   tantos(as), 6
soap   jabón (*m.*), 5
soccer   fútbol (*m.*)
sociology   sociología (*f.*), 17
socks   calcetines (*m. pl.*), medias
   (*f. pl.*), 13
soda   refresco (*m.*)
sofa   sofá (*m.*)
soft-boiled egg   huevo pasado por agua
   (*m.*), 11
some   algún, alguno(a), unos(as),
   algunos(as), 11, 6
somebody   alguien, 18
someone   alguien, 18
something   algo, 10

sometimes   a veces, 11
son   hijo (*m.*)
   — -in-law   yerno (*m.*)
song   canción (*f.*), 3
sooner   antes, 12
soup   sopa (*f.*), 1
south   sur (*m.*), 16
spaghetti   espaguetis (*m. pl.*), tallarines
   (*m. pl.*)
spare part   pieza de repuesto (*f.*), 14
spare tire   llanta de repuesto (*f.*), 14
speak   hablar, 4
specialty   especialidad (*f.*), 2
speed limit   velocidad máxima (*f.*)
spend   gastar, 15
spoon   cuchara (*f.*), 1
sport   deporte (*m.*), 8
stadium   estadio (*m.*), 6
stairs   escalera (*f.*), 13
stamp   sello (*m.*), estampilla (*f.*), 20
standard shift (car)   de cambios mecánicos, 15
star   estrella (*f.*), 8
start   empezar (e:ie), 5; (*a motor*) arrancar, 14
station   estación (*f.*)
stay in bed (when one is sick)   guardar
   cama
steak   bistec (*m.*), 1
steam (food)   cocinar al vapor, 11
steel   acero (*m.*)
steering wheel   volante (*m.*), guía (*m.*)
   (*Puerto Rico*), 14
stepbrother   hermanastro (*m.*)
stepdaughter   hijastra (*f.*)
stepfather   padrastro (*m.*)
stepmother   madrastra (*f.*)
stepsister   hermanastra (*f.*)
stepson   hijastro (*m.*)
stew   guisado (*m.*), guiso (*m.*), 2
stick out one's tongue   sacar la lengua, 19
stomach   estómago (*m.*), 18
stop   alto, 15; parar
store   tienda (*f.*), 5
stove   cocina (*f.*), estufa (*f.*)
straight hair   pelo lacio (*m.*), 9
strawberries   fresas (*f. pl.*), 1
streetcar   tranvía (*m.*)
strong   fuerte
student   estudiante (*m., f.*), 3
study   estudiar, 17
study partner   compañero(a) de estudios
   (*m., f.*), 18
stuffed turkey   pavo relleno (*m.*)
subject (academic)   asignatura (*f.*),
   materia (*f.*), 18
subsidized   subvencionado(a)
subway   metro (*m.*), subterráneo (*m.*), 18
suffer   sufrir
sugar   azúcar (*m.*), 1
suggest   sugerir (e:ie), 16
suit   traje (*m.*), 12
suitcase   maleta (*f.*), 4
summer   verano (*m.*), 10
sunglasses   anteojos de sol (*m. pl.*), gafas
   de sol (*f. pl.*) (*Spain*), 13

suntan lotion   bronceador (*m.*)
supermarket   supermercado (*m.*), 10
surprise   sorpresa (*f.*), 16
supper   cena (*f.*), 5
sure   seguro(a), 6
surgeon   cirujano(a) (*m., f.*), 17
surgery   cirugía (*f.*), 19
sweater   suéter (*m.*), 10
sweep   barrer, 11
swim   nadar, 8
swimming   natación (*f.*)
   — pool   piscina (*f.*), alberca (*f.*)
   (*Méx.*), pileta de natación (*f.*)
   (*South America*), 4
symptom   síntoma (*m.*), 19
syringe   jeringuilla (*f.*)
syrup   jarabe (*m.*), 19

T

T-shirt   camiseta (*f.*), 13
table   mesa (*f.*), PII
   — linens   mantelerías (*f., pl.*)
tablecloth   mantel (*m.*)
tablespoonful   cucharada (*f.*), 19
tailor   sastre (*m.*)
take   (*someone or something someplace*)
   llevar, 2; (*a class*) tomar, 17; (*a bus*)
   tomar, 16
   — charge   encargarse
   — a cruise   hacer un crucero, 10
   — a deep breath   respirar hondo, 19
   — a hike   hacer una caminata, 8
   — off   quitarse, 18; (*plane*)
   despegar, 16
   — out the garbage   sacar la basura, 11
   — turns   turnarse
talk   conversar, 2; hablar, 4
tall   alto(a), 3
tank   tanque (*m.*), 14
tasty   rico(a), sabroso(a), 2
taxi stand   parada de taxis (*f.*), 16
tea   té (*m.*), 1
teach   enseñar, 11
teacher   profesor(a) (*m., f.*), PI
team   equipo (*m.*)
teaspoonful   cucharadita (*f.*), 19
teeth   dientes (*m. pl.*), 9
telephone   teléfono (*m.*), PII; llamar por
   teléfono
television   televisión (*f.*), tele (*f.*), 8
   — set   televisor (*m.*), 4
tell   decir (e:i), 7
teller   cajero(a) (*m., f.*), 20
temperature   temperatura (*f.*), 19
tennis   tenis (*m.*), 8
   — shoes   zapatos de tenis (*m. pl.*)
tent   tienda de campaña (*f.*), 8
terrace   terraza (*f.*), 10
tetanus shot   inyección antitetánica (*f.*), 18
thank you   gracias, PI
that   eso, 8; que, 10
That's great!   ¡Qué bien!, 13
that's why . . .   por eso..., 12
The pleasure is mine.   El gusto es mío., PI

theater teatro (*m.*)
then entonces, 6
there allí, 3
there are hay, PII
there is hay, PII
therefore pues
there's going to be va a haber, 11
thermometer termómetro (*m.*), 19
thin delgado(a), 3
thing cosa (*f.*), 9
think pensar (e:ie), 5; creer, 12
this este(a), 8
   — **afternoon** esta tarde, 10
   — **very day** hoy mismo, 7
   — **way** por aquí, 2
throat garganta (*f.*)
through por, 10
throw up vomitar, 19
Thursday jueves
ticket (*for a trip*) pasaje (*m.*), billete
   (*m.*), 7; (*for an event*) entrada (*f.*), 9;
   boleto (*m.*), 16; (*fine*) multa (*f.*)
   — **window** despacho de boletos
     (*m.*), ventanilla (*f.*), 16
tie corbata (*f.*), 12
tight estrecho(a)
tile azulejo (*m.*)
time tiempo (*m.*), 5; (*as equivalent of
   occasion*) vez (*f.*), 10
tire goma (*f.*), llanta (*f.*), neumático
   (*m.*), 14
tired cansado(a), 3
to para, 16; a
   — **the left** a la izquierda, 12
   — **the right** a la derecha, 12
toast brindis (*m.*), 2, brindar, 2; pan
   tostado (*m.*), 5; tostada (*f.*), 11
toaster tostadora (*f.*), 11
today hoy, PI; hoy mismo, 7
toe dedo del pie (*m.*), 18
together juntos(as), 17
toiletries artículos de tocador
   (*m. pl.*)
tomato tomate (*m.*), 1
tomorrow mañana, 3
tongue lengua (*f.*), 18
tongue-twister trabalenguas (*m.*)
tonight esta noche, 6
too también, 2
toothbrush cepillo de dientes (*m.*)
toothpaste pasta de dientes (*f.*), pasta
   dentífrica (*f.*), 9
tossed (salad) mixto(a), 1
tourist turista (*m., f.*), 7
   — **class** clase turista (*f.*), 7
tow remolcar, 14
   — **truck** grúa (*f.*), remolcador
     (*m.*), 14
towel toalla (*f.*), 5
tower torre (*f.*)
town pueblo (*m.*)
traffic sign señal de tráfico (*f.*), 15
train tren (*m.*), 16
   — **schedule** horario (itinerario) de
     trenes (*m.*), 16
   — **station** estación de trenes (*f.*), 16

transfer transbordar, 16
travel viajar, 7
   — **agency** agencia de viajes (*f.*), 7
traveler viajero(a) (*m., f.*), 7
traveler's check cheque de viajero
   (*m.*), 1
trip viaje (*m.*), 7
trousers pantalón (*m.*), pantalones
   (*m. pl.*), 12
trout trucha (*f.*)
truck camión (*m.*), 15
trunk (of a car) maletero (*m.*), baúl (*m.*)
   (*Puerto Rico*), cajuela (*f.*)
   (*Méx.*), 14
try (to) tratar (de), 8
try on probarse (o:ue), 12
Tuesday martes (*m.*)
tuition matrícula (*f.*), 17
tuna atún (*m.*), 5
tuning afinamiento (*m.*)
turkey pavo (*m.*)
turn doblar, girar, 16
tuxedo esmoquin (*m.*)
TV televisión (*f.*), tele (*f.*), 8
   — **set** televisor (*m.*), 4
two-door car coche de dos puertas
   (*m.*), 15
type tipo (*m.*)

U

umbrella paraguas (*m.*)
uncle tío (*m.*)
uncomfortable incómodo(a), 6
under debajo de, 11
undershirt camiseta (*f.*), 13
undershorts (men's) calzoncillo
   (*m.*), 13
understand entender (e:ie), 15
underwear ropa interior (*f.*), 13
unfortunately desgraciadamente, por
   desgracia, 18
university universidad (*f.*), 17
unleaded sin plomo
until hasta, 8; hasta que, 19
upper berth litera alta (*f.*), 16
use usar, 6; gastar, 15; uso (*m.*)

V

vacate desocupar, 4
vacation vacaciones (*f. pl.*), 8
vaccination vacuna (*f.*), 19
vacuum pasar la aspiradora, 10
   — **cleaner** aspiradora (*f.*), 10
valid válido(a)
van camioneta (*f.*), 15
vanilla ice cream helado de vainilla
   (*m.*), 1
vegetable market verdulería (*f.*)
vegetable soup sopa de verduras (*f.*), 17
vegetables vegetales (*m. pl.*), verduras
   (*f.*), 1
verb verbo (*m.*)

vermouth vermut (*m.*), 2
very muy, PI
   — **well** muy bien, PI
vest chaleco (*m.*), 12
vinegar vinagre (*m.*)
visa visa (*f.*), visado (*m.*) (*Spain*), 7
visit visitar, 6
vocabulary vocabulario (*m.*)
vomit vomitar, 19

W

wait (for) esperar, 4
   — **in line** hacer cola (fila), 16
   — **on** atender (e:ie), 9
waiter camarero (*m.*), mesero (*m.*),
   mozo (*m.*), 1
waiting room sala de espera (*f.*), 18
waitress camarera (*f.*), mesera (*f.*), 1
walk caminar, 16
wallet billetera (*f.*), 9
want desear, 1; querer (e:ie), 5
wash lavado (*m.*), 9; (*oneself*) lavar(se),
   9; (*dishes*) fregar (e:ie), 10
washing machine lavadora (*f.*), 10
water agua (*f.*), 1
   — **pump** bomba de agua (*f.*), 14
   — **skiing** esquí acuático (*m.*)
watermelon sandía (*f.*), melón de agua
   (*m.*) (*Cuba*), 1
we'll see you nos vemos, 17
weak débil, 19
wear llevar, usar, 12
   — **a certain shoe size** calzar, 13
weather tiempo (*m.*)
wedding anniversary aniversario de
   bodas (*m.*), 2
week semana (*f.*), 5
weigh pesar, 19
weight peso (*m.*), 19
well bien, PI; bueno, 5
   — **done** bien cocido
west oeste (*m.*), 16
what? ¿qué?, 1; ¿cuál?, 13
   — **do you think of . . . ?** ¿Qué te
     parece... ?, 8
   — **else?** ¿qué más?
   — **for?** ¿para qué?
   — **is . . . like?** ¿Qué tal es... ?, 6
   — **size shoe do you wear?** ¿Qué
     número calza?, 13
What's new? ¿Qué hay de nuevo?, PI
What's the date today? ¿Qué fecha es
   hoy?, PI
What's the exchange rate? ¿A cómo está
   el cambio de moneda?, 7
wheelchair silla de ruedas (*f.*), 17
when cuando, 2
when? ¿cuándo?, 7
where? ¿dónde?, 4
   — **from?** ¿de dónde?, PII
   — **to?** ¿adónde?, 5
whether si, 5
which? ¿cuál?, 13
while rato (*m.*) 2; mientras, 4

white   blanco(a), 1
— **wine**   vino blanco (*m.*), 2
who   ¿quién?, 3; que, 10
Who's speaking?   ¿De parte de quién?, PII
whom?   ¿quién?, 3
whooping cough   tos ferina (*f.*)
why   ¿por qué?, 4
wide   ancho(a), 12
wife   esposa (*f.*), mujer (*f.*), 2
window   ventana (*f.*), 10; (*of a car*)
ventanilla (*f.*), 14
— **seat**   asiento de ventanilla (*f.*), 7
windshield   parabrisas (*m. sing.*), 14
— **wiper**   limpiaparabrisas
(*m. sing.*), 14
wine   vino (*m.*), 1
— **glass**   copa (*f.*), 1
winter   invierno (*m.*), 16
wish   querer (*e:ie*), 5
with   con, 1
— **me**   conmigo, 7
— **you**   (*fam.*) contigo, 6

without   sin, 15
Wise Men   Reyes Magos (*m. pl.*)
woman   mujer (*f.*), 5
women's clothing   artículos para señoras
(*m. pl.*), 12
wool   lana (*f.*), 13
word   palabra (*f.*)
work   funcionar, 6; trabajar, 10
worried   preocupado(a), 12
worry   preocuparse, 18
wound   herida (*f.*), 18
wrist   muñeca (*f.*)
wristwatch   reloj de pulsera (*m.*), 13
write something down   anotar, 2

X

x-ray   radiografía (*f.*), 18
— **room**   sala de rayos X (*f.*), 18

Y

yacht club   club náutico (*m.*), PII
yearly   anual, 15
yes   sí, 1
yesterday   ayer, 19
yield   ceda el paso, 15
you like   te gusta, 2
young   joven
— **lady**   señorita, PI
— **man**   chico (*m.*), muchacho
(*m.*), 3
— **people**   gente joven (*f.*)
— **woman**   chica (*f.*), muchacha
(*f.*), 3
yours   tuyo(a), 9

Z

zoo   zoológico (*m.*)

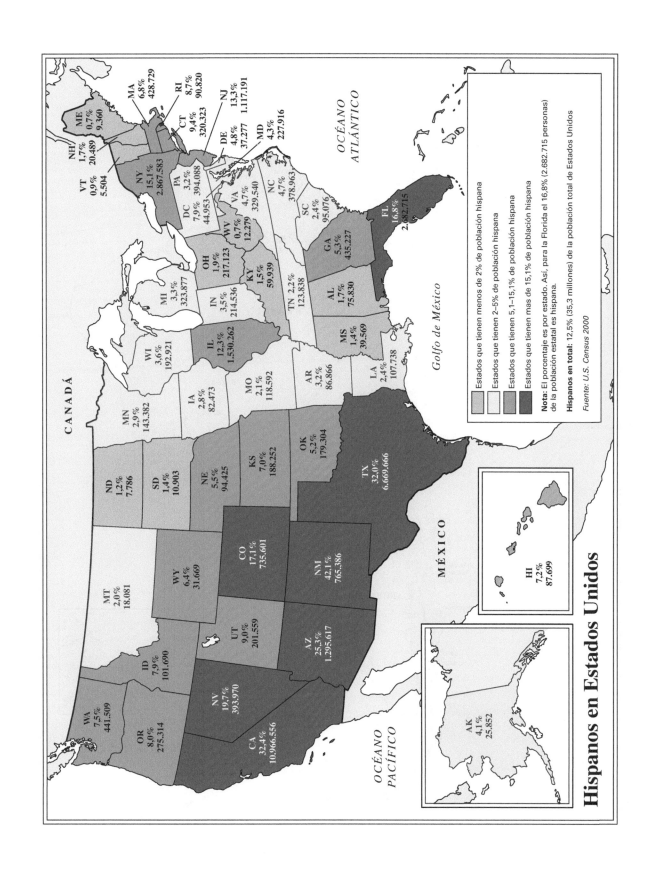

Hispanos en Estados Unidos

CANADÁ

OCÉANO ATLÁNTICO

OCÉANO PACÍFICO

Golfo de México

MÉXICO

Estados que tienen menos de 2% de población hispana
Estados que tienen 2–5% de población hispana
Estados que tienen 5,1–15,1% de población hispana
Estados que tienen mas de 15,1% de población hispana

Nota: El porcentaje es por estado. Así, para la Florida el 16,8% (2.682.715 personas) de la población estatal es hispana.

Hispanos en total: 12,5% (35,3 millones) de la población total de Estados Unidos

Fuente: U.S. Census 2000

MA 6,8% 428.729
RI 8,7% 90.820
ME 0,7% 9.360
CT 9,4% 320.323
NJ 13,3% 1.117.191
NH 1,7% 20.489
DE 4,8% 37.277
MD 4,3% 227.916
VT 0,9% 5.504
NY 15,1% 2.867.583
PA 3,2% 394.088
DC 7,9% 44.953
WV 0,7% 12.279
VA 4,7% 329.540
NC 4,7% 378.963
SC 2,4% 95.076
OH 1,9% 217.123
KY 1,5% 59.939
GA 5,3% 435.227
FL 16,8% 2.682.715
MI 3,3% 323.877
IN 3,5% 214.536
TN 2,2% 123.838
AL 1,7% 75.830
WI 3,6% 192.921
IL 12,3% 1.530.262
MS 1,4% 39.569
IA 2,8% 82.473
MO 2,1% 118.592
AR 3,2% 86.866
LA 2,4% 107.738
MN 2,9% 143.382
ND 1,2% 7.786
SD 1,4% 10.903
NE 5,5% 94.425
KS 7,0% 188.252
OK 5,2% 179.304
TX 32,0% 6.669.666
MT 2,0% 18.081
WY 6,4% 31.669
CO 17,1% 735.601
NM 42,1% 765.386
ID 7,9% 101.690
UT 9,0% 201.559
AZ 25,3% 1.295.617
WA 7,5% 441.509
OR 8,0% 275.314
NV 19,7% 393.970
CA 32,4% 10.966.556
HI 7,2% 87.699
AK 4,1% 25.852

Mar Caribe

Barranquilla
Cartagena
Maracaibo
Caracas
La Guaira
TRINIDAD Y
TOBAGO
Puerto España

OCÉANO
ATLÁNTICO

San Carlos
Ciudad Bolívar
VENEZUELA
Río Orinoco
Georgetown
Paramaribo

Medellín
Zipaquirá
Bogotá
Salto Ángel
GUYANA
SURINAM
Cayena
GUAYANA
FRANCESA

Cali
COLOMBIA
Popayán
San Agustín

Otavalo
Pichincha
Santo Domingo
de los Colorados
Quito
ECUADOR
Chimborazo
Río Negro
Río Amazonas
Ecuador

Guayaquil
Manaos
Belén

Iquitos
CORDILLERA DE LOS ANDES
Río Madeira

Sipán
BRASIL
Recife

Trujillo
PERÚ

Callao
Lima
Machu Picchu

Cuzco
Lago
Titicaca
Paraguay
Salvador

Puno
La Paz
Cochabamba
Brasilia

Arequipa
Tiahuanaco
Sucre
BOLIVIA

Arica
Potosí

Iquique
Bello
Horizonte

Trópico de Capricornio
Antofagasta
Filadelfia
PARAGUAY
Asunción
San Pablo
Río de Janeiro

Salta
Santos

San Miguel
de Tucumán

Resistencia
Puerto Iguazú

CHILE
Río Paraná

Córdoba
Río Uruguay

OCÉANO
PACÍFICO

Aconcagua
Mendoza
Rosario
Puerto Alegre

Viña del Mar
Valparaíso
Santiago
Buenos Aires
La Plata
URUGUAY
Montevideo
Punta del Este

Concepción
ARGENTINA
Mar del Plata
Río de la Plata

Río Colorado
Bahía Blanca

Bariloche
Puerto Montt

CORDILLERA DE LOS ANDES

PATAGONIA

Estrecho de
Magallanes
Islas
Malvinas

TIERRA
DEL FUEGO
Punta Arenas

Cabo de Hornos

ISLAS GALÁPAGOS
San
Salvador
Ecuador
Santa Cruz
San Cristóbal
Isabela
ECUADOR
Quito
Guayaquil

América del Sur

0   250   500 Km.

0   250   500 Mi.

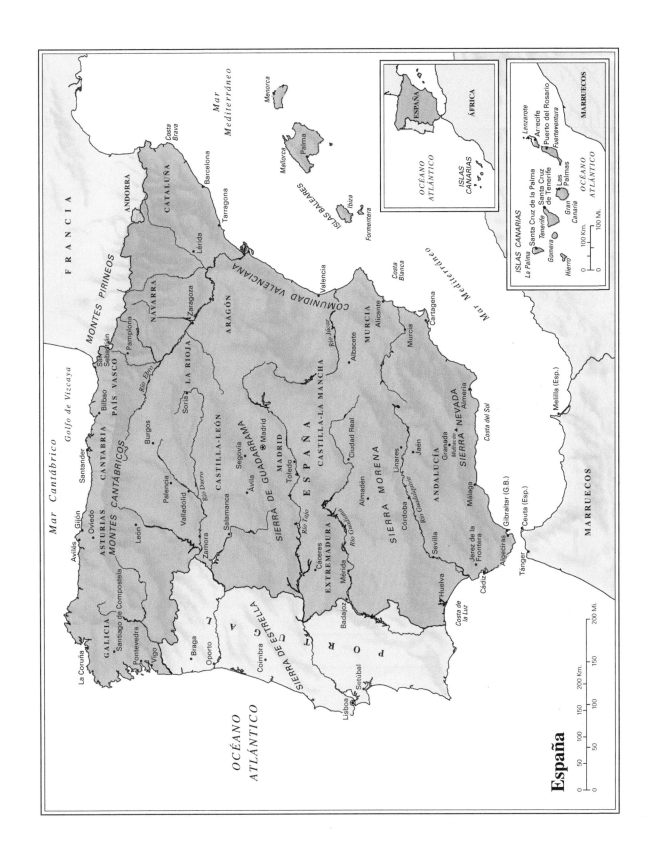

España

FRANCIA

Mar Cantábrico

Golfo de Vizcaya

OCÉANO ATLÁNTICO

Mar Mediterráneo

MONTES PIRINEOS

ANDORRA

Costa Brava

Menorca

Mallorca

Palma

ISLAS BALEARES

Ibiza

Formentera

CATALUÑA

Barcelona

Tarragona

Lérida

Costa Blanca

NAVARRA

Zaragoza

Pamplona

San Sebastián

Bilbao

PAÍS VASCO

Santander

MONTES CANTÁBRICOS

CANTABRIA

ASTURIAS

Aviiés Gijón

Oviedo

León

GALICIA

La Coruña

Santiago de Compostela

Pontevedra

Vigo

Braga

Oporto

Coimbra

SIERRA DE ESTRELLA

P O R T U G A L

Lisboa

Setúbal

Costa de la Luz

Badajoz

Mérida

EXTREMADURA

Cáceres

Burgos

Palencia

Valladolid

Zamora

Salamanca

CASTILLA-LEÓN

LA RIOJA

Soria

Río Ebro

Río Duero

Segovia

Ávila

SIERRA DE GUADARRAMA

Madrid

MADRID

Toledo

Río Tajo

E S P A Ñ A

ARAGÓN

COMUNIDAD VALENCIANA

Valencia

Río Júcar

Albacete

CASTILLA-LA MANCHA

Ciudad Real

Río Guadiana

SIERRA MORENA

Almadén

Linares

Jaén

Córdoba

Río Guadalquivir

Sevilla

Jerez de la Frontera

Huelva

Cádiz

Algeciras

Tánger

Ceuta (Esp.)

Gibraltar (G.B.)

ANDALUCÍA

Granada

Mulhacén SIERRA NEVADA

Almería

Málaga

Costa del Sol

MURCIA

Alicante

Murcia

Cartagena

Melilla (Esp.)

MARRUECOS

Mar Mediterráneo

Islas Canarias (inset)

ISLAS CANARIAS

La Palma

Santa Cruz de la Palma

Tenerife

Gomera

Hierro

Santa Cruz de Tenerife

Gran Canaria

Las Palmas

Lanzarote

Arrecife

Puerto del Rosario

Fuerteventura

OCÉANO ATLÁNTICO

MARRUECOS

100 Km.

100 Mi.

ESPAÑA

OCÉANO ATLÁNTICO

ÁFRICA

ISLAS CANARIAS

0 50 100 150 200 Km.

0 50 100 150 200 Mi.